DEUTSCHE ORIGINALITÄT

HEINRICH STADER

DEUTSCHE ORIGINALITÄT

Fünftausend und ein paar zerquetschte Phrasen, Sprüche und Sentenzen

EDITION SONDERWEGE
MANUSCRIPTUM

INHALT

II.
DER MENSCH UND SEINE LEBENSWELT

III.
DER MENSCH AN UND FÜR SICH

ANHANG I:
NUR NOCH DEN ÄLTEREN BEKANNT

ANHANG II: WIE UND ALS OB

ANHANG III: UNTERSCHEIDUNGSZEICHEN

VARIABLE

Als Personenvariable wird in der Sammlung *Frank Müller* oder *Herr Müller* oder *Firma Müller* verwendet, soweit die Phrase den Eigennamen nicht originär enthält, wie etwa *Geht ab wie Schmidts Katze.*

SYMBOLE

Die Phrase wird üblicherweise gesungen, und sei es auch noch so falsch.

BLA BLA Die Phrase findet sich auf Blechschildern, in Holzscheiben gebrannt, auf DINA4-Blättern mit Tesafilm an Bürotüren geklebt, an Pinnwände geheftet.

T-Shirt-Aufdruck.

D Autoaufkleber.

RIP Die Phrase ist vom Aussterben bedroht.

Warnhinweis: Die Phrase kommt für eine Gruppe von Mitbürgern in Betracht als zynisch und menschenverachtend, rassistisch, frauen-, ausländer- oder genderfeindlich, sexistisch, homo- oder islamophob, antisemitisch, nationalistisch, undemokratisch, exkludierend, diskriminierend usw. usf., macht sich des Lookismus verdächtig oder rührt von einem Urheber mit moralisch nicht mehr vertretbaren Ansichten her.

EINLEITUNG

I.

In diesem Büchlein ist gesammelt, was unsere Landsleute so reden, den ganzen lieben langen Tag und abends mit Beleuchtung, um dem zwischenmenschlichen Kontakt etwas Originelles, Individuelles beizufügen. Es sind die abertausenden Versatzstücke, mit denen man hierzulande allen Lebenslagen Witz, Prägnanz, Würze, Stimmung, Gefühl, Haltung, Geist, Pathos und auch Tiefgang einzutragen sucht, im Spektrum zwischen hohlster Phrase, banalster Platitüde, abgeschmacktestem Kalauer und den Glanzlichtern deutscher Spruchbeutelkunst.[1] Das Paradoxe dabei: Um bei uns als ein witziger Kerl zu gelten, braucht man keinen einzigen originellen Gedanken selbst gehabt zu haben – einigermaßen Gedächtnis reicht.

In dieser Sammlung ist also nichts von mir selbst, und von denen ich es habe, von denen ist es auch nicht. Es ist Volksgut. Die Sprüche meines Vaters zum Beispiel, Jahrgang 1934, hat dieser im Zweifel von seinem Vater, Jahrgang 1898, und der hatte seine von meinem Urgroßvater. Damit bin ich mit den Sentenzen vom Opa oder vom Onkel Rudi, etwa beim Skat, bei Beerdigungen oder zur Konfirmation, in einem Echoraum, der bis in die Kaiserzeit zurückreicht.

II.

Der Nachhall nun aus diesem Echoraum, wie er bei uns das Fluidum schafft, die Milieubedingungen, die Grundstimmung, ist ein sehr spezieller. Von Arno Schmidt, im Duktus der Psalmen:

> Des Menschen Leben: das heißt vierzig Jahre Haken schlagen. Und wenn es hochkommt (oft kommt es einem hoch ! !) sind es fünfundvierzig Jahre; und wenn es köstlich gewesen ist, dann war nur fünfzehn Jahre Krieg und bloß dreimal Inflation.

[1] Ansprachen der Bundespräsidenten eingeschlossen.

Und tiefgründiger lesen wir beim Philosophen:

> Die fast unlösbare Aufgabe besteht darin, weder von der Macht der anderen, noch von der eigenen Ohnmacht sich dumm machen zu lassen.[2]

Unserem Volksgeist indessen *ist* eine Lösung gelungen – mit der Tradition nämlich, auch noch dem letzten Elend eine Pointe abzupressen. Der Nebenwohnsitz eines jeden Deutschen ist bekanntlich Oberjammergau, doch jene Tradition reicht darüber weit hinaus. Fast hat man den Eindruck, es gehe um ein *Suhlen* im Weh, eine spezifisch deutsche Angelegenheit, erkennbar daran, daß andere Völker für Dinge wie *Angst, Weltschmerz, Katzenjammer, Trauerarbeit, Torschlußpanik, Bettschwere, Waldsterben* nicht einmal deckendes Vokabular vorhalten. Bei uns jedoch sind Phrasen, Floskeln und Sentenzen zum Ausdruck von Furcht und Sorge, Zweifel, Pessimismus, Fatalismus gemeinfrei verfügbar in höchstmöglicher Ausdrucksvielfalt, größter Plastizität, jeder nur denkbaren Schattierung. Weiteres Paradox: die Düsterkeit der Lagen, die trüben Aussichten in schönster Farbigkeit sich auszumalen.

III.

Und weil ein jeder von uns gleichermaßen ins Dasein *geworfen* ist, hinausgehalten in das Nichts, ausgesetzt dem *Man*, Marionette des Kollektivs, Geisel der Situationen[3], vom Schicksal genasführt wie bei Nestroy:

[2] Theodor W. Adorno: *Minima Moralia*, Frankfurt am Main [22]1994, S. 67. Über ihn Carl Schmitt: *Nun hören wir die Kunde / Sie gibt uns einen Schock / Von einem Wiesengrunde / Da wohnt ein arger Schmock* usw. usf., siehe Gerd Giesler, Ernst Hüsmert (Hrsg.), *Gedichte für und von Carl Schmitt*, Plettenberg 2011, S. 26.

[3] Peter Sloterdijk.

STELLARIS: Dürfen wir hoffen?
FATUM: Ja. Ja. Hofft nur zu! –[4]

kurz, einer wie der andere letztlich auch nur ein armes Schwein ist,[5] kann es niemanden wundern, daß diese Grundstimmung einen gewissen nivellierenden Effekt bewirkt, der sich zumal gegen jede Art von Kulturleistung wendet;

es liebt die Welt das Strahlende zu schwärzen
und das Erhabne in den Staub zu ziehn
(Friedrich Schiller).

Und dies nicht etwa als kokettierend antikulturelle Attitüde, sondern – äußerst raffiniert – als ob schon der erste, gleichsam vegetative Impuls auf Verhunzung ginge. Nehmen Sie die europäische Figur des Kavaliers, chevalier, cavaliere, caballero, wohlriechender Beau agile, der reiten, fechten, schießen und tanzen kann, trägt selbstgefertigte Madrigale zur Laute vor, parliert polyglott und geistreich – wie hieße ein solcher bei uns? Richtig: *Schwul, oder was?* Dieser Grundzug prägt bei uns das gesamte kulturelle Ambiente.[6] Henri Nannen hat Hamburger Vernissagen einmal geschildert als Veranstaltungen,

[4] *Die Familien Zwirn, Knieriem und Leim oder Der Welt-Untergangs-Tag,* Zauberspiel in zwei Akten (1834), Hamburg 1986, erster Akt, fünfte Szene.

[5] Woyzeck bei Georg Büchner: *... ich glaub', wenn wir in Himmel kämen, so müßten wir donnern helfen.*

[6] Charles de Gaulle, mit Deutschen vertraut aus den Jahren seiner Ingolstädter Gefangenschaft, hat sie 1934 in seinem Buch *Vers l'armée de métier* wie folgt geschildert: *Artistes-nés qui n'ont point de goût, techniciens restés féodaux, pères de famille belliqueux, restaurants qui sont des temples, usines dans les forêts, palais gothiques pour les nécessités, oppresseurs qui veulent être aimés, séparatistes obéissant au doigt et à l'œil, chevaliers du myosotis qui se font vomir leur bière*; frei übersetzt: Geborene Künstler ohne jeden Geschmack; Technokraten, im Feudalzeitalter stehengeblieben; kriegslüsterne Familienväter; Restaurants wie Sakralbauten; Fabriken in den Wald gestellt; Bedürfnisanstalten gleich gotischen Palästen; Unterdrücker, die geliebt werden wollen; Einzelgänger, die aufs Wort gehorchen; Ritter der Blauen Blume, die ihr Bier erbrechen.

> wo sich die Leute am Sektglas festhalten, mit'm Arsch an den Bildern rumscheuern und immer reden, was sie gestern anderswo erlebt haben.

(apropos rede man überhaupt nur von *Nervissage*, sage statt Prosecco stets *Vernissagenbrause* und am nächsten Morgen *Per Aspirin ad Asthma.*) Denn bei uns will man um keinen Preis besonders kultiviert und gebildet wirken, sondern pflegt – unter allgemein heiterster Zustimmung – einen Widerwillen gegen alles Distinguierte. Ludwig Erhard bekannte sich zum Pichelsteiner Topf, Helmut Kohl zum Pfälzer Saumagen,[7] Gerhard Schröder zur Currywurst von Konnopke, Angela Merkel zur Kartoffelsuppe.

Drittes Paradox: unser kultiviertes, wie zum Trotze hochgehaltenes Banausentum.[8] Und das macht vor keiner Kulturleistung halt. Bei Friedrich Hölderlin heißt es:

> Ich kann kein Volk mir denken, das zerrißner wäre, wie die Deutschen. Handwerker siehst du, aber keine Menschen …

Wer nun aber meint, daß wir, bei aller Kulturphobie, Banausophilie, unser Potential an sittlichem Ernst, an ethischem Restbestand nicht wenigstens auf ebendies Handwerkliche, auf Werktreue, Fertigungsstolz, technische Gewissenhaftigkeit, kurz, auf Kulturprotestantismus, kontrollierte Lebensführung, das allgemein Max Webersche verwendeten, auf die Artes mechanicae im Gegensatz zu den brotlosen, der läge ganz und gar falsch. Nichts Heiliges besteht bei uns, *was nicht entheiligt würde mit den plumpen Händen* (nochmals Hölderlin).[9] So bleiben, als ein Beispiel, die

[7] Dem französischen Präsidenten Jacques Chirac soll er bei einem Bankett im »Deidesheimer Hof« zugezischt haben: *Wenn du das nicht aufißt, kriegst du das Saarland zurück.*

[8] Aus *Käsebiers Italienreise* von Ludwig Thoma: *In Verona bekiekten wir eine olle Ruine, die früher mal ein Zirkus oder Theater war. Ich sagte, Theaterruinen haben wir nu auch in Berlin genug, wo jede Saison 'n paar verkrachen.*

[9] Ein Plakat von 1968: *Schlagt die Germanistik tot, / macht die Blaue Blume rot!*

weltbekannt soliden Erzeugnisse unseres Gewerbefleißes von Verhunzung nicht verschont:

> *BMW – Bei Mercedes weggeschmissen. Bastel mal wieder. Bring mich Werkstatt. Besser, man wandert. Bayerischer Mistwagen* usw. usf.

Oder nehmen Sie den bekannten Witz, der den ganzen Masochismus auf den Punkt bringt:

> *Die drei dünnsten Bücher der Welt – Italienische Heldensagen. Kochbuch von Bangladesch. Fünfhundert Jahre deutscher Humor.*[10]

So nämlich ist er, unser Humor, unser Thesaurus an Sprüchen: glanzlos, aber praktisch, voller Biedersinn und Treuherzigkeit, wo nicht gemütlich, dann doch immerhin sympathisch gemütlos; alles in allem eher Kunsthandwerk als Kunst. Mehr ist mit seinen Hauptzutaten – Kalauer, Ausscheidungen[11], Bier, Ressentiment, Vorurteil und Schadenfreude – an Niveau wohl auch gar nicht herzustellen.

IV.

Wie es ganz und gar anders funktionieren kann, zeigt uns die angloamerikanische Variante. Im Vergleich zum deutschen Michel ist der Amerikaner Nietzsches schweifende Bestie. Das sind Selfmademen aus dem Geist einer Pioniergesellschaft, die stets irgendwo hinwollen,[12] mit Lebensregeln wie

[10] Von Robert Lembke: *Die Hölle ist ein Ort, wo die Engländer kochen, die Italiener Parkplätze bewachen und die Deutschen Fernsehunterhaltung machen.*

[11] Klassiker: *Herr Doktor, kann ich mit Durchfall baden? – Wenn Sie die Wanne vollkriegen, kein Problem.*

[12] *The Wasp establishment had been restless since it got off the Mayflower, and was always seeking new worlds to conquer for no reason* (Adam Gopnik, *The New Yorker*, 20.7.2019).

According to the Laws of the West, a Colt .45[13] beats four aces[14]

oder herzensrohem Spott wie

Show me a good loser, and I'll show you a loser[15]

und die zu sich selbst ebenso mitleidlos sind. Bei P. J. O'Rourke[16] liest man, wie John Von Kannon, Herausgeber des *American Spectator*, ein stattlicher, großer Mann, an Leukämie erkrankt und das Krankenhaus verläßt, humpelnd an zwei Krücken, kahl, zum Skelett abgemagert, in schlotterndem T-Shirt mit dem Aufdruck

I AM A VEGETARIAN.

Nun sagen sie bei uns zu so etwas reflexhaft immer gleich: *Bleibt einem ja das Lachen im Halse stecken ... und treiben mit Entsetzen Scherz!* Oder, ähnlich: *Jeder Schuß ein Betroffener.* Doch sollten wir erwägen, uns hiervon eine Scheibe abzuschneiden, um nicht auch noch am Punkt *Lebensbejahung durch Originalität* jeden Anschluß, alle Wettbewerbsfähigkeit zu verlieren. Wir bleiben mittlerweile ja allenthalben zurück, fußkrank, lendenlahm, fünftausend Helme, hingegen Elon Musk kriegt eher Leute zum Mars geflogen als eine Baugenehmigung in Grünheide.[17] Als kleinen Stachel im Fleische habe

[13] Modell 1873 *Peacemaker*; Werbespruch: *God created men. Sam Colt made them equal.* Zu diesem Thema auch William S. Burroughs: *No one owns life, but anyone who can pick up a frying pan owns death.* Notiert 1959 von Alan Ansen, in: *Big Table*, Jg. 1, Nr. 2.

[14] Von John Wayne überliefert: *A friend told me to shoot first and ask questions later. I was going to ask him why, but I had to shoot him.*

[15] Vince Lombardi, legendärer American-Football-Trainer.

[16] *Driving Like Crazy* (New York 2009, S. 70).

[17] Die *FAZ* im November 2021, was sich indes im März 2022 als etwas übertrieben erwies.

ich daher an geeigneten Stellen der Sammlung amerikanische Sentenzen eingeflochten.

V.

Die Sammlung ist zur gefälligen Entnahme in allen Lebenslagen gedacht, die Gliederung hierzu angelehnt einem Langenscheidt-Reisewörterbuch des Italienischen mit dem Titel *Ciao*[18] und einem praktisch-abwaschbaren Einband.

Das Material zu dieser Sammlung ist aus dem Gedächtnis und dem Alltag notiert. Wenn ich einzelne Sprüche mit einem Namen verbinden konnte, ist er vermerkt, im Einzelfall auch das Buch, in dem sie nach meiner Erinnerung stehen müßten; hing aus dem Buch ein Zettel, sogar die Seite. Die Zitierweise wird dadurch zwar uneinheitlich, aber, wie gesagt, in dieser Sammlung stammt nichts von mir, sie ist ohnehin nur ein einziges großes Plagiat.

[18] Untertitel: *Praktische Redewendungen und Wörter für die Reise,* München [24]1993.

I.

DER MENSCH ALS GESELLIGES WESEN

BEGRÜSSUNG UND ABSCHIED

Begrüßung

Hereinspaziert![19]

Unangemeldet, wie ich mich habe.[20]

Ei, wen haben wir denn da! =
Laß das mal den Herrn Müller sein.[21]

Herein, wenn's kein Schneider ist!

Was verschafft mir die Ehre?

Da kommt ja ein *ganz* Fremder.

Je später der Abend, desto schöner die Gäste.[22]

Haben *Sie* dieses Wetter mitgebracht?

Kommse rein, könnse rausgucken.

Fühlt euch wie zu Hause.[23]

[19] Bei Freunden der Brau- und Sangeskunst: *Horch, was kommt von draußen rein, / hollahi, hollaho,* sodann großes Hallihallo im Windfang.

[20] Diese Mitbürger sagen auch: *Vom hohen Roß meiner Demut herab* usw. usf.

[21] = *Die Stimme kennt man doch.* Am Telefon: *Stimmen werden halt nicht älter!*

[22] Unvergessen: *Ich heiße nicht nur Heinz Erhardt, sondern Sie auch herzlich willkommen!*

[23] Nachklapp unter Vertrauten: *... aber benehmt euch nicht so.* Ebensolche Vertrautheit setzt voraus die Floskel *Flasche Selbstgetrunkenen mitgebracht?* beim Eintreffen von Besuch mit Schnapsfahne.

Immer rin in die gute Stube.[24]

☢ Der nächste Herr. Dieselbe Dame.

Jetzt hängt euch erst mal auf.[25]

Folgen Sie mir unauffällig.

Laß dich anschauen!

John Porno – äh, buon giorno![26]

Lange nicht gesehen![27] = Long time no see.[28]

Wie eiskalt ist dies Händchen![29]

Auch mal wieder im Lande?[30]

Du, ich bin zu spät, verzeih.[31]

So schnell trifft man sich wieder.

Und? Alles im grünen Bereich?

[24] = *Treten Sie näher.*

[25] Auch: *Wo kann ich mich denn hier erhängen?*

[26] Ebenso scherzhaft: *Hallo, ihr zwei beiden!*

[27] Das Gegenüber hat zu erwidern: *Trotzdem gleich erkannt!*

[28] Im Einzelfall (♂♂♂) a cappella: *Du altes Arsch-loch / ja lebst du – auch noch?*

[29] Der Eintretende hat zu erwidern: *Kalt in Deutschland!* Im umgekehrten Fall: *Gut warm, oder?* bzw. *Gar nicht mal so kalt.*

[30] = *Auch noch unter den Lebenden?*

[31] Nur echt mit betont falscher Affektiertheit. Klassiker, sexistisch: ☢ *Entschuldigen Sie die Verspätung, ich hatte viel Verkehr. – Hauptsache, Sie sind gekommen.*

Alle Bilder gerade an der Wand?

Tatütata, die Feuerwehr ist da![32]

Wie geht's uns denn so?[33]

Wir kennimus nos.[34]

Kann man schon wach sein?[35]

Spät kommt ihr, doch ihr kommt.[36]

Welch Glanz in meiner Hütte![37]

Platzt euch!

Grüß Gott mit hellem Schalle![38]

Sie hier und nicht in Hollywood?

Schön, daß ihr den Weg hierher gefunden habt!

32 = *Klingelingeling, hier kommt der Eiermann, / klingelingeling, mit seinen Eiern an.*

33 = neu-toskanisch *Und, come stai?* In Frankfurt am Main, komprimiert: *Eigudewie?* Beliebte Ergänzung: *Arsch hinne, vonne Knie?*

34 Diese Mitbürger sagen auch *ex aermolo, acho krachoque, lex mihi ars, hicks et nunc, paucis trompetibusque* bzw. *immerhinque* usw. usf.

35 Gegenrichtung: *Ich störe ja nur ungern.*

36 Im umgekehrten Fall: *Senile Bettflucht, oder was?*

37 = *Welch hoher Besuch!* Erinnert an japanische Höflichkeit: *Darf ich Sie heute abend in meine windschiefe Pappschachtel einladen, wo meine Frau, die alte Vettel, uns ihren ungenießbaren Fraß vorsetzen wird?* usw. usf.; anders wiederum chinesische Höflichkeit: *Ich bin ein alter Mann, aber so einen köstlichen Reis habe ich noch nie gegessen! – Nein, nein, der Reis ist alt und schlecht zubereitet!* usw. usf.

38 Nur echt in betontem Hochdeutsch. Der Scherzkeks: *Grüß Gott - wenn du ihn siehst* bzw. als Erwiderung: *Mach ich, wenn ich ihn sehe.*

Die einen kommen, die andern gehen.

So klein ist die Welt.[39]

Erwiderung der Grußformeln

Geht so.[40]

Schlechten Leuten geht's immer gut.

Ab und zu geht's noch. = Gestern ging's noch.

Wie soll's einem schon groß gehen?[41]

Und selbst?

Danke der Nachfrage.

Hebe die Haare – äh, habe die Ehre.[42]

Haben *wir* heute wieder das[43] Vergnügen miteinander?

Den Umständen entsprechend gut.[44]

[39] = *Die Welt ist ein Dorf* = *Das war jetzt Schicksals Fügung.*

[40] = *So lala* = *Mehr schlecht als recht* = *Willstes wirklich wissen?* Etwas positiver: *Am liebsten gut.*

[41] Kraftvoller: *Im Moment läuft es noch nicht mal eckig.*

[42] Ebenso: *Schankedön. – Schittebön.* Diese Mitbürger sagen auch *mitgebrungen* oder *geschonken gekrochen.*

[43] Variante: *zweifelhafte.*

[44] = *Besser als gestern und schlechter als morgen.* Merkspruch: *Frage einen Deutschen, wie es ihm geht, und er gibt dir einen Abriß seiner Krankengeschichte.* Neuerdings: *Jedenfalls symptomfrei* oder: *Viermal geimpft!*

Wünsche auch gehabt zu haben!

Wer kennt ihn nicht![45]

Haben am Alten noch genug.[46]

Wie war noch mal der Name?[47]

Freu mich wie verrückt.

Gut schaust aus![48]

Muß.[49]

Es ging schon mal besser.

Beim dritten Mal geben Sie einen aus.[50]

Sie sind also derjenige, welcher.

Behalten Sie ruhig Platz.

45 Jovial auf die Frage: *Darf ich Ihnen Herrn Müller vorstellen?* Altherrenvariante, gemütvoll: *Nee, stellnsen wieder weg.* ☢ Grenzwertig und diskriminierend: *Nein danke, ich kenne schon genug Leute.*

46 Gängig auf die Frage *Was gibt's Neues?*

47 Der Genervte erwidert: *Der Name ist immer noch …*, der Heitere: *Mein werter Name ist …*

48 Deftige Variante: *Sie sehn so erholt aus, kommse ausm Urlaub oder von Toilette?*

49 Vollständige Fassung: *Und, wie? – Muß. Und selbst? – Muß. – Na dann.* Brandenburg: *Muß ja.* Weser-Ems: *Bin gut zufrieden* (da das Deutsche »gut« nicht als Gradpartikel kennt, dem Nachbarland entlehnt; dort sagt man *goed tevreden*). Rheinisch: *Wie is et? – Wie soll et sein?*

50 = *kostet's ein Bier.*

Aufbruch, Abschied

Was spricht die Uhr?[51]

Darf ich Ihnen das Tschüß anbieten?[52]

Du, ich muß. = Ich mach mich vom Acker.

So jung kommen wir nie wieder zusammen.

Der Worte sind genug gewechselt.[53]

Kinder, wie die Zeit vergeht!

Dann woll'n wir mal.[54]

Ist ja noch früh am Tag.

Man soll gehen, wenn es am schönsten ist.

Stoßen wir auf und brechen ins Horn.[55]

Zu Hause kennse dich doch schon.[56]

[51] bzw. *das Zeiteisen.* Klassische Antwort: *Kurz nach fünf vor.* Der Scherzkeks im Falle von Digitaluhr: *Elf geteilt durch achtunddreißig, aber ausrechnen mußtes selber.* Südwest: A: *Wieviel Uhr hasch du?* – B (ostentativ draufschauend): *Oine.*

[52] Heinz Strunk.

[53] = *Hier trennen sich unsere Wege.* Peter Frankenfeld: *Auf was? Ach so, auf Wiedersehen.*

[54] = (eingebürgert) *Andiamo,* wahlweise: *Vamos,* dies gern ergänzt mit: *muchachos.* Auch: *Packen wir's* bzw. *packmers* bzw. *packmazamm.*

[55] Gängige Ergänzung: *oder so ähnlich.*

[56] Südwest: *Drhoim schterbet d'Leit.*

In diesem Sinne![57]

Morgen in alter Frische.

Mach's gut. (*Pause*) ☢ Aber nicht zu oft! = Unruhige Nacht![58]

☢ Steck 'n Gruß von mir mit rein.

☢ Wir telefonanieren.

Grüß alle, die mich kennen.

Haben wir alles? Geld, Paß, Uhr?[59]

Vielen Dank für Speis und Trank, für Heizung und Beleuchtung.

Das war aber mal ein kurzer Besuch!

Reisende soll man nicht aufhalten.

Fahret hin in Fried und Freud.

Der letzte macht das Licht aus.

Paß auf dich auf.[60] = Halt die Ohren steif.

It's a long way to Tipperary …

Grüßen Sie mir München!

57 = *Bis dann* bzw. *dennewitz* = *demnächst mal* = *die Tage*.

58 In der Schweiz, anzüglich: ☢ *Schlofet Siä guet, mitenand!*

59 Veraltete Ergänzung: *Schirm, Brille, Gesangbuch?* Weitere Ergänzung, etwas bemüht, zudem Behinderte diskriminierend: ☢ *Rollstuhl, Hörgerät, Perücke?*

60 Etwas perfide: *Und vergiß nicht zu humpeln!*

Träumen Sie süß![61]

May the Force be with you.[62]

Auf Wiedersehn, auf Wiedersehn,
bleibt nicht so lan-gee fort.

Du, ich muß jetzt wirklich.

Wir hören voneinander!

Mach's besser.

Es war mir eine Ehre.[63]

Wir bleiben in Verbindung.[64]

See you later.[65]

War nett!

IDENTIFIZIERUNG

So bin ich halt.

Da konnt' ich noch nie mit umgehen.

61 = RIP *Sleep very well / in your Bettgestell.*

62 Unvergessen der Simultanübersetzer von N24 beim Deutschlandbesuch von George Lucas: *Am vierten Mai bin ich wieder bei euch.*

63 Gängige Replik: *Und mir ein Vergnügen!*

64 = *Man sieht sich.*

65 Gängige Ergänzung: *Alligator*. Eingebürgerte Schriftform: *CUL8R*. Variante: *I wish you what.* Alternativ: *Bis spinäter* bzw. *bis Baldrian.* Diese Mitbürger sagen auch *Tschüssikowski* oder *Tschö mit* ö.

Jetzt hab ich's schon versprochen,
da soll ich's auch noch halten?[66]

Selbst ist der Mann.

Ich doch nicht.[67]

Das ist jetzt nicht so meins.[68]

RIP Gestatten, von den Socken![69]

☢ Bin tierlieb, solange man die Tiere essen kann.

Ich kann auch ohne Alkohol fröhlich sein.[70]

Man tut, was man kann.

Mior hoddn jo nüschd.

Ich war jung und brauchte das Geld.[71]

Und ich Trottel fall auch noch drauf rein!

66 = *Was geht mich mein dummes Geschwätz von gestern an?*

67 Variante: *Seh ich aus, als ob ich … ?*

68 Spezialfall: *Bin kein so 'n Süßer.*

69 Gern auch: *Aus dem edlen und weitläufigen Geschlecht derer von und zu Spät.* Neuerdings: *von den Laien.* Etwas betagt: *Max van der Stange, Herrenbekleidung.*

70 Wirkt, wie sein Pendant *Allolo, Herr Pollilei?*, am eindrücklichsten in alkoholgeschwängerter Runde und ist mit heiligem Ernst vorzutragen.

71 Weitere Lebenserinnerungen: RIP *Die anderen Kinder wollten nie mit mir spielen. Meine Mutter hat mir immer ein Kotelett ans Bein gebunden, damit wenigstens die Hunde mit mir gespielt haben.* Oder: *Ich hatte eine schwere Kindheit. Ich kam praktisch ohne Zähne zur Welt und war die ersten drei Jahre völlig infantil* usw. usf.

Hasch mich, ich bin der Frühling.

Ich könnte ja jetzt gemein sein.[72]

Ich liebe dich so, wie ich bin.[73]

Das ist Musik in meinen Ohren.

Seh ich aus, als ob ich mir die Hose
mit der Beißzange anziehe?[74]

I was all talent and no looks.[75]

An mir soll's nicht liegen.[76]

Ich kann mich bremsen.[77]

72 Von Erich Kästner, im Indikativ: *Mir sinn nich so gemiedlich wie mir sprechn, / mir hamm, wenn's sein muß, Dinamit im Blud. / Da gennse Gift droff nähm, daß mir uns rächn. / Na, Ihr Gesichte merkt sich ja ganz gut* (aus: *Als einer über den Dialekt lachte*, 1927).

73 Ähnlich: *Jeder denkt an sich, nur ich denke an mich* bzw. *Wenn jeder an sich denkt, ist an alle gedacht.* Ebenso chic die Identitätslyrik des Zuschnitts *Ich bin keiner von uns* bzw. *Ich bin ein flüchtiges Element* bzw. *Ich bin nicht immer meiner Meinung* bzw. *Nichts ist mir so unähnlich wie ich selbst* bzw. *Eigentlich bin ich ganz anders, ich komm nur viel zu selten dazu* bzw. *Ich weiß nicht, was soll ich bedeuten* bzw. *Ich weiß zwar nicht, wo ich hinwill, dafür bin ich aber schneller da* bzw. *Ich bin nur ich selbst, wer immer das ist* (Bob Dylan; Titel eines Bob-Dylan-Gesprächsbands, Zürich 2021) bzw. *Ich bin, wie ich bin. Die einen kennen mich, und die andern können mich.* Endstufe: *Meinem Nächsten wäre wenig geholfen, wenn ich ihn lieben würde wie mich selbst.*

74 = *Ich bin doch nicht mit dem Klammerbeutel gepudert.*

75 Angela Lansbury – unter anderem bekannt aus *Mord ist ihr Hobby = Murder, She Wrote*, 264 Folgen 1984 bis 1996 - über ihre jungen Jahre. Von Joan Rivers: *A rapist grabbed me, took a look and said, »Maybe we could just be friends«.*

76 = *Da wäre ich der letzte.* Modern: *Ich bin da schmerzfrei. = Das sehe ich ganz leidenschaftslos.*

77 = *Ich kann mich beherrschen.*

Wir haben keine Eile.

Ich bin die Ruhe selbst.

Ich bin ja nicht auf der Brennsuppe hergeschwommen.

Für mich ist ein Auto ein Fortbewegungsmittel.

Keine Bange, wir beißen nicht!

Ich bin Kummer gewohnt.[78]

Das würde ich mich nie trauen.

Das kann ich mit meinem Gewissen kaum vereinbaren.

Bin halt auch nicht mehr der Jüngste.[79]

Nicht mit mir![80]

Nach mir die Sintflut.

Da rennen Sie bei mir offene Türen ein.

Muß ja noch in'n Spiegel gucken können.[81]

78 Auch: *Ich trag's mit Fassung.* Spezialfall: *Ich bin kein Mensch, ich bin kein Tier, / ich bin ein Panzergrenadier.*

79 = *Alter Mann ist doch kein D-Zug* Ernst Jünger mit 102 im Interview: *Man ist halt auch nicht mehr hundert*). Jedoch: *Wir gehören noch lange nicht zum alten Eisen!* Im technischen Fall: *Bin halt auch nicht der große Schrauber vor dem Herrn.* Diese Mitbürger sprechen auch scherzhaft vom *Eipott für sechs Eier aus Weierleß an der Lahn* usw. usf.

80 = *Da verstehe ich keinen Spaß.*

81 Bei Hans-Joachim »Kuli« Kulenkampff seligen Angedenkens vorgeschaltet: *Bin Naßrasierer, wissen Sie.*

Damit hab ich's nicht so.

Ich bin's nur.

ALLGEMEINSTE FLOSKELN

Appelle

Nur die Ruhe![82]

Seien wir doch mal ehrlich.

Nur keine Müdigkeit vorschützen!

RIP Der Wahrheit eine Gasse!

Mach dich mal nützlich.

Ball flachhalten.

Keine Panik auf der Titanic.

Machen wir uns doch nix vor.[83]

Auf sie mit Gebrüll!

Fall nicht!

Ent oder weder.[84]

82 = *Nicht so hastig* = (veraltet) *Immer mit der Ruhe und 'ner guten Zigarre.*

83 Nahezu eingebürgert: *Wake up and smell the coffee.*

84 Scherzhafte Variante: *Entweder konsequent oder inkonsequent, aber nicht dieses ewige Hin und Her.*

Sei kein Frosch.

RIP Unter uns Pastorentöchtern.[85]

Nur ruhig Blut.[86]

Sei so gut.

Laß das, ich haß das.

Mach dir mal kein' Kopf.

Nun gib deinem Herzen einen Stoß.

Mach mich nicht schwach.

Ab geht die Luzie.

Sekt oder Selters.[87]

Laß dich mal nicht so hängen.

Jetzt mach dir mal nicht ins Hemd.

Kühlen Kopf bewahren!

Schnauze, Fury!

85 Diese Mitbürger sagen auch *Langfinger, Strauchdieb, Hallodri, Rowdy, Backfisch, Springinsfeld, Racker, Bengel, Lümmel, Schlingel, Lauser, Frechdachs, Dreikäsehoch, Wonneproppen, Persönchen, Lulatsch, Satansbraten* usw. usf.

86 = *Nun bleib mal aufm Teppich!*

87 Apropos aus der Nachkriegszeit ☢ (sexistisch): *Sitzt auf dem Bett, Flasche Selters in der Hand, macht an sich rum und ruft: Ach herrlich, Frauen und Champagner!*

RIP Habet nun acht![88]

Was sollen die Leute denken!

Sei doch einfach mal spontan![89]

Nun hab dich mal nicht so.

Nur keine Hektik.

Entspann dich mal.[90]

Mal den Teufel nicht an die Wand.

Nimm dir Zeit und nicht das Leben.[91]

Nun reiß dich mal zusammen.

Und immer sauber bleiben!

Höflichkeit

Bitte nach Ihnen!

Wir haben Sie jetzt aber nicht vertrieben, oder?

Wir haben zu danken.

[88] Unvergessen der Cartoon aus dem *New Yorker,* in dem ein Arzt vor der Intensivstation bangenden Angehörigen im Country-Stil zur Klampfe vorträgt: *Listen up, my fine people / and I'll sing you a song, / 'bout a brave neurosurgeon / who done something wrong.*

[89] = *Tu doch nicht immer das, was ich sage!*

[90] = *Mach dich mal locker!* An der Grenze zur Warnung: *Jetzt mach mal halblang!*

[91] Übliche Ergänzung: *Fahr an'n Baum und nicht daneben.*

Ich eile, ich fliege. = Ihr Wunsch ist mir Befehl![92]

Es ist mir ein Fest!

Schönheit! Gesund biste ja.[93]

Lassen Sie sich nicht stören!

Nee, aber ich kann Ihnen sagen, wie spät es ist.[94]

Wenn wir schon mal hier sind …

Kleinen Augenblick, bitte!

Gruß und Kuß, dein Julius.

Betrachten Sie sich als eingeladen![95]

Und immer eine Handbreit Wasser im Bidet!

Aber nur, wenn dir langweilig ist.

Man hilft, wo man kann.

Wir haben *Gäste.*[96]

Tu dir keinen Zwang an!

92 = *Bitte sehr, bitte gleich!* Oder: *Ich bitte sogar darum!*

93 Ebenso die scherzhafte Urlaubspostkarte: *Weather is here. Wish you were beautiful!*

94 Auf *Entschuldigung, haben Sie mal Feuer?* o. ä.

95 = *Heute abend sind Sie mein Gast!* Das Gegenüber hat zu erwidern: *Aber das kann ich ja unmöglich annehmen!* Darauf übliche Replik: *Dann müssen Sie es halt mal versuchen!*

96 Variante: *Wir sind beim Essen*. Kürzer noch, gepreßt: *Frank, bitte!*

Aber das wäre doch gar nicht nötig gewesen.[97]

Halt deinen Arsch gefälligst selber sauber.[98]

Bitte schön, gern gescheh'n![99]

Dank, Lob, Anerkennung

Mein Kompliment!

Daran hast du wohlgetan.

Mein Dank wird dir ewig nachschleichen.[100]

Ich geb dir ja ungern recht.

Respekt, Respekt.[101]

Raffitückisch![102]

Nur keine falsche Bescheidenheit!

Das ist wahre Freundschaft!

97 = *Zu gütig!*

98 Gebräuchlich auf den beliebten Ausruf: *Ja, jetzt leck mich doch gleich am Arsch!* Ebenso der Scherzkeks mit seinem *Dann mach dir warme Gedanken,* auf die Klage, es sei kalt.

99 Vorläufer des heutigen *Sehr gern!*, das im Ton freudigster Überraschung auszusprechen ist.

100 Gängige Replik: *Keine Ursache!* Auch: *Aber das wäre doch nicht nötig gewesen!*

101 = *Auch nicht von schlechten Eltern!*

102 = *Gar nicht mal so undumm.*

Ehre, wem Ehre gebührt.[103]

Macht ordentlich was her![104]

Alle Achtung!

Der Meister zeigt sich im Detail.[105]

RIP Sind ja auch nicht der Dümmsten einer![106]

Im wahrsten Sinne des Wortes!

Wo er recht hat, hat er recht.

Hut ab![107]

Das ist die Hauptsache.

Der Erfolg gibt ihm recht.[108]

Reife Leistung![109]

Filmreif!

Bist ein Schatz.

103 = *Das muß der Neid dir lassen.* Vorsorglich: *Darf man schon gratulieren?* Neudeutsch: *Lucky you!*

104 = *Einrahmen. Aufhängen.*

105 = *Sie sind der Fachmann!*

106 = *Da hat einer seinen Kant gelesen!* Oxford-Attitüde: *I think I like this argument, but who the devil is Kant?*

107 Altherrenvariante sowie neuerdings wieder: *Chapeau!*

108 Weitere Charakterisierung eines solchen: *Der geht hinter dir in die Drehtür und kommt vor dir wieder raus.* Auch: *Die sind besser als ihr Ruf.*

109 Im Einzelfall: *Fleißig, fleißig!*

Ich sag danke![110]

Donnerlüttchen![111]

Dazu kann man Sie sagen.

Das hat gesessen.[112]

Alter Schwede!

Er schon wieder.

Das haut den stärksten Seemann um.[113]

Auch nicht von Pappe!

Klein, aber oho.

Gut gebrüllt, Löwe![114]

Und das will was heißen.

Das mußte wirklich mal gesagt werden.[115]

Mein lieber Mann!

Kein Vergleich!

110 Die Anführungszeichen muß man mithören.

111 Hierbei *Lüttchen* = *Keil.*

112 = *Treffer. Versenkt.*

113 Ähnlich: *Da ist Musik drin.*

114 Auch: *Da will's aber einer wissen!*

115 = Sie sprechen mir aus der Seele.

Ansporn

Nur zu!

Hau rein.

Immer feste druff.[116]

Nur her damit!

Mach hinne!

Laß krachen.

Bangemachen gilt nicht.

Immer rin ins Vergnügen.

Gib ihm Saures.[117]

Ab dafür!

Gib alles![118]

Auf in den Kampf, To-ree-hehe-he-ro![119]

BLA BLA Today is the first day of the rest of your life.

[116] = *Immer gib ihm!*

[117] Beliebte Ergänzung: ... *denn Geben ist seliger denn Nehmen.*

[118] = *Zeig, was du kannst!*

[119] Veraltete Ergänzung: *Sie-ges-gewiß / klappert sein Gebiß.* Ebenso altherrenmäßig = frauenverachtend: *Auf in den Kampf, die Schwiegermutter naht!*

Heute hau'n wir auf die Pauke …[120]

Komm, laß jucken!

Komm in die Hufe!

Auf zu neuen Ufern.[121]

Hals- und Beinbruch![122]

Hau weg den Scheiß.

Jetzt oder nie!

Ran an die Buletten.[123]

Nicht verzagen,
Müller fragen.

♫ Hinterm Horizont geht's weiter …

Das hat noch keinen umgebracht.

Wird schon schiefgehen.

Sei kein Frosch.

Freie Bahn dem Tüchtigen!

[120] Nach dem gleichnamigen Film von 1972 mit den Schlagerstars Jack White und Tony Marshall.

[121] = *zu frischen Taten.* = *Auf ein neues!*

[122] Hierbei *Hals* = *Mast* und *Bein* = *Schot.*

[123] = *an den Speck.*

Wer nicht wagt, der nicht gewinnt.[124]

Es soll Ihr Schade nicht sein.

Mach'se fertig.

Heiterkeit und ihr Ausbleiben

Soo 'n Bart.[125]

Da muß er selber lachen.

Witz, komm raus, du bist umzingelt.

Spaß beiseite, Ernst, komm rein.

Sie belieben zu scherzen.[126]

Selten so gelacht.

Zwerchfellerschütternd. = Was ham wir gelacht.[127]

Lach dich gesund gegen Rheuma, Gicht und Knochenschwund.

Kleiner Scherz muß auch mal sein.[128]

124 Und: *Wer rastet, der rostet.*

125 Alternativ die Kurbelbewegung in Bauchhöhe; überpointiert in Ergänzung dieser Geste: *Und im Keller rattert die Bartwickelmaschine.* Ganz ausführlich: *In Ägypten, hömma, hamse neulich versteinerte Witzetafel gefunden, da war der schon durchgestrichen.*

126 = *Sie machen Witze.*

127 Ergänzung: *Der Mann war so lustig. Wir sind aber trotzdem früher gegangen.*

128 Oder: *Ein bißchen Spaß muß sein …*

Da bleibt kein Auge trocken.

Es darf gelacht werden.

Hömma, du lachst. Lach mal nicht.

Daß ich nicht lache.

Spaß muß sein,
sprach Wallenstein.[129]

Scherzkeks![130]

Makaber, aber geschmacklos.

RIP Kein umständliches Achselkraulen – nimm Jodlers Lachgas.[131]

Hach, Heiteres und Weiteres, zum Schmunzeln und zum Stirnerunzeln.[132]

Hört sich an wie der Witz der Woche.

Ist ja zum Schießen![133]

129 = RIP *Neuer Witz / vom Alten Fritz.* Apropos nach F. J. Raddatzens Goethezitat-Blamage: *Kennse die Anekdote vom Alten Fritz und dem Bahnwärter?* (Raddatz hatte 1985 in der *Zeit* ein vermeintliches Goethezitat verwendet, in dem der Dichter u. a. vom Frankfurter Bahnhof berichtet. Es stellte sich heraus, daß die Sätze nicht von Goethe stammten, sondern aus einer Satire, abgedruckt in der *NZZ*. Raddatz nahm daraufhin seinen Hut als *ZEIT*-Feuilletonchef.)

130 Südwest: *Späßle gmacht!*

131 RIP Dazu Geste, als ob man sich etwas in den Mund sprühte. Kürzer, direkter: *Muß ich jetzt lachen?*

132 Möglichst affektiert vorzutragen.

133 Hierbei *Schießen = Totlachen.*

Einvernehmen

Wie wahr![134]

Wäre auch das geklärt.

Allerdings.
Allerhand.
Allemale.

Dacht ich's doch.

Gesagt, getan.

Wenn schon, denn schon.

Das hab ich auf dem Schirm.

Den ganzen Tag. Und abends mit Beleuchtung.[135]

Da kenn ich *noch* jemand.[136]

Da sind Sie nicht allein.[137]

Unbedingt![138]

Okey-dokey.

Wenn nicht jetzt, wann dann?

134 Steigerung: *Wohl wahr!* Modern: *Aber so was von.*

135 Traditionell auf Fragen wie: *Ist heute Dienstag?*

136 = *Da sind wir ja schon zwei.*

137 Neuerdings: *Da bin ich ganz bei Ihnen.*

138 = *Bestens!*

Da kannste mal sehen.[139]

Keine Frage!

Beschwichtigung, Nachsicht, Mitgefühl

So weit, so gut.

Ein weites Feld.[140]

Hauptsache, man weiß, was gemeint ist.[141]

Trotz alledem.[142]

Je nun.

Das Leben geht weiter.[143]

Das läuft uns ja nicht weg.

So schnell schießen die Preußen nicht.[144]

Noch ist Polen[145] nicht verloren.

139 Ähnlich: *Das glaub ich dir sofort.*

140 Ebenso: *Ein Stück weit.*

141 Gegenteil: *Weiß man's?*

142 = *Aber sei's drum.* Auch: *Aus Schaden wird man klug.*

143 Auch: *Totgesagte leben länger.*

144 Soll von Bismarck sein.

145 Wo sie(☢ ausländerfeindlich) den oder das *Triathlon erfunden haben: Laufen ins Schwimmbad und kommen mit Fahrrad wieder zurück.* Nicht ganz so diskriminierend: *Kommt einer in die Apotheke und sagt: Mechte Flug nach Warschau. Sagt der Apotheker: Da sind Sie hier falsch, wir sind eine Apotheke und kein Reisebüro. Sagt der andere: Aber draußen stät Schild: Pollenflug.*

Nicht so stürmisch!

Was lange währt …[146]

Das macht den Kohl auch nicht fett.

Man kann nicht alles haben.

Da biste auch gestraft.[147]

So viel zu dem.

Jeder so, wie er's braucht.

Da läßt sich trefflich drüber streiten.[148]

Dann will ich das gar nicht hören.

Auch wieder wahr.[149]

Ein hartes Los.

Das muß man mögen.

Das steht auf einem ganz anderen Blatt.

Einen Versuch war's wert.

Das ist nicht gesagt.

146 Das Gegenüber hat zu ergänzen: … *wird endlich gut.*

147 Variante: *Der ist gestraft genug.* Oder: *In dem seiner Haut möchte man auch nicht stecken.*

148 = *Ist alles relativ.*

149 Ähnlich: *Was Recht ist, muß Recht bleiben* (nur echt mit heiligem Ernst).

Viel Lärm um nichts.[150]

Erlaubt ist, was gefällt.

Beneidenswert, wer frei davon.

Meinen Segen hast du.

Sollte man meinen!

Sie werden lachen.

Irren ist menschlich.[151]

Der Herr hat's gegeben, der Herr hat's genommen.[152]

Kein Mensch muß müssen.

Das macht doch nichts.[153]

Wie man's nimmt.[154]

Shit happens.[155]

150 = *nur warme Luft* = *ein Sturm im Wasserglas.*

151 Und ‚Ehe' ist das Backronym von ‚Errare humanum est'.

152 Nach der Pleite des Bankhauses I. D. Herstatt sah man Holzscheiben, worin mit Brennpeter eingeschrieben: BLA BLA *Der Herr hat's gegeben, / der Herstatt hat's genommen.* Wie sich die Älteren erinnern, hieß der Chefdevisenhändler Dany Dattel.

153 Der Witzige: *Das macht kaum die Hälfte.*

154 Auch: *Nichts ist einfach, wenn man's doppelt nimmt.*

155 Neutral: *Things like that happen* (im elaborierten Code der Besoldungsgruppen ≥ A 13). Auf deutsch distanzierter: *Soll vorkommen.*

Da drücken wir mal beide Augen[156] zu.

Nachts sind alle Katzen grau.

Tel Aviv![157]

Schaumer moj.[158]

Mehr als schiefgehen kann es ja nicht.

Da fließt noch viel Wasser den Rhein hinab.[159]

Das hängt ganz von einem persönlich ab.

Es menschelt halt überall.

Man kann keinen zu seinem Glück zwingen.

Vielleicht ist es aber auch erst zwölf vor fünf.

[156] Der Scherzkeks: Hühneraugen.

[157] Diese Mitbürger sagen auch *zum Bleistift, zum Vollsein, herzlichen Glühstrumpf, allerhandlei, im Gegentum,* wärmsten Dung – äh, *Dank!,* fürchterbar, *peinsam, selbstverspundloch* (= *naturloch;* der Asterix-Leser: *latürnich,* im Original – *Die Lorbeeren des Cäsar – farpaitement*), *vergewohltätigt, Gewerkschaftsbrause, Heizöl-Ferrari, Kaschmich, Spargeltarzan;* sie sagen *Drahtesel* statt Fahrrad (auch: *2PS-Kniezündung*), *Nasenfahrrad* statt Brille, *Gesichtserker* statt Nase, *Rotzbremse* statt Schnurrbart, *Quetschkommode* statt Akkordeon, *Drahtkommode* statt Klavier, *Miefquirl* statt Ventilator, *Stinkadores* statt Zigarillo, *Lungenbrötchen* statt Zigarette, *Zimmerflak* statt Pistole, *Stubentiger* statt Katze *Nuttendiesel* statt Parfum, *Vernissagensprudel* statt Prosecco, *Krampfadergeschwader* statt Putzkolonne, RIP (umweltschädlich) *Aldikoffer* statt Plastiktüte, *Lümmeltüte* statt Kondom usw. usf.

[158] Die Ergänzung *dann sehmer schon* ist vom Volksmund. Da man nun begonnen hatte, ihn öffentlich damit aufzuziehen, stellte er um auf *Ja, okay.*

[159] Apropos das Lied vom alten Vater Rhein: *Die Mutter hebt das linke Bein / und läßt den alten Vater rein.*

Allen Menschen recht getan
ist eine Kunst, die niemand kann.[160]

Glücklich ist, wer vergißt,
was nicht mehr zu ändern ist.

Die Geschmäcker sind halt verschieden.[161]

Ist nix passiert![162]

Das kommt von das.

Das Leben ist hart, aber es übt.[163]

Wenn meine Oma Räder hätt' …[164]

Wer ist das nicht.

Alles Ansichtssache.[165]

Darin haben wir ja mittlerweile Übung.

Wünscht man ja seinem ärgsten Feind nicht.

160 Von Franz Josef Strauß: *Everybody's darling is everybody's Depp* (Originalschreibweise *Bayernkurier*). Über jenen von Helmut Schmidt: *Es gibt Irrtümer, Fälschungen und Strauß-Reden.*

161 = Über Geschmack läßt sich nicht streiten.

162 Der Witzbold: *Bin nur leicht verletzt!*

163 Und seine zahllosen Ableger: *Life ain't no picknick.* = *Das Leben ist kein Ponyhof* (bzw. *Wunschkonzert* bzw. *Zuckerschlecken*). = *La vie est dure / sans confiture* bzw. *La vie est dure, / les femmes sont chères, / les enfants facile à faire* usw. usf.

164 Klassische Ergänzung: … *dann wär's ein Omnibus.*

165 Im Akademikermilieu: *Objektivität – auch nur so eine Behauptung* oder, ebenso chic: *Wahrheit – die Lüge, auf die man sich einigt.*

Wir kommen noch früh genug zu spät.

Es hat nicht sollen sein.

Was nicht ist, kann noch werden.

Man hat's nicht leicht, aber leicht hat's einen.

Die Lage ist aussichtlos, aber nicht weiter ernst.

Muß ich das nächste Mal drauf achten.

So kann man sich täuschen.

Einmal ist keinmal.

Dreimal ist Bremer Recht.[166]

Man muß auch mal über seinen Schatten springen[167] können.[168]

Man soll ja nichts unversucht lassen.

Das machen andere auch.

Wer weiß, wozu's gut ist …

Morgen ist auch noch ein Tag.

Laß da mal Alkohol im Spiel gewesen sein.

166 = *Aller guten Dinge sind drei.*

167 Variante: *trinken* (Thomas Kapielski, in: *Danach war schon. Gottesbeweise I–VIII,* Berlin 1999).

168 bzw. *fünf gerade sein* bzw. *die Kirche im Dorf lassen*. Aus der Prilblumenzeit: † *Ich bin o.k., du bist o.k.* (nach dem gleichnamigen Bestseller des Psychiaters Thomas Anthony Harris aus dem Jahr 1967).

Das kann jedem mal passieren.

Abwarten und Tee trinken.

Dem Reinen ist alles rein.

Wo viel Licht ist, ist viel Schatten.[169]

Warum soll's Ihnen besser gehen als mir.

Sind auch nur Menschen.

Jetzt ist Geduld gefragt.

Verlegenheit und Entschuldigung

Entschuldigkeit![170]

Wir arbeiten dran.

Das muß vor meiner Zeit gewesen sein.

Ich bin auch nur ein Mensch.[171]

Nix für ungut.

Vor lauter lauter.

O Macht der Gewohnheit.

169 Und: *Reibung erzeugt Wärme* bzw. *Auf Regen folgt Sonnenschein.*

170 Unverwüstlich. Im Mai 2020 gehört aus dem Munde einer Siebzehnjährigen. Altherrenfassung: *Entschuldigense paarmal.*

171 = *Man ist ja nicht aus Holz.*

Ich kann mir das ja nicht aus den Rippen schneiden.

Anwesende natürlich ausgenommen![172]

Entschuldigung, war Absicht.[173]

Scheiße gebaut.[174]

Irrtum vom Amt.

Heute ist nicht mein Tag.[175]

Asche auf mein Haupt.

Nicht böse sein![176]

Kalt erwischt.

Das muß ich zu meiner Schande gestehen.

Nehme hiermit[177] alles zurück und behaupte das Gegenteil.

Das muß an mir vorbeigegangen sein.

Bevor ich's vergesse ...

172 Eingebürgert: *Present company excepted.*

173 Apropos: *Wie sagt man in Mannheim ‚Entschuldigung'? – Hobbla, kenne Sie ned ufbasse?*

174 = exaltiert: *Wie dumm von mir!* Alternativ: *G.G.K.P. – ganz große Kacke passiert.*

175 = *Es gibt so Tage ...* = *Wo hab ich nur meinen Kopf.*

176 bzw. *Hätte ja sein können.*

177 Ausführlicher: *mit dem Ausdruck des Bedauerns.*

Vorsicht und Argwohn

Wenn *Sie* es sagen …

Wir wollen nicht übertreiben.

So einfach ist das alles nun auch wieder nicht.

Ich glaube, wir geh'n jetzt besser.

Alptraum![178]

Jetzt kommt's aber dicke.

Zur Nachahmung nicht empfohlen!

Die Spannung wächst ins Unermeßliche.

Bis dahin kann noch viel passieren.

Von mir wißt ihr's aber nicht.

Erst mal haben.[179]

Hier haben die Wände Ohren.[180]

Das glaub ich erst, wenn ich's gesehen habe.

Vorsicht ist die Mutter der Porzellankiste.

Wenn einmal der Wurm drin ist …

178 Gern mit vorgeschaltetem *Jesses!*

179 Gängige Ergänzung: … *und umme Ecke mit wech sein.*

180 = *Feind hört mit.*

Verzweiflung

Au backe.

Es ist ein Kreuz.

Schlimmer geht's nimmer.[181]

Was soll *ich* erst sagen.

Ich krieg die Krise.[182]

Es ist zum Kinderkriegen.
= Es ist zum Mäusemelken.

Ich versteh die Welt nicht mehr.

Das darf doch wohl nicht wahr sein.

Das hat mir gerade noch gefehlt.[183]

O Schreck, laß nach.[184]

I break together.

Womit hab ich das verdient.[185]

Die bringen mich noch ins Grab.

[181] = *Vom Regen unter Umgehung der Traufe direkt in die Scheiße.*

[182] Hierbei *die Krise* = *Zustände.* Auch: *Ich könnt schreien.*

[183] = *Schöne Bescherung.*

[184] = *Ach du Schreck!* Alternative ist das überpointierte *Huch!*

[185] Auch: *Was das wieder kostet!*

Da tun sich ja Abgründe auf.

Ist ja super.[186]

BENIMM UND ETIKETTE

Trotzdem danke![187]

O Herr, er will mich fressen.[188]

Gehe nicht mit leeren Händen.[189]

Alter vor Schönheit.[190]

Stück Brot dazu?[191]

Hauptsache, die Zähne bleiben drin.[192]

Ab fünfzig Gramm wird's undeutlich.

186 Möglichst tonlos und gepreßt.

187 = (Dänemark) *Mange tak for ingenting* (danke für nichts). Setzt voraus, daß fruchtlose Mühewaltung keinen Dank verdiene. Ebenso beliebt: *Der gute Wille zählt!*

188 Regelmäßige Ergänzung: *Tobias sechs, Vers drei.* Zum Auslösen der Phrase reicht, beim Gähnen die Hand nicht vor den Mund zu halten.

189 Gültig nur für Haushaltsangehörige. Gegenposition des Gastes: *Man hilft am besten, wenn man nicht stört.*

190 Südwest: *Dreck vor dem Besen.* Im Treppenbegegnungsverkehr: *Bergfahrer vor Talfahrer!*

191 Klassiker, wenn einer sich schneuzt oder die Nase hochzieht = *Austern für arme Leute* (Walter Giller); zu jenen auch gern: *Rotz mit Zitrone.* Aus Amerika: *I simply cannot imagine why anyone would eat something slimy served in an ashtray* (*Miss Piggy's Guide to Life,* New York 1981, S. 85).

192 Klassiker, wenn einer kräftig geniest hat.

Herr *Doktor* Müller.

So viel Zeit muß sein.

Zu Hause wohl Säcke vor den Türen.[193]

Mund zu, Fliegen kommen rein.[194]

Da nich für.[195]

Das ist ja mal ein Service![196]

Nehmen wir doch *den* einstweilen.

Hannemann, geh du voran.

Nur keine Umstände![197]

Nimm und gib weiter.[198]

Es ißt dir keiner was weg.[199]

Etikette – ei, die klewe bei uns aaf de Bierflasche.[200]

193 = *Wohl im Zirkus geboren.* Berlin: *Wohl in der S-Bahn geboren.* Wenn jemand die Tür nicht schließt.

194 Variante 1: … *der Arsch wird kalt.* Variante 2: … *es zieht.*

195 Zunächst *Küsten-* bzw. *Nordsprech*, nunmehr landesweit eingebürgert. Persiflierend verwendbar – A: *Guten Appetit!* B (auf den Teller zeigend): *Da nich für.* Veraltet: *Keine Ursache.*

196 Zum Auslösen dieser Phrase reicht es, nachzuschenken.

197 Nachkriegszeit: *Bitte machense Umstände, trocken Brot ha'ck alleene.*

198 Robuster: *He, du da, kannste mir mal das Dings neben dem Teil da geben, wo das Zeugs drauf ist?*

199 Der andere zuvor: *Ich fang schon mal an.*

200 = *Niveau weshalb warum* (Deichkind). Von ihnen auch: *Hauptsache nichts mit Menschen* und *Like mich am Arsch.*

Dann tu ich mal ganz ungeniert.[201]
= Dann bin ich mal so frei.[202]

Dann will ich nicht weiter stören.[203]

Danke, ich nehme lieber das Geld.[204]

Der Esel nennt sich immer zuerst. = Eigenlob stinkt.

Wenn du denkst, du bist allein,
mache deine Nägel rein.

In Thailand ißt man es mit den Füßen.[205]

Ladies first![206]

Laß liegen, tritt sich fest.

Hätten Sie die Güte der Kartoffeln?[207]

Das wenige, was wir haben, das teilen wir gern.[208]

201 Schwäbische Buffet-Eröffnung: *Genieret zu, es langet-it.* Dort auf die Bitte um ein zweites Stück Zucker zum Kaffee: *Vielleicht hent Sie net omg'riehrt.* In Berlin auf die Bitte nach einem zweiten Döslein Kondensmilch: *Wer keen Kaffe vaträcht, soll ooch keen Kaffe trinken.*

202 Gereimt: *Ich bin so frei / und eß für zwei.*

203 = *Dann will ich Sie nicht länger aufhalten.*

204 Beispielsweise auf die Frage *Darf ich Sie zu einem Kaffee einladen?*

205 Auch: *Kratzt der sich mit der Gabel im Ohr, ist mir vor Schreck fast das Messer aus dem Mund gefallen.*

206 In Deutschland stets möglichst laut auszusprechen, dazu eine gewinnend-schwungvolle Geste.

207 Bzw. *des Reises.*

208 Dazu ein aufgesetzt frommer Blick.

Messer verschenkt man nicht.

Pünktlichkeit ist die Höflichkeit der Könige.[209]

Da opfert sich einer.[210]

Wer zuerst kommt, mahlt zuerst.

Ich geh nicht auf dem seine Beerdigung,[211] der geht auch nicht auf meine.

Hauptsache, *dir* hat's geschmeckt.[212]

Nur wenn du Lust hast.[213]

Der Ton macht die Musik.[214]

Nichts zum Setzen, Stellen, Legen.[215]

Mit dem Hute in der Hand
kommt man durch das ganze Land.[216]

209 Geht auf den französischen König Ludwig XVIII. zurück. Deshalb die gängige Bemerkung: *Zehn Minuten nach der Zeit / ist des Herrn Müller Pünktlichkeit.*

210 Der Gemeinte zuvor: *Bevor ich mich schlagen lasse …*

211 Apropos, Schulaufsatz: *Erst wurde unsere Oma beerdigt und dann gegessen.* Ähnlich gebaut, Speisekarte: *Unsere Schnitzel werden vom Schwein zubereitet* bzw. RIP *Habe vom Magistrat die Erlaubnis, Gäste zu bewirten und zu schlachten.*

212 Zuvor Tischgebet: *Jeder ißt, soviel er kann, / nur nicht seinen Nebenmann. / Piep, piep, piep, / guten Appetit.*

213 = *Nur wenn es dir nichts ausmacht.*

214 Daher der Rat: *Red immer Treu und Üblichkeit / bis an dein kühles Grab.*

215 Apropos schenken: *Wenn ich etwas noch nicht habe, bedeutet das, daß ich es nicht haben will, weil sonst hätte ich es längst* (Harry Rowohlt).

216 Aus dem politischen Amerika, auch in Unternehmerkreisen eingebürgert: *Speak softly and carry a big stick.*

Weggegangen, Platz vergangen.[217]

Die Leute gucken schon.[218]

TROST UND RAT

Laß fahren dahin.[219]

Abgerechnet wird zum Schluß.[220]

Durchhalten und weiterrauchen.

War alle Liebesmüh vergeblich.

Lang, lang ist's her.

Wird schon wieder.

Augen zu und durch.

Futsch ist futsch und hin ist hin.

Nun mal keine Bange.

Alles halb so wild.

Kann ja mal passieren.

217 = *Qui quitte la place la perd.* = *Move your feet, lose your seat.* In amerikanischen Läden: *You break it, you bought it* (Pottery Barn rule).

218 Oder, ebenso gezischt: *Kommst du da weg!*

219 Protestantische Ergänzung: ... *sie haben's kein' Gewinn.*

220 RIP etwa beim Skat: *Heinz, gib du dem Günter vier Mark, dann ist mir der Werner nix mehr schuldig.*

Dicht daneben ist auch vorbei.

Die Hoffnung stirbt zuletzt. = Hoffnung ist besser als nix.

Da kommt's ja nun auch nicht mehr drauf an.

Die Zeit heilt alle Wunden.

Fort mit Schaden.[221]

Mal gewinnt man, mal verliert man.[222]

Was sind hundert Mark im Leben eines Zockers.

Wenn's am schönsten ist, soll man aufhören.

Das legt sich wieder.

Alles hat seine Zeit.

Kommt Zeit, kommt Rat.[223]

Harren wir der Dinge, die da kommen sollen.[224]

Was nicht ist, kann noch werden.

Lieber spät als nie.

221 Köln: *Wat fott ess, ess fott.*

222 = *Wie gewonnen, so zerronnen.*

223 Fatalistische Variante: *Kommt Zeit, kommt Rat noch lange nicht.* Von Eugen Roth: *Er wartete das Herz sich lahm, / weil Unzeit nur und Unrat kam* (*Sämtliche Menschen*, München 1983).

224 Poetisch: *Und immer wenn du denkst, es geht nicht mehr, / dann kommt von irgendwo ein kleines Lichtlein her.*

Am besten gar nicht drüber nachdenken.[225]

Da-von geht die Welt nicht un-ter …

Von schlechter Laune wird auch nichts besser.

Geteiltes Leid ist halbes Leid.[226]

Nur kein' Neid.[227]

Nehmses mit Humor.

Ich weiß, es wird einmal ein Wun-der ge-schehn.[228]

Man muß nur wollen. = Siehste, geht doch. =

Warum nicht gleich so?

Das Glück ist jenen zugetan,
die ehrlich sind und arbeitsam.

Mal fehlt uns der Wein, mal fehlt uns der Becher.

Heile, heile Gänschen.

Es gibt nichts Gutes,
außer man tut es.

Erstens kommt es anders und zweitens, als man denkt.

225 Österreich: *Gar net erst ignorieren.* Wird wahlweise Karl Kraus oder Karl Valentin, hochdeutsch auch Kurt Tucholsky zugeschrieben.

226 = *Geteilte Freud ist doppelte Freud.*

227 Beliebte Definition: *Neid ist der Ärger über den Mangel an Gelegenheit zur Schadenfreude.*

228 RIP Damals gesungen von Zarah Leander.

Glück und Glas, wie leicht bricht das.[229]

So schnell kann's gehen.

Das gibt sich.

Gefahr erkannt, Gefahr gebannt.

An andrer Pech[230] sich zu erfreuen
hilft das eigne Glück erneuen.

Dein Geld ist nicht weg, das hat nur ein anderer.

Das sind so die Kinderkrankheiten.

Genieße, was dir Gott beschieden,
entbehre gern, was du nicht hast.
Ein jeder Stand hat seinen Frieden,
ein jeder Stand hat seine Last.[231]

MORAL, RESSENTIMENT, SCHADENFREUDE

Das hat man nun davon.

Das ist ja mal wieder typisch.

Und das soll schon alles gewesen sein?[232]

229 Doch sodann: *Scherben bringen Glück.*

230 Beispiel für solches aus Amerika: *If he were an undertaker, people would stop dying.*

231 Christian Fürchtegott Gellert (1715–1769). Vierte Strophe aus dem Lied *Zufriedenheit mit seinem Zustande.*

232 Bzw. *Das ist ja nun wirklich nicht zuviel verlangt.*

Man weiß ja, von wem's kommt.

Da steckste nicht drin.

Wer schreibt, der bleibt.[233]

Da gehören immer zwei zu.

Da hätten Sie aber mal hören sollen!

Gibt überall solche und solche.[234]

Da sieht man mal wieder.

Die sind doch alle gleich.

Mit uns könnses ja machen.

Bleibt einem ja das Lachen im Halse stecken.

Sie predigen Wasser und trinken Wein.

Da hätt ich ja viel zu tun.

Die alte Leier.

Aus den Augen, aus dem Sinn.

Lieber Gott, ich danke dir,
daß ich nicht so bin wie der Pharisäer.[235]

233 Auch außerhalb des Skatspiels geläufig – der Generalverdacht, daß jeder Protokollant betrüge. Aus Österreich: *A Schriftl is a Giftl.*

234 Üblicher Zusatz: *Aber mehr solche als solche.*

235 = *Das sollte mir einfallen.*

Wasch mir den Pelz, aber mach mich nicht naß.

Das war der Fluch der bösen Tat.

Papier ist geduldig.

Erzählen auch viel, wenn der Tag lang ist.

Mögen hätt' ich schon wollen, aber dürfen hab' ich mich nicht getraut.[236]

Die Leute kommen auf *Ideen* …[237]

Von nun an ging's bergab.

Das kann jeder behaupten.

Dann hab ich nichts gesehen.

Da kann sich so mancher 'ne Scheibe von abschneiden.

Es bleibt einem wirklich nichts erspart.

Muß jeder selber wissen.[238]

So haben wir nicht gewettet![239]

Das ist jetzt nicht wahr, oder?[240]

236 Karl Valentin.

237 Begleitend ist ein leises Kopfschütteln üblich.

238 Norddeutsch: *Muß jeder selber sehen, wie er mit sein' Schiet längskommt.*

239 Verstärkend: … *mein Herr!* bzw. … *mein lieber Freund!*

240 Setzt Fremdgehen oder sonst ganz schwere Lügen voraus.

Das machen die, ohne rot zu werden.

Die haben's wohl nicht nötig.

So kommt's raus.

Das läßt ja tief blicken.

Dank verlangt man ja gar nicht.[241]

Aber Wiedersehen macht Freude!

Vor Tische las man's anders.

Das kann's nicht sein.

Das sagense alle.

Kochen auch bloß mit Wasser.

Darüber schweigt des Sängers Höflichkeit.[242]

Ach, *da* liegt der Hund begraben!

Nobel geht die Welt zugrunde.

Auch noch Ansprüche!

Das wäre ja noch schöner.

Sollnse doch tun, wasse nicht lassen können.

241 Beliebter Zusatz: *Ich will nur wie ein Mensch behandelt werden!*

242 = *Den Rest könnse sich ja denken.*

Was glaubt der denn, wer er ist?

Frechheit siegt.

Wer schreit, hat unrecht.

Weniger wäre mehr gewesen.

Da kennen die ja nix. = Die schrecken auch vor nix zurück.[243]

Sollen sich erst mal an die eigene Nase fassen.

Wenn die wüßten …

Ach, jetzt plötzlich!

Das sind ja ganz neue Töne.

Der Teufel scheißt immer auf den größten Haufen.[244]

Ist doch nicht *mein* Geld.

Ist ja auch nicht *dein* Geld.[245]

Verarschen kann ich mich alleine.

Stecken doch alle unter einer Decke.

Und wer zahlt die Zeche? Der kleine Mann.

War der Ehrliche mal wieder der Dumme.

243 = *Da nehmen die ja auch keine Rücksicht drauf.*

244 = (pathetisch) *Wer hat, dem wird gegeben* (nach Matthäus 25, 29).

245 Rudolf Virchow zugeschrieben: *Immer wenn ich Leute von Moral reden höre, weiß ich, daß sie nicht bezahlen wollen.*

Gegen die haste ja keine Schankse.

Der erste erstellt's,
der zweite erhält's,
dem dritten zerfällt's.[246]

Wer nicht stiehlt und wer nicht erbt,
der bleibt arm bis daß er sterbt.

Wer ehrlich isch und schaffet recht,
der kommt zu nix und's goht em schlecht.[247]

Pfarrers Kinder, Müllers Vieh
gelingen selten oder nie.[248]

Dummheit und Stolz
wachsen auf einem Holz.

O heiliger Sankt Florian,
verschon mein Haus, zünd andre an.

Es ist nichts so fein gesponnen,
es kommt doch ans Licht der Sonnen.

Und willst du nicht mein Bruder sein,
so schlag ich dir den Schädel ein.

246 Bismarcks Variante: *Die erste Generation verdient das Geld, die zweite erhält das Vermögen, die dritte studiert Kunstgeschichte, und die vierte verkommt vollends.*

247 Südwest. Dort in entlegenen Seitentälern: *Friar send se zom schtäahle komma, heid mimers hau.*

248 Ergänzung: *Wenn aber doch mal eins gerät, / ist's von erles'ner Qualität.*

Gestern noch auf stolzen Rossen,
heute durch die Brust geschossen.[249]

Und also unterscheidet sich
der Freie von dem Knecht.[250]

* * *

Exkurs:
Friedrich Nietzsche läßt grüßen[251]

Es ist noch nicht aller Tage Abend.

Denen wird das Lachen schon noch vergehen.

Da ist das letzte Wort noch nicht gesprochen.

Also ob die sich *damit* 'n Gefallen tun …

Die werden sich noch umgucken.[252]

Tja, wer zuletzt lacht …

249 Denn: *Jeder Schuß ein Betroffener.*

250 Theodor Storm aus »Sprüche« (*Werke*, Bd. 1, *Gedichte, Märchen und unheimliche Geschichten*, Frankfurt am Main 1975). Gleichermaßen unklar das Horst-Wessel-Lied, wo man ja auch nicht weiß, wer jetzt nun wen erschossen hat: die Kameraden Rotfront und Reaktion oder umgekehrt.

251 Zur Genealogie der Moral. *Erste Abhandlung*, Nr. 10 und 14. Gottfried Benn über ihn: *Schöner Schmus mit Dionysos! Dafür mit 20 Dioptrieen auf zwei Brillen u. mit Wurstpellen gearbeitet u. auch noch die Auflagen selbst bezahlt, während Ranke u. Wilamowitz-Möllendorf Exzellenzen wurden* (Brief an F.W. Oelke vom 26.2.1938).

252 = *auch noch wundern = schon noch sehen, was sie davon haben.*

Man trifft sich immer zweimal im Leben.[253]

Irgendwann muß jeder für alles geradestehen.

Hochmut kommt vor dem Fall.[254]

Alles nur eine Frage der Zeit.

* * *

Wenn die sich drum *reißen* …

Was willste schon groß machen.

Wer mit dem Finger auf andere zeigt, richtet drei Finger gegen sich selbst.

Dann kann es ja wohl nicht so wichtig gewesen sein.

Undank ist der Welten Lohn.

So Leute muß es ja auch geben.

Jeder blamiert sich, so gut er kann.

Wird schon was dran gewesen sein.
= Wo Rauch ist, ist auch Feuer.

253 Variante: *Rache ist Blutwurst.* Apropos der Kürzestwitz, *wie die zwei Männer nachts aus der Kneipe kommen und fangen an zu pinkeln, sagt der eine, wieso plätschert das bei mir eigentlich so laut und bei dir plätscherts gar nicht, sagte der andere: Weil du an mein Auto pinkelst und ich pinkel an deinen Mantel.*

254 = *Die Letzten werden die Ersten sein.* Gern einmal verfremdet: *Die Letten werden die Esten sein*; von denselben – Erstes Wiener Heimorgelorchester – auch: *Ihr da Ohm, macht doch Watt ihr Volt.*

Wer den Schaden hat, spottet jeder Beschreibung.

Alles hat seine Grenzen.

Andere wären froh.

Störe deinen Feind nicht, wenn er Fehler macht.

Da weiß doch die rechte Hand nicht, was die linke tut.

Das Gegenteil von gut ist gut gemeint.

Wie kann man nur![255]

Strafe muß sein.

Viele sind berufen, aber nur wenige sind auserwählt.[256]

(D) Entschuldigen Sie, daß ich so dicht vor Ihnen herfahre.

Es können halt nicht alle Menschen gleich sein.

Endlich sagt's mal einer.

Kommt alles nicht von ungefähr.

Wie man in den Wald hineinruft, so schallt es heraus.

Enzo Ferrari hieße bei uns auch bloß Heinz Eisenschmidt.

Recht haben und recht bekommen ist zweierlei.

255 = *Wer hätte das von dir gedacht!*

256 Nach Matthäus 22,14.

So ein Pech aber auch!

Kurz gefreut, lang gereut.

An ihren Früchten sollt ihr sie erkennen.[257]

Doch wie's drinnen aussieht, geht niemand was an.[258]

Sollen doch erst mal Roß und Reiter nennen.

Jeder Krämer lobt seine Ware.

LEBENSWEISHEITEN, VERWENDET ALS WOHLFEILE RATSCHLÄGE, UNERBETENE KOMMENTARE

Viel hilft viel.

Jeder Gefallen rächt sich.

Wo gehobelt wird, fallen Späne.

Man soll nie nie sagen.[259]

Es ist nicht alles Gold, was glänzt.

Verschenken ist viel schöner als verleihen, und es kommt auch nicht teurer.

Dumm darf man sein, man muß sich nur zu helfen wissen.

[257] Zum Weg dorthin: RIP *Arbeite von früh bis spät, / sonst wird nichts geraten. / Neid sieht nur das Blumenbeet, / aber nicht den Spaten.*

[258] Klassische Erwiderung: *Outside it's raining but inside it's wet* (East 17).

[259] = (von Oscar Wilde, eingebürgert) *Ich kann allem widerstehen, nur nicht der Versuchung.*

Mit Speck fängt man Mäuse.[260]

BLA BLA Ein Jeder kehr vor seiner Tür,
und rein ist jedes Stadtquartier.[261]

Gegen Abend ist mit Dunkelheit zu rechnen.[262]

☢ [263] Wer Opel fährt, nimmt auch Trinkgeld.

Wes Bier[264] ich trink, des Lied ich sing.

Die Hunde bellen, die Karawane zieht weiter.

Wehret den Anfängen.

Das erste Opfer in der Schlacht ist der Schlachtplan.[265]

Wer nicht will, der hat schon.

260 = *Mit Geduld und Spucke / fängt man eine Mucke.*

261 Goethe; neuerdings *OHIO-Prinzip: Own house in order.* Fortschreibungen der Art BLA BLA *Dies ist ein GARAGENTOR / nur ein TROTTEL parkt davor!!!* sind regelmäßig nicht von Goethe. Verschärfte Fassung: BLA BLA *Wer hier parkt, fährt auf Felgen weiter!!!*

262 Variante: … *vereinzelt.* Amerika: *Weather forecast for tonight: dark.* Auch: *Der Niederschlag wird bis zum Boden reichen.* Ähnlich: *Die weiteren Aussichten: Es wird wärmer oder kälter – das hängt vom Wetter ab.* Zum Jahresende: *Wenn es an Silvester schneit, / ist das Neujahr nicht mehr weit.* Von Heino Jaeger, im Stile des WDR: *Dunstig, kurzsichtig, unterschiedliche Bewölkung im höheren Bergland. In höheren Lagen windig bis windstill. / Über ganz Westdeutschland werden heute Graupelschauer, mit vereinzelten Böen, im Süden und Nordwesten starker bis mäßiger Haarausfall gemeldet.* Eher pubertär: *Heute erwartet uns ein Sonne-Molken-Wix.*

263 Eine Minderheit von Autofahrern diskriminierend.

264 = *Bier: die Rettung vor anderer Leute Wein* (Johannes Gross, *Das neue Notizbuch*, Stuttgart 1990, S. 20, Nr. 38).

265 Helmuth von Moltke zugeschrieben. Optimistischer die British Army mit ihren 7 *Ps: Proper Planning and Preparation Prevents Piss Poor Performance.*

Keine Antwort ist auch ’ne Antwort.[266]

Fettflecken werden wieder wie neu, wenn man sie ab und zu mit Butter bestreicht.[267]

Rache soll man kalt genießen.[268]

Vor der Hacke ist es dunkel.[269]

Der Kluge fährt im Zuge.

In Gefahr und größter Not
bringt der Mittelweg den Tod.

Man schüttet kein schmutziges Wasser weg,
wenn man kein reines hat.[270]

Spare in der Zeit, dann hast du in der Not.[271]

Hunger ist der beste Koch.

Willst du gelten,
mach dir selten.[272]

266 Denn: *Riktik Antwort, gutt Freund, musse feife inne Wind, / riktik Antwort musse feife inne Wind.*

267 Und *Stockflecken auf Gartenmöbelauflagen beseitigt man, indem man etwas Ketchup drüberstreicht.*

268 Auch: *Türenzuschlagen beeindruckt nur die Türen.*

269 Aus dem Bergbau. Eingebürgert: *Let’s go in and see what happens.*

270 Konrad Adenauer gegenüber Journalisten am 2. April 1952, betreffend die Anstellung von Hans Globke und anderen ehemaligen NS-Beamten.

271 Hierbei *Zeit* = *Schweiz* (mittlerweile veraltet).

272 Auch: *Leg dich quer, / dann bist du wer.*

Bescheidenheit – das schönste Kleid.[273]

Der Lauscher an der Wand
hört seine eigne Schand.

Beginn den Tag mit einem Lächeln.[274]

Des einen Freud ist des anderen Leid.

Trauer ist der Preis der Liebe.[275]

Abends wird der Faule fleißig.

Wer jammert, hat noch Reserven.

Wer einmal lügt, dem glaubt man nicht,
und wenn er auch die Wahrheit spricht.[276]

Geschenkt ist geschenkt, wiederholen ist gestohlen.

Praktisch denken:
Särge schenken.

Wenn das Wörtchen *wenn* nicht wär' …[277]

273 Schlägt, mit genügend falschem Pathos deklamiert, um Längen das gängige *Bescheidenheit ist eine Zier, / doch weiter kommt man ohne ihr.* Ähnlich: *Zwei Worte öffnen uns alle Türen – Drücken und Ziehen.*

274 Gängige Ergänzung: … *dann hast du es hinter dir.* Ähnlich: *Jeder Tag ist ein Geschenk, es ist nur scheiße verpackt.*

275 *Grief is the price we pay for love,* so Queen Elizabeth II. vor langer Zeit. Über die Royals im Allgemeinen Ian Hislop von *Private Eye* in der BBC: *The basic job is to sit in the rain and wave.*

276 Auch: *Vertrauen kommt zu Fuß und flüchtet zu Pferd.*

277 … wär mein Vater Millionär. Neuerdings wieder im Schwange: *Hätte, hätte, Fahrradkette.*

Obacht geben –
länger leben.[278]

Willst du dir den Tag versauen,
mußt du in den Spiegel schauen.

Unverhofft kommt oft.

Morgenstund hat Gold im Mund.[279]

Laß dich durch einen Fernspruch
nicht aus der Ruhe bringen,
denk lieber an den Kernspruch
des Götz von Berlichingen.[280]

Ordnung ist das halbe Leben.[281]

Man kann den Leuten nur *vor* die Stirn gucken.

Hinterher ist man immer schlauer.[282]

278 = *Hättste mal besser aufgepaßt.*

279 ☢ Politisch ganz und gar unkorrekt in Frakturschrift auf der Rückseite eines T-Shirts, wenn auf der Vorderseite steht: **5 Uhr 45** (gesehen in Dresden; ☢ dort zu Zeiten des Sommermärchens 2006 auch T-Shirt mit vorn Eisernem Kreuz und hinten **Vizeweltmeister 1945**). Eingebürgerte Variante von James Thurber: *Early to rise and early to bed makes a man healthy, wealthy and dead* (aus: *Fables for Our Times*, New York 1940). Die älteren dieser Mitbürger besitzen gern auch einen Schrebergarten mit Reichskriegsflagge und einem Blechschild an der Pforte **Protektorat Bohnen und Möhren**.

280 Brennpeter auf Baumscheibe. Bei älteren Menschen im Flur, montiert über einem Fernsprechtischapparat der Bundespost, Modell FeTAp 611-2, farngrün, mit brokatenem Überzug.

281 Worauf der andere zu erwidern hat: *Wer Ordnung hält, ist nur zu faul zum Suchen.*

282 Süddeutsch: … *schwätze die Gscheite.* Auch: *Nach dem Rathaus ist man schlauer.* Apropos, aus Karlsruhe: *Schaffsch widdr ebbs oddr bisch no uffm Rodhus?*

Schuster, bleib bei deinem Leisten.

Wasser hat keine Balken.

Der Erfolg hat viele Väter.[283]

Die Dummen werden nicht alle.

Freundschaft, die der Wein gemacht,
währt wie der Wein nur eine Nacht.

Geh noch mal zurück, dann fällt's dir wieder ein.

Mok, wat de willst, de Lüd schnackt doch.

No risk,[284] no fun.

Schnell ist die Jugend mit dem Wort.

Fürchte den Zorn des geduldigen Mannes.

Wenn's dem Esel zu wohl wird …

Den letzten beißen die Hunde.

Was du nicht willst, das man dir tu,
das füg auch keinem andern zu.

Dumm, wer gibt. Dümmer, wer nicht nimmt.

Frauen haben Angst vor Gewalt, Männer haben Angst, daß man sie auslacht.

283 Gängige Ergänzung: … *und der Mißerfolg ist ein Waisenkind.*

284 Von Warren Buffett: *Risk comes from not knowing what you are doing.*

Am Baume des Schweigens hängt seine Frucht, der Friede.[285]

Wenn du einen Freund brauchst, kauf dir einen Hund.[286]

Der Weg ist das Ziel.

Gleich und gleich gesellt sich gern.

Die lange Bank, des Teufels liebstes Möbelstück.[287]

Jeder Topf findet seinen Deckel.

Träume sind Schäume.

Angst vollbringt das Befürchtete.

Man schätzt den Verrat, nicht den Verräter.

Man hat's nicht leicht, aber leicht hat's einen.

Narren bauen, Kluge kaufen.

Gesundheit ist nicht alles, aber ohne Gesundheit ist alles nichts.

Borgen bringt Sorgen.[288]

[285] Gängiger Einwand: *Wenn der Klügere immer nachgibt, ist die Welt bald nur noch von Dummen bevölkert.*

[286] = RIP *Freunde in der Not / gehen hundert auf ein Lot.*

[287] Apropos: *Runde Tische sind dazu da, Themen auf die lange Bank zu schieben.* Apropos, von Peter Sloterdijk: *Wo Religion war, soll runder Tisch werden* (aus: *Zeilen und Tage. Notizen 2008–2011*, Berlin 2012).

[288] RIP Spezialfall Wechselakzepte: *Schreibe hin, schreibe her, / aber schreibe niemals quer.*

Krankheit als Chance[289]

Die Steuern haben mehr Menschen zu Lügnern gemacht als der Teufel.[290]

Eine kaputte Uhr geht auch zweimal am Tag richtig.

Ausnahmen bestätigen die Regel.[291]

Never explain. Never complain.[292]

Wer sich entschuldigt, klagt sich an.[293]

Lieber ein Ende mit Schrecken als ein Schrecken ohne Ende.

Genießet den Krieg, denn der Friede wird fürchterlich.[294]

Der Fisch stinkt vom Kopf her.

Angriff ist die beste Verteidigung.[295]

289 Variante: ... *als Weg.* Der Scherzkeks: *Mit dem Tod signalisiert einem die Natur, mal etwas kürzerzutreten.*

290 Gängige Replik des Treuherzigen: *Im Urwald gibt es keine Steuern.*

291 Auch: *Keine Regel ohne Ausnahme.*

292 Eingebürgert. Äußerstenfalls sei man *not amused.*

293 Auch: *Confucius say: Elaborate excuse seldom truth.*

294 Manfred Rommel, der gelegentlich dichtende Oberbürgermeister von Stuttgart, weiland zum Thema Irak: *Mit dem Krieg muß endlich Schluß sein! / Friede auch für Saddam Hussein! / Laßt ihn doch um Himmels willen / weiterzüchten die Bazillen* usw. usf. In *Manfred Rommels gesammelte Gedichte,* Stuttgart 1994, nicht enthalten, dafür aber *Zu was sind denn die Kriege nütze, / viel lieber mach ich Liegestütze* (S. 27).

295 Gerechterweise aus Frankreich zu beherzigen: *Cet animal est très mechant: / Quand on l'attaque, il se défend.*

Der Apfel fällt nicht weit vom Stamm.

Die dümmsten Bauern haben die dicksten Kartoffeln.

Ein einziges faules Ei ruiniert das ganze Omelette.

Viele Köche verderben den Brei.[296]

Zynismus, die Maske des Romantikers.

Für jemand mit ’m Hammer sieht alles wie ein Nagel aus.[297]

Nichts ist schwerer zu ertragen
als eine Reihe von guten Tagen.

Der Durchschnittsmensch hat eine Brust und einen Hoden.[298]

Chaos ist die Regel, Ordnung die absolute Ausnahme.

Guter Rat ist teuer.[299]

Gelegenheit macht Diebe.

Erwarte alles vom Mitleid, nur keine Hilfe.

Mancher steht sich halt selbst im Weg.

[296] Statistisch: *Viel zu viele Köche verderben den Brei.*

[297] Erduldet: *Es kann der Frömmste nicht in Frieden leben, / wenn es dem bösen Nachbarn nicht gefällt* (aus Schillers *Wilhelm Tell*).

[298] Ähnlich und ebenso beliebt: *Wer mit dem linken Bein in Eiswasser steht und rechts in kochendem, hat's im Durchschnitt lauwarm* bzw. *Ein Millionär und ein armer Schlucker haben im Durchschnitt eine halbe Million.* Auch: *Im Durchschnitt sind alle Menschen gleich alt.*

[299] Gängige Ergänzung: *Und schlechter kostet ein Vermögen.*

Never change a winning team.

It's not over till it's over.

Im Deutschen lügt man, wenn man anerkennt.[300]

Wer als reicher Mann stirbt, hat Schande über sein Leben gebracht.

Frage nicht deinen Friseur, ob du einen Haarschnitt brauchst.

Jeder fängt mal klein an.

Aufgeschoben ist nicht aufgehoben.

Die Kehrseite der Drohung ist Angst.

Wer nicht kämpft, hat schon verloren.

Vertrauen ist gut, Kontrolle ist besser.

Gut ist manchmal nicht gut genug.

Im Dunkeln ist gut munkeln.

Leben ist immer lebensgefährlich.[301]

Das Licht am Ende des Tunnels kann auch ein Zug sein.

Was sich liebt, das neckt sich.

300 Variante: ... *wenn man höflich ist.*

301 Im Akademikermilieu: *Dem Philosoph, ist er marode, / ist das Leben Sein zum Tode.* Auch: *Das Leben ist eine tödliche Krankheit, die durch Geschlechtsverkehr übertragen wird.*

Not kennt kein Gebot.

Alles verstehen heißt alles verzeihen.

Der Weg zur Hölle ist mit guten Vorsätzen gepflastert.

Wenn zwei das gleiche tun,
ist es noch lange nicht dasselbe.

Morgen, morgen, nur nicht heute,
sagen alle faulen Leute.

Wer sich in Gefahr begibt, kommt darin um.

Lügen haben kurze Beine.[302]

Jeder ist seines Glückes Schmied.

Ein guter Abgang ziert die Übung.

Einmal ist immer das erste Mal.

Ratschläge sind auch Schläge.

302 In Gegenrichtung, kalauernd: *Ewig währt am längsten.*

ZITATE DER KLASSISCHEN MODERNE; KUPIERTE WITZE (BÜCHMANN 2.0)[303]

Equal goes it loose.[304]

Seid ihr denn auch alle da?

Ich habe nichts gegen Fremde.
Aber diese Fremden sind nicht von hier.[305]

Ja wo laufen sie denn, ja wo laufen sie denn?[306]

Die üblichen Verdächtigen.[307]

Würden Sie das eventuell zurücknehmen?[308]

Mutti, Mutti, er hat überhaupt nicht gebohrt![309]

303 Nach dem Philologen Georg Büchmann (1822–1864), der die berühmte Zitatsammlung *Geflügelte Worte* (Erstausgabe 1864), kurz: *der Büchmann,* herausgab.

304 Heinrich Lübke vom *Spiegel* angedichtet. Günther Oettinger nachweisbar: *We are all sitting in one boat* sowie *Everything hangs together* (apropos von Frank Zappa: *Politics is show business for ugly people*). Dieser Zettel ist verbürgt: *Ish FROYA mish, im FRY-en bear-LEAN tsu sine* (John F. Kennedy).

305 Original: *Moi, tu me connais, je n'ai rien contre les étrangers; quelques-uns de mes meilleurs amis sont des étrangers. Mais ces étrangers-là sont pas de chez nous* (aus *Astérix. Le cadeau de César,* 1974).

306 Loriot. Von demselben ebenso unvergessen: *Ein Klavier, ein Klavier! Oma, wir danken dir!* sowie *Sagen Sie jetzt nichts, Hildegard.*

307 Eingebürgert: *The usual suspects* sowie *Play it again, Sam.* Bei Kennern ebenso beliebt: *What watch? – Ten watch. – Such much?*

308 Wieder Loriot. Das Gegenüber hat zu erwidern: *Nein.* Darauf die Replik: *Gut, damit ist der Fall für mich erledigt.*

309 Gängige Ergänzung: *Er hat alle gezogen!* Ebenfalls aus jener Zeit: *Olaf hat Husten. Das darf er nicht!*

Lieber Gott, lasses 'n Teebeutel sein.[310]

Ich habe noch ein paar Zähne im Mund
und noch ein paar Freunde in der Stadt.[311]

Das wär' Ihr Preis gewesen![312]

Witz kost' hundert Mark.[313]

Kommt zur Legion, hieß es. Da erlebt ihr was, hieß es.

Meine Freunde nennen mich Lenny, aber ich habe keine Freunde.

This town ain't big enough for the both of us.

310 Mutter aller kupierten Witze. Künstler ihres Fachs strecken ihn durch ein Crescendo von Ekelhaftigkeiten über Minuten hin (*al-les ver-sifft …*). Ähnlich, aber kürzer: *Ja, was glaubst du denn, warum dein Bruder heute abend das Auto kriegt?* bzw. *Bring ihm doch einfach die hellbraune Cordhose mit* (wie einer dem Arzt Stuhl-, Urin- und Spermaprobe anliefern soll). Aushilfspfarrer, Ministrant, Mittelscheitel: *Entweder ein Mars oder ein Bounty* = (noch fieser) *fünfzig Pfennig und ein Pfefferminzbonbon*. Unvergessen: *Bevor du dich jetzt in das Weihwasser hier reinsetzt, laß mich erst gurgeln* (die drei Nonnen in der Beichte). Etwas moderater: *Hamse noch Platz für 'n Kasten Bier und 'ne Currywurst?* Kindlich-harmlos: *Wie ick den Laden hier kenne, isses doch wieder das liebe Jesuskind* (Fritzchen in der Konfessionsschule). Gänzlich ohne Worte funktioniert (sexistisch) der *Elefantenwitz* – ausgestülpte Hosentaschen und Nesteln am Reißverschluß.

311 *I've still got a few teeth left in my head and a few friends in town*, aus dem Film *Chinatown* (1974) mit Jack Nicholson. Dort auch: *Tut das nicht weh? – Nur wenn ich atme.*

312 Rudi Carrell in der Spielshow *Die verflixte Sieben*; auszusprechen: *Dos wär Ihr Präijs gewäijsen!* Übliche Ergänzung: *So viel Äijnfamilienhäuijser, wie Sie tragen können!* Von ihm auch: *Eben noch in säijne Frittenbude, jedds schon auf unse Showbühnä!*

313 Aus dem Film *Jede Menge Kohle* (1981) von Adolf Winkelmann; in regelmäßigem Gebrauch auf *Erzähl doch mal 'n Witz*. Ebenso unvergessen: *Es kommt der Tag, da will die Säge sägen.*

Ich glaube, das ist der Beginn einer wunderbaren Freundschaft.

Marmor, Stein und Eisen bricht.[314]

Is was mit Oma?[315]

Kommt näher ans Feuer, Fremder, wir wollen Euer Gesicht sehen.[316]

Zwei Wochen später machen Waldarbeiter einen grausigen Fund.[317]

Morgens um sieben ist die Welt noch in Ordnung.

Beam me up, Scotty![318]

Harry, hol schon mal den Wagen.[319]

Ich hab ein Haus, ein Äffchen und ein Pferd.

Aaber isch 'abe doch gar keine A-uto.

314 Übliche Ergänzung: ... *aber Omas Plätzchen nicht.*

315 Die Überraschung mit schwarzer Reizwäsche; weiterer Klassiker des kupierten Witzes. Auch: *Und da hat er uns durch den Briefkastenschlitz die ganze Wohnung tapeziert.* Ferner: *Habe mich übrigens noch gar nicht vorgestellt – mein Name ist Winnetou Finkelstein.*

316 Muß, wie *Tu das Schwerste zuerst* aus *Der Verlorne Sohn* (1884–86) von Karl May stammen; ersatzweise von Bully Herbig oder Max Goldt. Professionelle Ergänzung: *Die Luft ist sehr bleihaltig und ein Menschenleben nicht viel wert.*

317 Einleitung: *Immer wieder warnen wir in dieser Sendung vor den Gefahren des Trampens.*

318 Beliebte Ergänzung: *There seems to be no intelligent life form here.*

319 Soll so nie gesagt worden sein. Übrigens hieß in einer *Kommissar*-Folge der Mörder Derrick.

Houston, wir haben ein Problem.[320]

Er war einsam, aber schneller.

Isch scheiß disch zu mit meinem Jeld.[321]

Es saugt und bläst der Heinzelmann,
wo Mutti sonst nur saugen kann.[322]

Nicht immer. Aber immer öfter.

Traurich-traurich-traurich (*genäselt*).[323]

Da werden Sie geholfen.[324]

Ich werde ihm ein Angebot machen, das er nicht ablehnen kann.[325]

Das gan-ze Leben ist ein Quiz,
und wir sind nur die Kan-di-daten.[326]

Da habe ich was Eigenes. Da habe ich mein Jodeldiplom.

Was ist das denn für 'n lahmer Zock hier.

320 Apropos: *Aber wer wird denn gleich in die Luft gehen?*

321 Mario Adorf (als Klebstoffabrikant Heinrich Haffenloher) in der Fernsehserie *Kir Royal* (1986).

322 Loriot hat angespielt auf die urologische Dissertation von Theimuras Michael Alschibaja, TU München (1978).

323 Theo Lingen.

324 Übliche Erwiderung: *Blubb*.

325 = im Original: *I'm gonna make him an offer he can't refuse* (*The Godfather*, 1972).

326 Hape Kerkeling. Beliebter Vorspann: *Hurz!* bzw. – *und der Habicht* bzw. *Sagen Sie, kommen da noch mehr Tiere?*

Otto? Find ich gut.[327]

Big Brother is watching you.[328]

Männer müssen schnarchen, um ihre Frauen vor den wilden Tieren zu beschützen.

( ) Ist ja alles so schön bunt hier!

Arm, aber sexy.

Wer zu spät kommt, den bestraft das Leben.[329]

Plan jeändert. Hose jeschissen.[330]

Niemand hat die Absicht, eine Mauer zu errichten.[331]

Jetzt wächst zusammen, was zusammengehört.

Eines ist sicher: Die Rente ist sicher.[332]

327 *Da weiß man, was man hat* (Persil).

328 Und *Kilroy was here.*

329 Zum Troste aber: *Du kannst nie tiefer fallen als in Gottes Hand,* so Margot »nichts-ist-gut« Käßmann in ihrer Rücktrittsrede nach der Alkoholfahrt; jene Margot Käßmann, *die uns binnen weniger Stunden aus fünfzig Glückskeksen ein neues Buch kompiliert* (anonym).

330 Der wohl bekannteste Zitzewitz neben *Theater jewesen. Seltsame Sache. Zivilist schießt auf Obst.* Apropos, ebenso uralt, aus Sachsen: *Was ham se denn im Deater gegäbn? – Eene Mark. – Nee, ich meene, was forn Stück? – Zwee Fuffzich-Fennich-Stücke. – Nee, ich meene, was de Schauspieler gegäbn ham. – De wärns umsonst gehabd ham* usw. usf.

331 Denn: *Den Sozialismus in seinem Lauf / hält weder Ochs noch Esel auf.*

332 Kürzestfassung aus den USA: *Read my lips.*

Kinder kriegen die Leute immer.[333]

Angst essen Seele auf.[334]

Ja, aber *leicht* muß sie schmecken![335]

Welches Schweinderl hättens denn gern?[336]

Alles Müller, oder was?[337]

Der schwimmt sogar in Milch.[338]

Ist die Katze gesund, freut sich der Mensch.

333 Konrad Adenauer, 1957. Dies zu befördern gab es seit 1955 die *Fahrpreisermäßigung für kinderreiche Familien.* Das Kind legitimierte sich am Bahnschalter durch Vorlage eines mit Lichtbild versehenen Dokuments, nach seinem Stifter, dem Verkehrsminister, *Wuermeling-Paß* genannt, vulgo *Karnickelschein,* und zahlte halben Preis.

334 Und *niemand ist eine Insel.*

335 Yogurette-Werbung mit Ulricke Jokiel (1987). Unverzüglich parodiert: *Ißt eine junge aufgeschlossene Frau wie Sie denn auch Eisbein? – Ja, aber leicht muß es schmecken!* bzw. *Trinkt eine junge aufgeschlossene Frau wie Sie denn auch Alkohol? – Ja! Manchmal steh ich sogar nachts auf und hol mir welchen!* usw. usf.; auch: *Fett, schwer, salzig – Haxorette, der sportliche Schwartengenuß.*

336 Robert Lembke in der Sendung *Was bin ich?* Sodann unverzichtbar: *Sind Sie mit der Herstellung oder dem Vertrieb einer Ware beschäftigt?* Von demselben bei anderer Gelegenheit: *Die Hölle ist ein Ort, wo die Engländer kochen, die Italiener Parkplätze bewachen und die Deutschen Fernsehunterhaltung machen.*

337 Ähnlich: *Wer hat's erfunden?* Ebenso unvergessen Boris Beckers Frage *Bin ich schon drin oder was?* Von ihm auch: *Bei mir gehen Kopf und Füße Hand in Hand.*

338 Milky-Way-Werbung. Apropos: *Schlachtgesang mit Kriegsgott und Mobilmachung: Mars macht mobil …* Vielfältig verwendbar: *Nur wo Nutella draufsteht, ist auch Nutella drin.* Wegen Darmkrebsrisikos obsolet geworden: *So wertvoll wie ein kleines Steak* (Fruchtzwerge-Werbung), damals umgehend parodiert: *Was würden Sie Ihren Kindern lieber geben – Fruchtzwerge oder ein kleines Bier?* Die erste BiFi-Werbung, ☢ *Aufreißen – rausschieben – reinbeißen,* ist noch viel obszöner benutzt worden.

Nur dein Geschmack entscheidet.[339]

Aber bitte mit Sahne.[340]

Drink doch eine met,
stell dich nit esu ahn.

Jädr nor einen wönzegen Schlock.[341]

Geschüttelt. Nicht gerührt.[342]

Ein Leben ohne Mops ist möglich, aber sinnlos.[343]

Anarchie ist machbar, Herr Nachbar.[344]

A bisserl was geht immer.[345]

* * *

339 Aber: *Sind sie zu stark, bist du zu schwach.* Apropos, Reemtsma-Werbespruch: *Es war schon immer etwas teurer, einen besonderen Geschmack zu haben* (Atika sel.).

340 Auch: *Mit dem Löffel Butter mehr.*

341 Auch: *Da stelle mer ons janz dumm. Und da sahre mer so: Seife ist, wenn man keine hat, nimmt man Bimsstein* bzw. *Bier ist, wenn man keines hat, man sich eins bestellen muß* usw. usf.

342 Zynisch und menschenverachtend die Parodie: *Mein Name ist Bo. Bim Bo.*

343 Loriot.

344 Sowie: *Unterm Pflaster liegt der Strand. Macht kaputt, was euch kaputtmacht. Legalize Himbeereis* (apropos: *They are not drug dealers, they are florists*). Ronald Reagan: *Their signs said: ‚Make love, not war.' It didn't seem to me that they were capable of either.* Weitere Gegenposition, homophob: *Lieber ein kalter Krieger als ein warmer Bruder* (Franz Josef Strauß, 1971 auf einer Wahlkampfveranstaltung in Westberlin).

345 Auch: *Bereit, wenn Sie es sind* (fakultative Ergänzung: *Sergeant Pembry* – aus dem Film *Das Schweigen der Lämmer*); sogleich eingebürgert mit *Ready when you are.*

Exkurs I: **Dahinter steckt immer ein kluger Kopf**[346]

The medium is the message.[347]

Erst kommt das Fressen, dann kommt die Moral.[348]

Was ist ein Bankraub gegen die Gründung einer Bank.[349]

Emotionale Intelligenz.[350]

Stillstand des Flüchtigen.[351]

Das Private ist politisch.

Fordern wir das Unmögliche![352]

Trotz oder gerade wegen.[353]

Bleibt alles anders.[354]

346 Ähnlich vermessen: *Wir können alles. Außer Hochdeutsch.* Später parodiert: *Wir können alles. Außer Bahnhof* usw. usf.

347 Marshall McLuhan. Von ihm auch: *Man kann nicht nicht kommunizieren* und *Moralische Entrüstung ist die Würde der Idioten.*

348 Bertolt Brecht, aus der *Dreigroschenoper.*

349 Dito.

350 Oder *Bauchgehirn.*

351 Wolfgang Joop.

352 Auch: *Träume nicht dein Leben – lebe deinen Traum.*

353 Diese Mitbürger sagen auch: *Ein schwieriges Verhältnis, wenn es denn überhaupt ein Verhältnis ist.*

354 Herbert Grönemeyer. Auch: *Zurück in die Zukunft* (Leitz-Werbung).

Tosende Stille[355]

Being together is the new lonely.

Quiet is the new loud.[356]

Es gibt kein richtiges Leben im falschen.[357]

Die Fesseln der gequälten Menschheit sind aus Kanzleipapier.[358]

Du hast keine Chance, aber nutze sie![359]

How dare you?! [360]

Don't be evil.[361]

355 *The Roaring Silence*, Titel einer John-Cage-Biographie von David Revill (dt.: *Tosende Stille*, München 1995).

356 Absehbar kommt *Light is the new darkness* bzw. *Parents are the new children* (Max Goldt, in: *Wenn man einen weißen Anzug anhat*, Reinbek bei Hamburg 2002).

357 Theodor W. Adorno. Der Ironiker: *im valschen*. Ähnlich: *Doch die Verhältnisse, sie sind nicht so*. Diese Mitbürger sagen auch: *Man kennt von allem den Preis, aber von nichts mehr den Wert* usw. usf.

358 Vgl. Gustav Janouch, *Gespräche mit Kafka* (1951), S. 71. Kafkas Urheberschaft ist bestritten, ebenso von *Die Kaffeehäuser sind die Katakomben der Juden in dieser Zeit*. Apropos: *Im Kaffeehaus sitzen Leute, die alleine sein wollen, dazu aber Gesellschaft brauchen* (Alfred Polgar).

359 Ähnlich: *Jeder für sich und Gott gegen alle*. Hoffnungsvoller: *Wenn die Nacht am dunkelsten ist, ist die Dämmerung am nächsten.*

360 Sogleich verspottet: *Wer nix kann und wer nix ist, / der wird Klimaaktivist* bzw. *Wenn sie herausfindet, daß CO2 im Bier ist, sind wir im Arsch. Gottlob geht sie nicht in die Schule.*

361 Langfassung: *Wenn es etwas gibt, von dem Sie nicht möchten, daß es jemand erfährt, sollten Sie es vielleicht ohnehin nicht tun.*

Man sieht nur mit dem Herzen gut.[362]

Wovon man nicht sprechen kann, darüber muß man schweigen.[363]

Ohne Dialektik denken wir auf Anhieb dümmer; aber es muß sein: ohne sie![364]

Meine Bilder wissen mehr als ich.[365]

Gott ist tot.
Nietzsche
Nietzsche ist tot.
Gott.

Gott würfelt nicht.[366]

Alle Tiere sind gleich, aber manche sind gleicher als die anderen.[367]

[362] Bzw. *Jedem Anfang wohnt ein Zauber inne* bzw. *Armut ist ein großer Glanz aus Innen.* Ersteres stammt aus *Der kleine Prinz* von Antoine de Saint-Exupéry, das zweite von Hermann Hesse (aus dem Gedicht *Stufen*) und letzteres von Rainer Maria Rilke (aus dem Gedicht *Sie sind es nicht*).

[363] Ludwig Wittgenstein, *Tractatus logico-philosophicus* (1922), Abschnitt 7. (Friedrich Torbergs Wiener Freund Ernst Stern soll den Stammtisch des Wiener Kreises im Café Herrenhof übrigens mißbilligend »Zum weisen Russell« genannt haben; siehe *Die Tante Jolesch oder Der Untergang des Abendlandes in Anekdoten*, München 1975.) Von ähnlicher Bildungshöhe herab: *Aber was wissen wir* (Rainer Maria Rilke). Apropos *Der Gefangene* Hanns von Gumppenbergs *Nachtbild aus einem italienischen Hotel* ☢ (xenophob): *Meine Hand hat nur noch eine / Gebärde, mit der sie verscheucht – / Über meine Beine / Kommt, was hüpft und kreucht* usw. usf.

[364] Botho Strauß, *Paare, Passanten*, München [7]1994.

[365] Gerhard Richter. Von Artur Schnabel: *Es gibt Werke, die besser sind, als man sie aufführen kann.*

[366] Nach Albert Einstein. Ähnlich, aber nicht von diesem: *Die Natur macht keine Sprünge.*

[367] George Orwell, aus *Farm der Tiere* (1945).

Chacun à son goût.[368]

Nur die allergrößten Kälber
wählen ihre Metzger selber.[369]

Eine Frau ohne Mann ist wie ein Fisch ohne Fahrrad.[370]

Manchmal ist eine Zigarre nur eine Zigarre.[371]

Ich aber beschloß nun, Politiker zu werden.[372]

Lieber fünf Prozent Inflation als fünf Prozent Arbeitslosigkeit.[373]

[368] Diese Mitbürger wissen auch den großen Gourmet und Restaurantkritiker Curnonsky zu zitieren: *Si le potage avait été aussi chaud que le vin, le vin aussi vieux que la poularde et la poularde aussi grasse que la maîtresse de maison, cela aurait été presque convenable*; frei übersetzt: Wenn die Suppe so warm gewesen wäre wie der Wein, der Wein so alt wie die Poularde und die Poularde so fett wie die Dame des Hauses, dann wäre das ein gelungener Abend gewesen.

[369] Achtung: Entgegen landläufiger Meinung nicht von Bertolt Brecht, sondern aus dem Jahr 1850 von Christian Wiedmer, dem Redakteur des *Emmenthaler Wochenblatts*. An falschen Brecht-Zuschreibungen laufen derart viele um, daß aus Fachkreisen geraten wird: *Wählst Du einmal Brecht als Motto, / wäg' die Chancen, wie im Lotto!* (Ralf Bülow, in: *Der Sprachdienst* 27, Heft Juli/August 1983).

[370] Angeblich Gloria Steinem. Sie lehnte daher die Ehe ganz grundsätzlich ab: *I can't mate in captivity*. Mit 66 Jahren, im Jahr 2000, heiratete sie schließlich doch noch.

[371] Möglicherweise von Sigmund Freud, man weiß es nicht.

[372] Adolf Hitler, aus *Mein Kampf* (1925). Hingegen *an die Spitze der Bewegung* stellte sich 1848 König Friedrich Wilhelm IV. Zuvor hatte er ein Pistolenattentat überlebt, dies unter großer Anteilnahme des Volkes: *Hatte je ein Mensch so'n Pech / wie der Bürgermeister Tschech, / daß er diesen dicken Mann / auf zwei Schritt nicht treffen kann.*

[373] Helmut Schmidt. Apropos, eingebürgert: *In the long run we are all dead.* Über diesen wiederum Winston Churchill: *If you put two economists in a room, you get two opinions, unless one of them is Lord Keynes, in which case you get three opinions.*

Die Kapitalisten werden uns noch den Strick verkaufen, an dem wir sie aufknüpfen.[374]

Man kann einen Menschen mit einer Wohnung genauso töten wie mit einer Axt.[375]

Man hat Arbeitskräfte gerufen, und es kommen Menschen.[376]

So laßt uns denn ein Apfelbäumchen pflanzen.[377]

Si vis pacem para bellum.[378]

Stell dir vor, es ist Krieg, und keiner geht hin.[379]

[374] Soll von Wladimir Iljitsch Lenin sein, ist bei ihm jedoch nirgends nachweisbar, siehe Paul J. Boller, Jr. & John George, *They Never Said It*, New York und Oxford 1989, S. 64.

[375] Heinrich Zille. Neuerdings: *Man kann mit Hartz IV auch Menschen erschlagen.*

[376] Max Frisch, aus dem Vorwort zum Buch *Siamo italiani – Die Italiener* (Zürich 1965), später gesungen von Cem Karaca.

377 Hoimar von Ditfurth. Diese Mitbürger sprachen in der Folge davon, *daß man Geld nicht essen kann.* Später parodiert: *Wenn die letzte Bohrinsel versenkt und die letzte Tankstelle geschlossen ist, werdet ihr merken, daß Greenpeace nachts kein Bier verkauft* (= *Tante-Esso-Laden*) bzw., in ähnlicher Weise auf Materielles fixiert: *Die Erde ist uns nur geliehen* bzw. *Die Sonne schickt uns keine Rechnung* usw. usf.

[378] *Wenn du Frieden willst, rüste für den Krieg,* M. Tullius Cicero, 7. *Philippica.* Demgegenüber als Ratschlag, einen Krieg zu beenden: *Declare victory and get out,* Senator George Aiken, Vermont, Mitte 1966 betreffend Vietnam.

379 Von Wolfgang Neuss: *Stell dir vor, es geht, und keiner kriegt's hin.* Ebenso von ihm: *Auf deutschem Boden darf nie wieder ein Joint ausgehen.* Aus jener Zeit auch: *Die Bundeswehr ist dazu da, den Feind aufzuhalten, bis eine richtige Armee kommt,* oder: *Ab einer Wassertiefe von 1,20 m beginnt der Soldat selbständig mit Schwimmbewegungen. Die Grußpflicht entfällt dabei* (angeblich ZDv 3/11).

Freiheit ist immer auch die Freiheit der Andersdenkenden.[380]

☢ Früher auf dem Bau hat man solche Dinge mit der Dachlatte erledigt.[381]

Seid Sand, nicht das Öl im Getriebe der Welt.[382]

Der Schoß ist fruchtbar noch, aus dem das kroch.[383]

Den Vorhang zu und alle Fragen offen.[384]

380 Rosa Luxemburg. Die Stasi kurz vor dem Mauerfall: *Wir denken da etwas anders und sind so frei, Sie mitzunehmen.*

381 Holger Börner (SPD-Politiker, Bundesverkehrsminister, hessischer Ministerpräsident von 1976 bis 1987). Von ihm auch: *Wer keine Politik macht, mit dem wird sie gemacht.*

382 Günter Eich, aus *Wacht auf,* 1951. Ein Satz nicht ohne Folgen. Als *Sand im Getriebe* wurde im Oktober 2021, zu seinem 50. Geburtstag, eine Gruppe junger Menschen auffällig vermittels *pop-up bikelanes* in Wedding. *Letzte Generation – Essen retten, Leben retten* klebte sich auf die Autobahn, warf in Potsdam Kartoffelbrei auf einen Monet und in Wien Erdöl auf einen Klimt. *Just Stop Oil* goß in London Tomatensuppe auf einen van Gogh; einer aus der Gruppe klebte sich in Den Haag mit rasiertem Schädel an einen Vermeer. *Ende Gelände* klebte jahrelang Plakate wie *Goes Lützerath – after Movie,* denn: *Lützerath verteidigen heißt Garzweiler angreifen.* Ans Mossehaus in Berlin klebte sich *Extinction Rebellion,* wegen der Autobahn 49 in Hessen usw. usf. – all dies Konsequenz einer Gedichtzeile. (Aus den Dunkelmännerbriefen von 1515: *Utinam omnes poetae essent ubi piper crescit,* wo der Pfeffer wächst.)

383 In der Folge: *Jetzt wächst zusammen, was zu spät kommt* bzw. *Was zusammengehört, den bestraft das Leben.* Ebenso chic bedrohlich: *Der Schlaf der Vernunft gebiert Ungeheuer* (Francisco de Goya, 1799, ausgeführt in Aquatinta) bzw. *Denn das Schöne ist nichts als des Schrecklichen Anfang* (Rainer Maria Rilke, 1912, im Altherrenmilieu gern verspottet als *ruinöse Elegien*).

384 Bertolt Brecht (aus *Der gute Mensch von Sezuan*). Solche Mitbürger sagen auch *Vergangenheit, die nicht vergehen will.* Ähnlich bedeutsam William Faulkner: *The past is never dead. It's not even past* (aus *Requiem for a nun,* 1951) bzw. *Die Geschichte kennt kein letztes Wort* (Willy Brandt). Immer wieder gern zitiert auch: *Geschichte wiederholt sich nicht, aber sie reimt sich bzw. Unsere Gegenwart war einmal eine vergangene Zukunft* (Reinhardt Koselleck).

Die Hölle, das sind die anderen.[385]

Zwei Dinge sind unendlich: das All und die menschliche Dummheit.[386]

Psychoanalyse ist die Geisteskrankheit, für deren Therapie sie sich hält.[387]

Das Kind in dir muß Heimat finden.[388]

Wo Unrecht zu Recht wird,
wird Widerstand zur Pflicht.[389]

Wenn's der Wahrheitsfindung dient …[390]

* * *

[385] Jean-Paul Sartre (aus *Geschlossene Gesellschaft*). Gegenposition: *Kein Schwein ruft mich an, keine Sau interessiert sich für mich* (Max Raabe).

[386] Albert Einstein. Von ihm auch: *Es ist schon alles gesagt, nur noch nicht von allen* sowie *Wenn wir gewußt hätten, was wir tun, würde es nicht Forschung heißen.*

[387] Ähnlich chic: *Der Tourist zerstört, was er sucht, indem er es findet* (Hans Magnus Enzensberger).

[388] Ein 2,3 Millionen Mal verkauftes Buch von Stefanie Stahl, 2015. Ein früherer Titel hieß *Vom Jein zum Ja!*

[389] Andersherum: *Kein Mensch hat das Recht zu gehorchen* (Hannah Arendt beim Eichmann-Prozeß).

[390] Ebenso eingebürgert: *Alles, was Sie jetzt sagen, kann vor Gericht gegen Sie verwendet werden* – beliebte Ansage auf dem Anrufbeantworter von Juristen, nach dem Fall Miranda v. Arizona. In Amerika zynisch und menschenverachtend parodiert: *You have the right to remain silent, so long as you can stand the pain* (aus der Fernsehserie *Justified*, Staffel 3, Folge 2).

Exkurs II:
Dahinter steckt immer ein guter Mensch[391]

Heimat gibt es auch im Plural.

Unser Reichtum ist die Armut der anderen.

Solidarität ist keine Einbahnstraße.

Angst hat man vor dem, was man nicht kennt.[392]

Menschlichkeit kennt keine Obergrenze.[393]

* * *

Make my day.[394]

Hasta la vista, baby.

Entscheidend ist, was hinten rauskommt.[395]

391 Aus der Sammlung Alexander Kissler.

392 Daher: *Die Wahrheit ist dem Menschen zumutbar* (Ingeborg Bachmann). Über sie Eckhard Henscheid: *Hübsch allerdings auch wiederum, daß ein berühmter Erzählerwettbewerb nach der benannt wurde, die am wenigsten erzählen konnte; und letztlich auch nichts zu erzählen hatte* (Sudelblätter, Zürich 1987, S. 328)

393 Und *Willkommenskultur ist der beste Schutz vor Terror.*

394 Kurz zuvor in San Francisco: *Smith, Wesson ... and me.* In New York City: *Ent-zückend, Baby* = (Original) *Who loves ya, baby.* In unendlichen Weiten, die nie zuvor ein Mensch gesehen hat: *Faszinierend* = (Original) *fascinating.* Später dann der Kalauer: *Wie heißt der Schwarze in ‚Miami Vice' mit Vornamen? – Ricardo. – Nee, Corega. Sie wissen nur nicht, ob Nordcorega oder Südcorega.*

395 Helmut Kohl.

Ich bin schwul, und das ist gut so.[396]

Rumbalotte.[397]

Drei, zwei, eins – meins![398]

Palim, palim![399]

Raider heißt jetzt Twix.[400]

Versprich mir, daß ich nie wieder da raus muß.[401]

Namen sind was für Grabsteine.[402]

Same procedure as *every* year.[403]

[396] Klaus Wowereit.

[397] = *Ruhm und Ehre der baltischen Rotbannerflotte.* ☢ (sexistisch) In diesem Witz spielen bekanntlich mit: ein russischer Matrose, eine ältere Krankenschwester, eine junge Krankenschwester und eine Tätowierung.

[398] Apropos Abzählreim (von Robert Gernhardt): *Der fünfte bringt stumm / Wein herein – / das wird der / Weinreinbringer sein* (aus dem Gedicht *Deutung eines allegorischen Gemäldes*).

[399] Fortsetzung: *Ich hätte gern eine Flasche Pommes frites.* Es hat ihn, wie Didi Hallervorden einmal preisgab, stets gewurmt, immer nur auf *palim, palim* reduziert zu sein – er sei ernsthafter Kabarettist. Doch das Feuilleton hat erwidert, von ihm komme halt immer wieder nur *palim, palim.* Ähnlich der Schweizer Emil mit seinem *Ogtern.* Apropos: *Der Comedian macht's wegen dem Geld und der Kabarettist wegen des Geldes.* Ausführlich Heinz Schenk auf der Hannover-Messe zu seinem Publikum: *Ich hab es gar nicht mehr nötig zu arbeiten, ich mach es nur noch wegen des Geldes.*

[400] *Sonst ändert sich nix.*

[401] = *Promise me I'll never be out there again.* Noch berühmter: *I'll have what she's having.*

[402] Original: *Names is for tombstones, baby* (aus: *James Bond – Live and Let Die*).

[403] Danach: *I'll do my very best.* Ebenso bekannt: *And now for something completely different.*

Und täglich grüßt das Murmeltier.

RIP Nach ’m Krieg um sechs im Kelch.[404]

Früher war mehr Lametta.

Ich bin dann mal weg.[405]

404 Jaroslav Hašek, aus *Die Abenteuer des braven Soldaten Schwejk* (1921/23). Apropos aus dortigen Speisekarten: *Šnicl. Taflšpic* usw. usf.

405 Hape Kerkeling. Von ihm als falsche Beatrix ebenso weltberühmt: *Jeds gehe wir ers mal legger Middach esse.*

II.

DER MENSCH UND SEINE LEBENSWELT

ALLTAG

Der Mensch und sein Zuhause

Zu Hause ist da, wo die Rechnungen ankommen.[406]

BLA BLA (*oder Fußabtreter*)
Grüß Gott,
tritt ein,
bring Glück herein.[407]

BLA BLA Bitte verlassen Sie diesen Raum so, wie Sie ihn vorzufinden wünschen.[408]

Das Haus verliert nichts. = Hier kommt nichts weg.

Es werde Licht.[409]

Erzähl weiter von zu Hause.[410]

Alle Zimmerpflanzen tot und im Kühlschrank neues Leben.

Die Tür ist zu.

406 Apropos: *Rechnung kommt von Rache.*

407 Der Scherzkeks: BLA BLA *Bin zwei Wochen weg. Schlüssel liegt unter der Fußmatte!* Traditionell: BLA BLA *Halte fern von dieser Tür / Finanzamt und Gerichtsvollzieh'r.*

408 Witzbolde haben ein Schild neben der Toilette: *Nicht vom Beckenrand springen!* bzw. über dem Bett: *Liebe deinen Nächsten.* Der Feingeist führt *Visitenkarten für die Nacht* mit sich: *Bitte verlassen Sie mein Leben so, wie Sie es vorzufinden wünschen.*

409 Unverzichtbar bei Betreten eines dunklen Raums und Betätigung des Lichtschalters. Langversion: *Der Herr sprach: Es werde Licht, / doch er fand den Schalter nicht.*

410 Auf hörbare Fürze wie auf massive Rülpser anwendbar. Klassiker: *Tagsüber Zirkus, abends Theater.*

Alles neu macht der Mai.[411]

Das bißchen Haus-halt macht sich von allein,
sagt mein Mann.

Fenster putzt man, wenn man auch die Rahmen streicht.

BLA BLA [412] Hier leben über ihre Verhältnisse
Thomas, Annika und Lena.[413]

Bei denen kannste vom Fußboden essen. Liegt überall was rum.

So richtig nett
ist's nur im Bett.

In meiner Badewanne bin ich Kapitän.[414]

Sind schon viele erfroren, aber noch keiner erstunken.

RIP Wer nie sein Brot im Bette aß,
weiß nicht, wie Krümel pieken.[415]

In *der* Luft kannst du schlafen? = Schon mal was von Lüften gehört?[416]

RIP Lieber warmer Mief als kalter Ozon.

411 Gängiger Kommentar im Falle neuer Tapeten, Gardinen, Möbel.

412 Stets aus bemaltem Salzteig.

413 = *Leon* (Variante). An Fachwerkgiebeln: *Dieß Haus ist mein und doch nicht mein, / dem nächsten wirds nicht anders sein, / den dritten trägt man auch hinauß, / drum Wandrer sag: wem ist dieß Haus?*

414 Apropos: *Im Bad hat er zwei Handtücher, eins mit A und eins mit G. A für Antlitz und G für Gesäß.*

415 Nach Goethe, *Wilhelm Meister.*

416 Bzw. *Staubsaugen* oder dergleichen.

My home is my Knastl.[417]

Wo selbst der Kaiser zu Fuß hingeht.

Ich zieh um. Über mir ist ’ne Kellerwohnung freigeworden.

BLA BLA Warnung vor dem bißchen Hund.[418]

Unterm Dach juchhe.

Schraubst du noch oder wohnst du schon?

Sicher in die Badewanne und sicher wieder heraus.

Bei uns im Viertel, wenn da einer Miete zahlt, kommt die Polizei und fragt, wo er’s Geld herhat.

Lieber Farbe im Klo als Scheiße im Malkasten.

Zu Hause fällt mir das Dach auf den Kopf.

Wohnklo mit Kochdusche.[419]

BLA BLA Eigner Herd
ist Goldes wert.

417 Zu Mitzechern an der Theke. Ähnlich fatalistisch: *Ist der Feierabend da, / Hausschuh Marke Romika.*

418 = BLA BLA *Hier wache ich!* – jeweils mit Bildnis eines Rauhhaardackels. Amerika: BLA BLA *This house is protected by the Good Lord and a gun.* // Bildnis einer Mossberg-Repetierflinte // *You might meet them both if you come in unwelcome.* Italien: BLA BLA Messingplakette an Marmorportal ☢ *Testimoni di Geova non graditi. Grazie.* Demgegenüber einladend in Amerika am Zaun: BLA BLA *Salesmen always welcome. Dog food is expensive.*

419 Details: *Sitzbadewanne Marke Germanisches Hockergrab*; in der Stube: *Gelsenkirchener* oder *Astlochbarock* = *Deutsche Eiche, mundgebissen* usw. usf.

Ein gekipptes Fenster ist ein offenes Fenster.

BLA BLA Dies Haus war gestern vollständig aufgeräumt. Schade, daß Sie das versäumt haben.

Bier gibt keine Rotweinflecken.[420]

Platz ist in der kleinsten Hütte.

Sauberkeit hält Stunden, Dreck ist Jahrmillionen alt.

Eigentum verpflichtet – zum Möbelschleppen beim Umzug.[421]

Wer an der Straße bauen will, hat der Widersprecher viel.[422]

Sagen da deine Nachbarn nichts?

Deutsche Heimat

In Aurich ist es schaurig,
in Leer noch viel mehr.[423]

Und seh'n wir uns nicht auf dieser Welt,
dann seh'n wir uns in Bielefeld.[424]

420 Jedoch: *Unschöne Salzränder entferne man mit Rotwein.*

421 Apropos, als Kanon zu singen: *Tot zu sein bedarf es wenig / und den Krempel braucht man eh nich* (Dietmar Wischmeyer).

422 = *Wer ein Haus baut an der Straßen, / muß die Leute reden lassen.*

423 *Doch will Gott dich richtig strafen, / schickt er dich nach Wilhelmshaven.* In der Nähe: deutsche Stadt mit *einem* Buchstaben: *Em.*

424 Bzw. *Bielefake.* Nebenan: *Stehen Bertelsmann und Miele an der Theke. Sagt Bertelsmann: Ich bin so reich, ich könnte ganz Gütersloh kaufen. Sagt Miele: Ich verkauf's dir aber nicht.* Auch nicht weit entfernt: *Ich komm zum Glück / aus Osnabrück.*

In Frankfott tummle sisch Gestalte,
des sott me nischt fö möglisch halte.[425]

Hof ist nicht das Ende der Welt, aber man kann es von da aus sehen.

Das Beste an Stuttgart[426] ist die Autobahn nach München.[427]

Köln, die größte Kleinstadt des Landes.[428]

Gott erschuf in seinem Zorn
Bielefeld und Paderborn.[429]

Bochum,[430] ich komm in dir,
Bochum, ich häng in dir.

425 (Danach: *Großer Tusch und Ordensverleihung.*) Ferner: *Frankfurt, der einzige Ort auf der Welt, wo Soße ein Hauptgericht ist.* Schüttelreim: *Von alters her sie hocken beim / Äppelwoi in Bockenheim.*

426 *Ein Hinterhof in einer Sackgasse = Perle zwischen Wald und Reben.* Diese Mitbürger sagen auch *Spree-Athen* zu Berlin, *Elbflorenz* zu Dresden, *Goethestadt* zu Weimar, *Domstadt* zu Köln, *Kurstadt* zu Wiesbaden usw. usf.

427 Und: *Das Schönste an Bremen ist die Autobahn nach Hamburg* usw. usf.

428 *= drittgrößte Stadt der Türkei = nördlichste Stadt Italiens.* Stadtansicht: *Besser in Deutz wohnen und Köln sehen als in Köln wohnen und Deutz sehen.* Städtevergleichend: *Was in Hamburg St. Georg ist, das ist in Köln Köln* (von Harald Schmidt beobachtet: *Wenn ich mir in Stuttgart die sozialen Brennpunkte anschaue – das ist in Köln oberer Mittelstand*; siehe hierzu auch Fn. 537); Stadtgeschichte: *Der Dom ist das einzige Bauwerk der Welt, wo im Keller Ausgrabungen stattfinden und das Dach noch nicht fertig ist.*

429 Auch: … *Schwarz. Münster. Paderborn.* Ausführlich: *Hier Erzbistum, Sündenerlaßzentrale. Unsere Beichtstühle sind zur Zeit alle belegt. Bitte beichten Sie nach dem Piepton.*

430 Apropos der Satz mit Bochum, Köln und Sachsen: *Er bochum die Ecke, um zu pinköln, dabei konnte man sein' Sack sehn.*

Hamburg empfängt die Welt. Am Lieferanteneingang.[431]

Nichts ist doofer als Hannover.[432]

Berlin – aus Filz wird Beton.[433]

Castrop-Rauxel ist Latein und heißt auf deutsch Wanne-Eickel.[434]

Stehße aufm Gasometer im Sturmesbrausen
unn allet, watte siehß, is Oberhausen.[435]

Es gibt nur eins, was schlimmer ist als Verlieren, und das ist Siegen.[436]

Husum, Stadt am grauen Meer.[437]

Bonn – entweder es regnet oder die Schranken sind runter.

[431] Analog zu Bielefeld pp. von soeben: *Was schuf Gott in seinem Zorn? / Da schuf er Hammerbrook und Horn.*

[432] = *Die Stadt mit dem gewissen Nichts* (Harald Schmidt). In der Nähe: *Göttingähn.*

[433] Die andere drittgrößte Stadt der Türkei. Detail: *Wenn einer in Berlin eine Gemüsekiste auf die Straße stellt, ist er schon Mittelstand* (etwas verächtlich aus der schwäbischen Gründerszene: *Wenn jemand Salz aus Ägypten auf eine Brezel streut, ist das in Berlin schon Innovation, FAZ* vom 29.9.2022. Dabei sind sie dort gern gesehen, siehe am Prenzlauer Berg die Graffiti *Welcome to Schwabylon* bzw. *Schwabees welcome – bring your families* usw. usf.). Weiteres Detail: *Der Tiergarten ist ein Park, der Tierpark ein Zoo und der Zoo ein Bahnhof.*

[434] Hierzu unverzichtbar: *Lieber 'ne Canneloni als 'ne Wanne Eickel.* Ferner: *Wanne-Eickel ist die drittgrößte Stadt Polens nach Warschau und Chicago.*

[435] Weitere Zeilen: *Wer is schon so blöde, spazieren zu gehn, / wenn bei Ebbe anne Emscher die Winde wehn.*

[436] Und Hagen hat eine Fernuniversität, damit man nicht hinziehen muß.

[437] Wohingegen *Flensburg ist wie Payback – 18 Punkte, und man kriegt ein Fahrrad.*

Münster hat eine Million Fahrräder, und davon steht die Hälfte am Bahnhof.[438]

Wärst du doch in Düsseldorf[439] geblieben.

Bayreuth trotz Bier und Gegend unaushaltbar.[440]

Mein Leipzig lob ich mir.[441]

Sandow. Sumpfow. Stumpfow. Dumpfow.[442]

Jottwedee = Hintertupfingen = Kuhkackerode.[443]

Vom Ernst des Lebens halb verschont
ist der schon, der in München wohnt.[444]

Da möchte man auch nicht begraben sein.[445]

438 Frei nach Reinhard Mey: *Sie sagten, er kömme von Mönster wech / und er spräche kein Wort.*

439 = *Schreibtisch des Ruhrgebiets = längste Theke der Welt.* Hat *mehr Eckkneipen als Ecken.*

440 Dort das Doppelgrab besichtigen, wo Jean Paul und Friedrich Richter beerdigt sind. Von ersterem ist das Zitat; eine Briefstelle, *Koburg d. 8. Mai 1804.*

441 Neuerdings *Hypezig.* Spruch von alters her: *In Leipzig wird das Geld verdient und in Dresden ausgegeben.*

442 *Schluckermark.* Nahebei am Stettiner Haff *das Land der drei Meere: Sandmeer, Kiefernmeer, gar nichts mehr.* Apropos: *Lüneburger Heide, das Katzenklo Gottes.* Aus Württemberg, diskriminierend: *Cholera, Lepra, vo dr Alb ra.*

443 = *Posemuckel = Kleinkleckersdorf = letztes Dorf bei Grenze = am Arsch der Welt.* Eingebürgert: *In the middle of nowhere.* In Amerika auch *Piss Pot, Pennsylvania* bzw. *Bumfuck, Idaho.*

444 Die andere nördlichste Stadt Italiens. Städtevergleichend: *Wenn sich in Berlin Tausende von Menschen in lächerlichen Klamotten völlig besoffen vollkotzen, nennt man das nicht Oktoberfest, sondern Dienstag.*

445 = *Da will man nicht tot überm Zaun hängen.*

Woanders is auch scheiße.[446]

Ostsee, diese überschwemmte Wiese.[447]

Im Allgäu, wo die Kühe schöner sind als die Mädchen.[448]

Bodensee – im Winter Nebel, im Sommer Schnaken und Gäste.[449]

In Baden geht es auf Beerdigungen lustiger zu[450] als in Schwaben auf der Fasnacht.[451]

Lyoner-Ring mit vier Maggiflaschen, der Adventskranz des Saarlands.[452]

Man muß Gott für alles danken,
auch für Ober- und Mittelfranken.

446 Von der Ruhr. Ähnlich: *Die Welt besteht überall nur aus Dreck* – der Kommentar älterer Menschen zum Thema Urlaubsreisen.

447 Apropos: *Und was noch gut ist an Kiel – man ist schnell im Elsaß* (Robert Gernhardt).

448 Die dortige Erotik ist dementsprechend geprägt durch den Satz *Noi, noi, i gang alloi hoi.*

449 = *Badisch-Kongo*. Leitspruch der Gegend ist der *Satz mit Seelöwe und Bodensee: Es tut mir in der Seelö weh, / wenn ich im Glas den Boden seh.*

450 Aus Amerika: *The first part of funerals is ›fun‹*. Aus Wien: *Der Zentralfriedhof, er is halb so groß wia Zürich, aber doppelt so lustig* (Hermes Phettberg, *Frucade oder Eierlikör*, München 1996, S. 24). Phettberg darauf ins Publikum: *Ihr lochts a über jeden billigen Schmäh.* [VERÄCHTLICH] *Kabarettistenpublikum.*

451 Zum dortigen Bruderzwist das Poem: *Robert Bosch und Daimler-Benz, / nur die wackren Schwaben hent's. / Kommsch hingegen du aus Baden, / hasch du fürs Leben einen Schaden. / Diesen Schaden merksch du nicht, / weil aufs Hirn die Sonne sticht.* Apropos der Kürzestwitz, *wie der Schwabe vor der Hüftoperation den Arzt fragt, ob er den Knochen mitnehmen könne für den Hund.*

452 Apropos: *Mann mit Kerze vorm Spiegel, ein Schwabe feiert zweiten Advent.*

In de Palz geht de Parre mit de Peif in de Kärch.[453]

BLA BLA Ausländer rein. Rheinländer[454] raus.

Westfalen halten, was Rheinländer versprechen.[455]

RIP Wò sich Daitschland grenzt an Asien,
liegt sich schänes Oberschlasien.[456]

De Ärde dräht sich um de Achse,
und an dorr Gurbel stäht en Sachse.[457]

BLA BLA It's nice to be a Preiß.
It's higher to be a Bayer.[458]

Da zieht einen auch nix hin.

453 Dort gebräuchlich (D) *Deutscher durch Geburt* // Landeswappen von Rheinland-Pfalz // *Pfälzer durch die Gnade Gottes.*

454 Apropos, in einem der Nachkriegszeit noch sehr vertrauten Zungenschlag: *So wie Rotz sich fließt aus Nase, / wie Urin sich fließt aus Blase, / also fließet Mainstrom sich / in den Rhein bei Bieberich.*

455 Stets gehalten wird: *Wenn et Trömmelsche jeht, / dann stonn mer all parat* usw. usf., um dann z. B. im Chor über Evangelische zu singen: *Keine Wunder, keine Witze, keine Heiligen in Stein, / immer alles ernst gemeint, das paßt nicht an den Rhein* (Karnevalssession 2006). Und man kontert: *Es ist immer wieder erstaunlich, wie viel Westfalen saufen können, ohne lustig zu werden* (Jürgen Rüttgers. Jedoch Jürgen von der Lippe: *Wie das fetzt, wie das swingt, / wenn der Sauerländer singt*).

456 Arno Schmidt: *Sie sind Schlesier?: Ich ernenne Sie zum Oberschlesier!*

457 = *Den Sachsen ist keiner gewachsen.* Das Geheimnis dahinter: *Der Sachse duldet keinen Widerspruch – er ist sofort deiner Meinung* bzw. *De Weechn besiechn de Hardn.*

458 Im Hofbräuhaus beim Zuprosten von Amerikaner und Bayer: *Your health! – Your Dunkels!* Und frei nach der dortigen Hymne: *Gott mit dir, du Land der BayWa, / deutscher Dünger aus Phosphat. / Über deinen weiten Fluren / liegt Chemie von fruah bis spat* (Biermösl Blosn).

Wo Hund und Kind Palukes[459] würgen,
ist meine Heimat Siebenbürgen.

Deutsche Städte verdanken ihr Antlitz zwei Männern: General Harris und Mies van der Rohe.

Ostfriesland, wo man am Mittwoch sieht, wer am Sonntag zu Besuch kommt.

Ortsnamen, die Friedhöfe der Sprache.

Aussehen, Kleidung, Schmuck

Macht 'n schlanken Fuß.

Haste heute noch was vor?

Ich schaue nicht nur auf das Äußere. Auch die Dessous sind wichtig.[460]

Das steht Ihnen gut zu Gesicht.

Ist mein Hosenstall offen?

Es frieret selbst im dicksten Rock.[461]

Zieh dich warm an.

[459] Maisbrei, ähnlich der Polenta.

[460] Ähnlich: *Ich seh immer alles positiv. Ich sage immer: Das ist ja 'ne schöne Scheiße. Das ist ja ein Superarschloch.*

[461] *... den Säufer und den Hurenbock.* Zum Auslösen dieser Phrase reicht der Satz: *Ist das hier aber kalt!* oder ähnlich. ☢ Apropos öffne man einen imaginären Mantel und sage dazu *Exhibitionistenwettbewerb Trench Open.*

Das ist ja Perlen vor die Säue.

RIP Wir tragen Beige, wir tragen Mauve,
wir sind so süß, wir sind so doof.[462]

Was macht Ihr Friseur hauptberuflich?[463]

Schöne Menschen kann nichts entstellen.

Es kommt nicht auf die Hose an, sondern auf das Herz, das in ihr schlägt.

Karohemd und Samenstau,
ich studier' Maschinenbau.

Wer schön sein will, muß leiden.[464]

Nice from far, but far from nice.

In a world full of Kardashians, be an Audrey.[465]

Dann stehste da mit abgesägtem Hosenbein.[466]

Je mehr Knöpf am Hemd[467] sind zu,
desto höher der IQ.

462 Vorzutragen mit Piepsstimme der Edith Hancke sel.

463 Oder: *Prozeß gegen deinen Friseur gewinnen wir!* Peter Sloterdijk in einer Talkshow auf die Frage *Seit wann sitzt Ihr Friseur im Gefängnis? – Seit 1968.*

464 Veraltet: ☢ *Jil Sander macht Mode für Frauen, die im Büro nicht mehr sexuell belästigt werden wollen.*

465 Auf Instagram.

466 Bzw. *mit kurzer Hose und Holzgewehr.*

467 Aus Kreisen der Kriminalpolizei über Van-Laack-Hemden: *Bunte Hemden, weiße Kragen, / diese Leute mußt du jagen.*

Erst die Strümpfe, dann die Schuhe.[468]

☢ Arsch frißt Hose.[469]

Einfach, aber geschmacklos.

Ist ja jeder auf seine Weise schön.

☢ Sie bürstete sich eine Stunde lang die Haare und dann kam das andere Bein.

Mit Schirm, Charme und Melone.

Kleider machen Leute.[470]

Wir sterben in Schönheit.

☢ Von hinten Blondine,
von vorne Ruine.[471]

Ich hab gern gepiercte Männer, die können Schmerzen ertragen und haben schon mal Schmuck gekauft.[472]

Schöner wird die auch nicht mehr.

468 = *Erst duschen, dann anziehen.*

469 Für den Bereich des Oberkörpers in Gebrauch: *Schöner Pulli! Gibts den auch in deiner Größe?* Etwas weniger herablassend die heutige Jugend: *Guckma, wie scheiße is das denn! Asó. Is deins. Sorry.* Andererseits hört man, sie sage *Glockendisco* statt Kirche, *Jesus-Chips* statt Oblate, *Penisraspel* statt Zahnspange, *Chromosomenpaste* statt Sperma, *für kleine Models gehen* statt kotzen usw. usf.

470 Beispiel: *Soldaten sehen besser aus als der Rest, weil sie bei ihren Klamotten den eigenen Geschmack nicht durchsetzen konnten.*

471 ☢ Ältere Fassung: *Von hinten Lyzeum, / von vorne Museum.*

472 Gegenstück: ☢ *Ich hab gern Frauen in Lederklamotten, weil die so schön nach neuem Auto riechen.*

Haut wie ein Achtzehnjähriger. Wie ein achtzehnjähriger Pfirsich.[473]

Wo rohe Kräfte sinnlos walten,
da kann kein Knopf die Hose halten.

Je mehr der Pfau seine Federn spreizt, um so mehr sieht man sein Arschloch.

Man kleidet sich für den Job, den man anstrebt, nicht für den, den man hat.

Unrasiert und fern der Heimat.

Besser Schweißperlen als gar keinen Schmuck.

Beauty is in the eye of the beerholder.[474]

Seh ich die beiden Moppel dort,
denk ich sofort an Doppelmord.[475]

Es gibt kein schlechtes Wetter,
es gibt nur falsche Kleidung.

Trägt man das jetzt so?

No browns after six.[476]

473 Variante: *Orange.*

474 W. C. Fields; eingebürgert. Noch plastischer in den Irish Pubs: BLA BLA *Guinness // Helping ugly people have sex since 1759.* So auch die Erfahrungen von Bobby Bare: *I've never gone to bed with an ugly woman / but I've sure woke up with a few.*

475 Über die Wildecker Herzbuben.

476 = *No brown in town.* Aus dem anglophilen Milieu auch: *Kurzärmelige Hemden nur auf Safari oder in den Kolonien.*

Meine Golfsocken, die mit den achtzehn Löchern.

Wie viele unschuldige kleine Polyester haben für diesen Pulli ihr Leben gelassen?

Wer Jogginghosen trägt, hat die Kontrolle über sein Leben verloren.[477]

Kalter Kaffee macht schön.[478]

Konsum und Genuß

Fisch muß schwimmen.[479]

Morgen kalt aufs Brot, mit Senf.[480]

Alles hat ein Ende, nur die Wurst hat zwei.[481]

Das hilft dem Vater auf die Mutter.

No sports.[482]

Das ist nicht mein Bier.[483]

477 Karl Lagerfeld. Von ihm auch: *I'm very much down to earth, just not this earth.*

478 Gängige Ergänzung: *Und Döner macht schöner*, dies wiederum liebevoll erweitert: *Nur bei den Türken / scheint's nicht zu wirken.*

479 Nämlich *dreimal: Lebend im Wasser, beim Braten in Butter, beim Essen in Weißwein.*

480 Gängig im Angesicht eines Tierkadavers, etwa einer überfahrenen Katze.

481 Beim Metzger: *Ich hätte gern das Ende von dem Fleischkäs da. – Das ist nicht das Ende, das ist der Anfang.*

482 Dazu ein Churchill-Victory.

483 = *Coffee is not my cup of tea*; eingebürgerter Goldwynismus.

Etwas Warmes braucht der Mensch.[484]

Waren die Augen mal wieder größer als der Magen.

Man gönnt sich ja sonst nichts.

Schmeckt hoch wie runter.[485]

Käse schließt den Magen.

Geklopfter Quark
wird breit, nicht stark.

Das Ende des Schweins ist der Anfang der Wurst.

Wird ja die Milch im Kühlschrank sauer.

Da hamse den Salat.

Quatsch mit Soße.

Aber rauchen kannste alleine.

Warum rülpset und furzet ihr nicht,
hat es euch nicht geschmecket?[486]

Danke, mir ist schon schlecht.

484 Hierzu der Kürzestwitz: *Haben Sie nichts Warmes? – Doch, Bier.* Längere Fassung: RIP *Herr Ober, der Kaffee ist kalt. – Wenn Sie was Warmes wollen, müssen Sie Bier bestellen.* Apropos: RIP *Herr Ober, der Kaffee schmeckt nach Seife. – Dann ist es Tee. Unser Kaffee schmeckt nach Petroleum* usw. usf.

485 *= Straßenpizza = Da ließ er sich das Essen noch mal durch den Kopf gehen.*

486 Martin Luther derart nachhaltig zugeschrieben, daß es wahr sein muß.

Und? Kann man's essen?[487]

Alles in Butter.

Nimm nur, ich werf's sonst eh weg.[488]

Nicht daß Sie uns vom Fleisch fallen.

Gut gekaut ist halb verdaut.

Dreck reinigt den Magen.

Frißt ja kein Brot.

Wird ja nicht schlecht.

Ich trinke keinen Tee, ich bin Atheist.[489]

Du kaust ja schon linksrum.

Der Hunger treibt's rein.[490]

Deutsche Wurst. Alles andere ist Käse.

Das ist kein Wein, das ist Trinkmarmelade.

487 Auch: *Probier diese Lebkuchen, die sind von meiner Oma.* (Pause) *Die kauft meine Oma im* ☢ *Edeka* (wo man wegen des rassistischen Hintergrundes bald nicht mehr wird einkaufen können: E.d.K. = Einkaufsgenossenschaft der *Kolonial*warenhändler im Halleschen Torbezirk zu Berlin, 1898. Hingegen dem *Revisionsverband der Westkauf-Genossenschaften, REWE* (Köln 1927), ist nicht das Geringste hier vorzuwerfen – Gnade der späten Gründung.)

488 Südwest: *Nemmet Se no, s'isch scho vrschmerzt.*

489 Helge Schneider. Von William Faulkners Großmutter überliefert: *Tea is for sick people.*

490 Klassische Ergänzung: *Ekel würgt's runter, Geiz hält's drin.*

Das ist kein Bier, das ist Kinderbelustigungsbrause.[491]

Das sind keine Calamari, das ist Fischgummi.

Das ist kein Käse, das ist Milchgummi.

Da hat aber einer Hunger![492]

Wer hat noch nicht, wer will noch mal?

Ich habe so Hunger, daß ich vor lauter Durst nicht weiß, was ich rauchen soll.[493]

Der Kavalier genießt und schweigt.[494]

Sauer macht lustig.

Kartoffeln gehören in den Keller.[495]

In der allergrößten Not
schmeckt die Wurst auch ohne Brot.

Partisan und Parmesan, wo sind sie geblieben?
Partisan und Parmesan wurden aufgerieben.[496]

491 Ebenso über Kölsch: *Das einzige Getränk auf der Welt, das beim Gang durch den menschlichen Körper nur die Temperatur ändert.* Achtung: Der Spruch ist in Köln notwehrfähig.

492 Apropos: *Ich weiß selbst sehr gut, was Hunger bedeutet, aber ich bin dann immer gleich in ein Restaurant gegangen.*

493 Beliebte Ergänzung: *So müde bin ich.*

494 Apropos von Eckart Witzigmann: *Die Franzosen kochen nicht besser als wir – sie haben bloß die besseren Gäste.*

495 Vorspruch: *Fleisch gehört auf den Teller.*

496 Laut Wiglaf Droste ist das von Matthias Beltz.

Türkisches Essen ist genießbares griechisches Essen.

Deutscher Wein schmeckt, wie's beim Bahnhofsfriseur riecht.[497]

☢ Im Bier sind weibliche Hormone. Nach fünf Stück labert man nur noch Scheiß und kann nicht mehr autofahren.[498]

Fast Food heißt übersetzt fast Nahrung.[499]

Ist die Köchin verliebt?

Ich stehe nicht an der Spitze der Nahrungskette, um dann Gemüse zu essen.

Ich muß nicht kochen können, um zu beurteilen, daß die Suppe nicht schmeckt.

Nach dem Essen sollst du ruh'n
oder tausend Schritte tun.[500]

497 = *Pißpotter Rieselfeld / Osthang / Frühauflese = Bumsbacher Krötenpfuhl / Burggraben Nordseite / Zuspätlese / Staubtrocken* – kurz: *Krötenbacher Donnerschädel = Rinnsteiner Pennertod = Aldi-Schloßabzug* (Fritz J. Raddatz: *Tagebücher 1982–2001*, Reinbek bei Hamburg 2010) = *mis en bouteille au garage* (Pink Punk Rosé vom serbischen Weingut Chichateau); aus dem Nachbarland: *Grand vin misérable / Château Migraine / Appellation souterraine / pas contrôlée / dernier cru* usw. usf. Hingegen Leitungswasser: *Kranenburger, Leitungsheimer Bleirohr-Riesling* bzw. *Chateau de la pompe / Grand Kranié* usw. usf.

498 Englische Fassung der 1648 Brewing Co. Ltd., East Hoathly, Sussex, 2018 eingetragen bei Facebook: *It has been discovered that our beer has female hormones in it, after five pints we talk crap and can't drive.* Daraufhin Fäkaliensturm: *sexist, misogynic, prehistoric* usw. usf.

499 Aus Amerika: *The Mayflower left Plymouth for Massachusetts to check out some likely sites for McDonald's restaurants.*

500 Variante (chauvinistisch): ☢ *Nach dem Essen sollst du rauchen / oder eine Frau gebrauchen.*

Im Wein ist Wahrheit[501] und der Schwindel im Etikett.

Durst ist schlimmer als Heimweh.

Satt kenn ich nicht. Entweder ich hab Hunger oder mir ist schlecht.[502]

Kinder, kommt rein, das Essen wird welk![503]

Müde und satt, wie schön is datt.

Alete kotzt das Kind.

Erst eß ich meins, dann teil'n wir uns deins.

Sardinenbüchse, eine einzige Umweltkatastrophe – lauter Öl und tote Fische.

Schließlich gebe man das Ganze unter ständigem Rühren in den Ausguß.[504]

Und al dente ist der Zahnarzt von Al Capone.

* * *

501 Weiterer Weinsprech: *Im Abgang nach feuchter Kellertreppe. In der Nase nach scharfgerittenem Damensattel. Auf der Zunge nach Auslegeware = am Gaumen nach altem Kokosläufer* usw. usf.; enervierte Erwiderung auf Weinsprech z. B.: *Wenn ich Brombeeren schmecken will, esse ich Brombeeren.*

502 Auch: *Neben dem normalen Essen auch noch dieser Diätfraß, das wird mir manchmal etwas viel.*

503 Beliebte Parodie des Vegetarierhaushalts. Ähnlich: *Mein Essen scheißt auf dein Essen* bzw. *Diese Vegetarier – essen den Tieren das Futter weg.* Oder: *Ich bin Secondhand-Vegetarier. Die Kuh frißt das Grüne, und ich fresse die Kuh = Ich habe mit meinem Essen noch nie Mitleid gehabt.* Einzelne Produkte: *Kartoffeln aus Bodenhaltung. Freilaufender Tofu. Linksdrehende Fleischwurst. Fair gehandeltes Kokain* usw. usf.

504 Otto Waalkes.

Exkurs I: ***Trinker-Chic***

Bier auf Wein, das schmeckt fein.

Ein Tag ohne Bier ist wie ein Tag ohne Wein.[505]

Drei Bier ersetzen eine Mahlzeit, und dann hat man noch nichts getrunken.[506]

Können doch das Bier nicht trocken runterwürgen.[507]

Das Beste am Wein ist das Bier danach.[508]

Ich hielt Zirrhose für eine Wolkenart,
bis ich Wodka kennenlernte.[509]

Realität ist eine Bewußtseinsstörung, hervorgerufen durch Mangel an Alkohol.[510]

505 Thomas Kapielski (in: *Weltgunst*, S. 83, Berlin 2004).

506 = *Das bißchen, was ich esse, das kann ich auch trinken.* In der Volksliedparodie: *Man darf nicht vergessen, / drei Bier sind ein Essen, / drum Leber ver-her-zeih, / die Geträ-hän-ke sind frei* (Harald Schmidt). Zur Adventszeit dann ein Cocktail namens *Schneegestöber – heißer Korn mit ausgeflocktem Hüttenkäse* (©Dietmar Wischmeyer).

507 = *Ein Schnäpschen in Ehren / kann niemand verwehren.* Variante: *Bier mit Seitenwagen.*

508 Frank-Walter Steinmeier zugeschrieben. Fast wortgleich: *Dat Beste am Wein is dat Pils danach* (Günter Samtlebe, ehemaliger Oberbürgermeister von Dortmund, geäußert beim dortigen Weinfest).

509 Auch: *Ich habe eine Lederallergie. Wenn ich morgens aufwache mit Schuhen an, habe ich Kopfweh.*

510 Diese Mitbürger sagen auch *Das Sein verstimmt das Bewußtsein* und sprechen von *Unterhopfung* oder vom Alkohol als *Jammertalsperre.*

Solange ich auf dem Boden liegen kann, ohne mich festzuhalten, bin ich noch nicht betrunken.[511]

Jeder sieht, wenn ich besoffen bin,[512] aber keiner sieht, wenn ich Durst habe.[513]

Ich habe keine Probleme mit Alkohol – *ohne* Alkohol habe ich Probleme.[514]

Ich trinke wenig, aber oft, und dann viel.[515]

Jeden Tag besoffen ist auch ein geregeltes Leben.[516]

Von dem seiner Blutprobe macht die Polizei ihren Betriebsausflug.

Halber Rausch ist rausgeschmissenes Geld.[517]

Saufen ist Urlaub im Kopf.[518]

[511] Zustand *six beers under*. Ähnlich: *Vor einem leeren Glas kann ich nicht sitzen, und vor einem vollen erst recht nicht.* Aus Amerika: *Better a full bottle in front of me than a full frontal lobotomy.*

[512] Gängiger Kommentar Umstehender: *Unter voller Ausnutzung der Straßenbreite.* RIP Im Milieu älterer Getaufter: *Es kommt ein Mann geladen / bis an sein'* höchsten Bord.

[513] Kurzfassung, veraltet: *Lieber stadtbekannter Säufer als anonymer Alkoholiker.*

[514] Ähnlich: *Ich trinke nicht viel – das meiste verschütte ich.* Auch: *Man muß dem Leben immer einen Schnaps voraus sein.*

[515] Auch: *Man soll mit dem weitermachen, womit man aufgehört hat.*

[516] Ähnlich: *Die Tage sind gleich lang, aber verschieden breit.*

[517] Ähnlich: *Wir müssen aufhören, weniger zu trinken.* Von Wenedikt Jerofejew: *Trinkt mehr und eßt weniger dazu. Das ist das beste Mittel gegen Selbstgefälligkeit und oberflächlichen Atheismus* (in: *Die Reise nach Petuschki*, München [4]1996, Kapitel *Elektrougli – Kilometer 43*).

[518] = *Stop thinking. Start drinking.*

Mens sana in Campari Soda.[519]

Nichts trinken hat auch noch nie geholfen.[520]

Wer Fernet-Branca[521] trinkt, zündet auch kleine Kinder an.

Ich trink nur Bier – wegen meinem Magen.[522]

Dummheit frißt, Intelligenz säuft.[523]

* * *

Exkurs II: ***Aktive Getränke***

Bier nährt.

Wasser Marsch.

Die Milch macht's.[524]

519 Diese Mitbürger sagen auch *Arschdidas, VW Polio, Opel Kackdett* (dann selbstverständlich auch *Pipimenthol*), *Ford Fiasko* usw. usf.

520 = *Alkohol ist keine Lösung, Milch aber auch nicht.* Apropos, ebenso beliebt: *Alkohol ist keine Lösung – Alkohol ist ein Destillat.*

521 Lies *Ramazzotti, Gammel Dansk, Jagertee, Kabänes* (*»Bestell zum Bier / Kabänes dir«*), *Underberg, Ratzeputz, Killepitsch, Schierker Feuerstein* usw. usf.

522 Apropos der *Unterschied zwischen Bierflaschen und Gefühlen: Bierflaschen muß man aufmachen, Gefühle muß man zulassen.* ☢ ☢ ☢ Ganz und gar indiskutabel der *Unterschied zwischen einem Epileptiker und einem Grießbrei: Der Grießbrei liegt in Zucker und Zimt und der Epileptiker liegt im Zimmer und zuckt.*

523 Von Jim Morrison: *I drink so I can talk to assholes.*

524 Nämlich *müde Männer munter*. Damals sogleich parodiert: *Schnaps bringt's.*

Kaffee treibt.[525]

Wein zehrt.

* * *

Schule und Erziehung

Dumm geboren, nichts dazugelernt.[526]

Wird Zeit, daß die Schule wieder anfängt.

Liebe Kinder, zankt euch nicht,[527]
spuckt euch lieber ins Gesicht.[528]

Lehrer haben vormittags recht und nachmittags frei.[529]

Und *wieder* was gelernt.

Iß, damit du groß und stark wirst![530]

RIP Brot ist nicht hart. *Kein* Brot, das ist hart.

Iß den Teller leer, sonst gibt's morgen schlechtes Wetter.

525 Apropos: *Kaffee wird nicht gekocht – Kaffee wird aufgebrüht.* Diese Mitbürger korrigieren auch, es heiße *Schraubendreher, nicht Schraubenzieher* oder *Glühlampe, nicht Glühbirne.*

526 = *Auf der Baumschule, beim Lehrer vom dritten Ast.* Auch: *Nix getroffen, / Schnaps gesoffen.*

527 Sondern spielt z. B. Gummitwist: *Peter Alexander, / Beine auseinander, / Beine wieder zu, / und raus bist du.*

528 Denn: ☢ *Neun von zehn Kindern finden Mobbing gut.*

529 Apropos der Kalauer: *Phillelogen, einer sagte die Wahrheit.*

530 Ferner: *Vor dem Schlafen, nach dem Essen, / Zähneputzen nicht vergessen!*

Es wird gegessen, was auf den Tisch kommt.

Voller Bauch studiert nicht gern.

Kindern Vorbild sein![531]

Es heißt nicht Verbesserung, sondern Berichtigung.

Kann nicht lesen und nicht schreiben und hat's trotzdem zum Analphabeten gebracht.[532]

Verbote locken nur die Kinder an.[533]

Wer nicht hören will, muß fühlen.

Wie sagt man?[534]

Nicht geschimpft ist genug gelobt.[535]

RIP Alles schläft, einer spricht, dieses nennt man Unterricht.[536]

☢ [537] Chantal, komm aus der Pfütz raus, du Sau![538]

531 Zumeist an Fußgängerampeln. Im Bedarfsfall hinterherzurufen: Pädagogisch wertvoll!

532 = *Mein Urgroßvater hat in Amerika ein Vermögen gemacht, und dabei konnte er nur zwei Wörter Englisch: Hands up.*

533 = *Liebe Kinder, bitte nur ‚Enter' drücken, wenn ihr über 18 seid.*

534 Nach Überreichung der Scheibe Kalbslyoner. Variante: *Wie heißt das Zauberwort?* Englisch: *Mind your Ps and Qs!*, nämlich *pleases and thank-yous.*

535 Im Journalistenmilieu: *Nicht genug gelobt ist verrissen.*

536 Neuzeit: *Müssen wir heute schon wieder machen, was wir wollen?*

537 Armutsdiskriminierend. Apropos: *In Württemberg gilt schon ein Zweifamilienhaus als sozialer Brennpunkt.*

538 ☢ Kürzer noch: *Jacqueline, du Arsch* (auszusprechen: *Schackeline*).

Wie sag ich's meinem Kinde?

So streng sind hier die Sitten.[539]

Das Berühren der Figüren mit den Pfoten ist verboten.[540]

Leichte Schläge auf den Hinterkopf erhöhen das Denkvermögen.

Kinder, die was wollen,
krie'n was auffe Bollen.[541]

Bis einer heult!

Und was lernen wir daraus?

Du bleibst hier, und zwar sofort!

Wer nicht kommt zur rechten Zeit,
der muß essen, was übrigbleibt.

Man zeigt nicht mit nacktem Finger auf angezogene Leute.[542]

Lehrjahre sind keine Herrenjahre.

RIP Eins rauf mit Sternchen.

Eine gute Erziehung genießt man nicht.[543]

539 England: BLA BLA *Children left unattended will be sold to the circus.*

540 Berlin: *Wer die Puppen / tut betuppen / mit die Klauen, / wird verhauen.*

541 = *Kinder mit'm Willen / krie'n was auffe Brillen.* Amerikanisch: *People in hell want ice water.*

542 = *Man fängt keinen Brief mit ‚Ich' an.* = *Man spricht über Anwesende nicht in der dritten Person* usw. usf.

543 Über englische Internate sagte man einst: *Alcatraz without a view.*

Es ist noch kein Meister vom Himmel gefallen.

Allzu scharf macht schartig.

Jung gewohnt, alt getan.

Das *andere* rechts![544]

Gib dem Onkel das *schöne* Händchen.

Mach mal die Augen zu, dann siehste, was deins ist.

Wer befehlen will, muß erst gehorchen lernen.[545]

Das heben wir aber mal schön wieder auf!

Das hat noch keinem geschadet.

Scheiße sagt man nicht, da geht die Bildung in'n Arsch.

Ja leck mich doch am Arsch, wenn das nicht meine alte Benimmlehrerin ist!

RIP Mein Kind, es gibt Wissen, das Schande bereitet.

Übung macht den Meister.

Der Student geht so lange zur Mensa, bis er bricht.[546]

544 Von einem Kind als Reaktion gehört: *Mama, es gibt zwei rechts!*

545 Apropos: *Die weder herrschen noch dienen können, sind Bürger* (über dessen Urheber: ☢ *Stefan George sieht aus wie eine alte Frau, die wie ein alter Mann aussieht.* Dieser Satz gilt auch für Heinrich Bedford-Strohm).

546 Carmen Thomas vor langer Zeit: *Guten Tag, liebe Zuhörer, guten Morgen, liebe Studenten, hier ist das Mittagsmagazin.* Ebenso veraltet: *Die Studenten stehen jetzt immer um sechs auf, weil um halb sieben die Geschäfte schließen.*

Wenn Waldorfschüler[547] ausgeträumt haben, beginnt die Schlafenszeit.[548]

Sechs Jahre keinen Alkohol, keine Drogen, keinen Sex, und dann kam die Einschulung.[549]

Daß mir keine Klagen kommen!

Mach mir keine Dummheiten!

Schnell essen macht dick.

Mit Essen spielt man nicht.[550]

Von Cola kriegt man Läuse in'n Bauch.[551]

Wasser auf Kirschen verträgt sich nicht.

Schnee essen macht Durst.

Aus Differenzen und Summen[552]
kürzen nur die andern.[553]

[547] ... die, wie bekannt, ihren Namen nur tanzen, nicht aber schreiben lernen.

[548] Apropos aus diesen Kreisen, chic: *Diktat kommt von Diktatur.*

[549] Aus Amerika, armutsdiskriminierend: ☢ *You know you're trailer trash when you let your 12-year-old daughter smoke at the dinner table in front of all her kids.* Von Billie Holiday: *Mom and Pop were just a couple of kids when they got married. He was 18, she was 16 and I was 3.*

[550] Und zwar wegen der *armen Kinder in Indien* = nunmehr *die Nomadin in der Sahelzone* (Jürgen Trittin).

[551] Besonders wenn man noch Eis dazu ißt.

[552] Oder Multiplikation: *7 mal 7 ist 49, denn 5 mal 10 ist 50, weniger 1 ist 49.*

[553] Hingegen Mengenlehre: *Wenn sechs Leute in einem Raum sind und acht gehen raus, müssen zwei wieder reinkommen, damit keiner mehr drin ist.*

Mein Vater erklärt mir jeden Sonntag unsere neun Planeten.[554]

Chemie ist, wenn es knallt und stinkt,
Physik ist das, was nie gelingt.[555]

Was Hänschen nicht lernt, lernt Hans nimmermehr.

Das will ich jetzt nicht gehört haben.

Das andere[556] Geschlecht; Ehe und Familie

So'n Gesicht kann nur eine Mutter lieben.

Werd's ausrichten, wenn ich zu Wort komm.[557]

Schon mal was von 'nem Goldfisch gehört, der seine Eltern besucht?

RIP Zeige mir dein Muttermal,
zeig mir deinen Vater mal.[558]

554 Merkspruch für die Planeten des Sonnensystems: *Mein Vater erklärt mir jeden Sonntag unsere neun Planeten – Merkur, Venus, Erde, Mars, Jupiter, Saturn, Neptun, Pluto*. Seit Pluto getilgt ist: ... *unseren Nachthimmel.* Für den Quintenzirkel: *Geh, du alter Esel, hole Fische* bzw. *Frisches Brot essen Asse des Gesangsvereins* usw. usf.

555 Zur Mathematik, nach Joseph von Eichendorff: *In einem kühlen Grunde, / da geht ein Mühlenrad, / wie groß ist dessen Umfang, / wenn man den Radius hat?* Im Englischen vermeide man, apropos, die Kurzform *math,* um nicht belehrt zu werden: *A math ith a Roman Catholic thervithe.*

556 Lies mit: gleiche/multiple/ungeklärte/nicht vorhandene.

557 Nur dem Verheirateten möglich; gängige Antwort auf *Gruß daheim!*

558 = englisch: *Mama's baby, / papa's maybe.* ☢ Die Sprechweise von Asiaten rassistisch verspottend: *Chinese couple who have black baby, name it Sum Ting Wong* (aus der Rubrik *Ten-Jew-Berry-Muds*). Bei uns, apropos: *Das chinesische Wort für Verspätung ist ‚Doi Che Ban'* usw. usf.

Dem Vater wie aus dem Gesäß geschnitten.

Haben die kein Zuhause?[559]

Tja, wenn die Chemie nicht stimmt …

Hauptsache, gesund und die Frau hat Arbeit.[560]

Halb zog sie ihn, halb sank er hin.[561]

Komm du mir nach Hause![562]

Frauen und Technik …[563]

Aus Kindern werden Leute.[564]

Und, was macht die Liebe?[565]

Ein Kinder. Alles Töchter.[566]

Was nicht bei drei auf den Bäumen ist.

559 Zu Robert Doisneaus Foto *Le baiser de l'hôtel de ville* und ähnlichen Sujets.

560 = *Gott erhalte mir die Arbeitskraft meiner Frau und das Vermögen meines Schwiegervaters.* Von Fips Asmussen: ☢ *Bei uns nimmt meine Frau das Viagra, damit die länger in der Küche stehen kann.* Apropos von Bernie Ecclestone: ☢ *Women should be dressed in white like all the other domestic appliances.*

561 Gängige Ergänzung: *Und ward nicht mehr gesehn* (Goethe).

562 Vgl. auch: *Schiii-ri! – wir wissen, wo dein Au-to steht! – Fahr Bus und Ba-han!*

563 Italienisch: *Donne e motori, / gioie e dolori.*

564 Variante, verschärft: *Bist du aber dick geworden!* bzw. *Wo sind denn deine Haare alle geblieben?*

565 Vorzugsweise benutzt gegenüber einem Mann, von dem man weiß, daß er keine Freundin hat.

566 Traditionell auf die Frage *Haben Sie Kinder?*

Mine Fru, die Ilsebill …[567]

Wir werden das (= dem) Kind schon schaukeln.

Liebst du mich noch? Bin ich zu dick? Was denkst du gerade? – Ja. Nein. Nix.

☢ Könntste mir draufschweißen, würd' ich mich losrosten.

Kommt in den besten Familien vor.

☢ Alter egal – bücken.

O Traum meiner schlaflosen Nächte!

Da möchte man doch mal Mäuschen spielen.[568]

So was hat mir der Arzt verschrieben.[569]

Size matters.

Grüß deine Frau und meine Kinder![570]

Andere Väter haben auch schöne Töchter.

567 RIP In diesem Zusammenhang war gern die Rede von einem Blumenstrauß, einer Bonbonniere als ☢ *Drachenfutter (= die Nudelrolle zu polstern).*

568 = *Den Unterschied von Mann und Frau / sieht man durchs Schlüsselloch genau* (Joachim Ringelnatz).

569 Gleichen Inhalts: *Die würd ich auch nicht von der Bettkante stoßen.* Ganz anders: *Die muß auch erst noch gebacken werden.*

570 Noch eine Stufe tiefer: *Sind deine Eltern auch Geschwister?* In Tennessee, Kentucky und West Virginia: *Happy Birthday, Uncle Dad!*

Wie heißen die Eltern von Fix und Foxi?[571]

Drum prüfe, wer sich ewig bindet,
ob sich nicht noch was Beßres findet.[572]

Ich bin nicht fremdgegangen, ich kannte die alle.[573]

Erst fragen, dann anfassen.[574]

Will der Pursch zum Mädel gahn,
muß der Peutel offenstahn.

Der größte Schatz für einen Mann
ist eine Frau, die sparen kann.

Soll die Ehe lang bestahn,
sei blind die Frau und taub der Mann.

Mutti ist die Beste. = Alles Schlampen außer Mutti.

Kam der Koch,
nahm sie doch.

571 Selbstverständlich ☢ *Paxi und Fixi.* Ebenso bekannt die *Signorina di Ficchiano* und der *Signore di Lucciano* (ähnlich: *Frottéro Luccerini*) und deren skandinavische Pendants *Sven Tamponen, Nils Kondomen* und *Lars Instrømen,* auch *Ole Päderasmussen*; aus Rußland: *Iwan Gehdudrow und Olga Machslochow.*

572 = *serielle Monogamie.* Vom leidgeprüften John F. Kennedy: *If I had to live my life over again, I would have a different father, a different wife and a different religion.*

573 Auch: *Die Vereinbarkeit von Frauen und Beruf war für mich noch nie ein Problem.* Variante: *Es ist gar nicht so einfach, keine Kinder und keinen Beruf unter einen Hut zu bringen.*

574 Frage etwa: *Kommst du mit auf dumme Gedanken?*

Und, wie ist die Stimmung bei Hofe?

☢ Lieber 'ne Blinde im Arm als 'ne Taube aufm Dach.[575]

Solange ich noch zwei gesunde Hände habe, kommt mir keine Frau ins Haus.[576]

Darling, your dinner is in the dog.

Es waren zwei Königskinder,
bei denen klappte es nie.
Sie konnten zusammen nicht kommen,
der eine kam immer zu früh.

Der Magen einer Sau,
der Wille einer Frau,
der Inhalt einer Leberworscht,
dies alles ist noch unerforscht.

☢ Ungeschick, dein Nam' ist Weib.

Unser Vater sagt immer, Kondome taugen nix.[577]

Das letzte sexuelle Erlebnis hatte ich vor Jahren in einem Straßencafé, da war Lippenstift an der Tasse.[578]

575 Auch: *Lieber fünf vor zwölf als keine nach eins.*

576 Otto Waalkes. Das Spiel heißt *Zipfelmütze – Glatze – Zipfelmütze – Glatze.* Formulierung der Nachkriegszeit: *Dem seine Kinder sind alle im Luftkampf gefallen.* Moderner und unverwüstlich: *Kostenloser Telefonsex unter elf null-acht zweiundfünfzig.* Einschlägiger Rat aus Amerika: *Don't have sex, man. It leads to kissing and pretty soon you have to start talking to them* (Steve Martin).

577 Gegenbeispiel der *kinderlose Ökobauer – er spritzt nicht.*

578 = *Gestern mal wieder Aids keine Chance gegeben.* = *In Hodennähe verbreitet leichter Frust.* = *Ich hätte viele Frauen haben können, aber sie wollten nicht.* Variante: *Ich wollte um des Geldes willen geliebt werden, aber dazu ist es nie gekommen.*

Eine lachende Frau ist eine eroberte Frau.

☢ Sag nicht Neger. Meine Frau findet das frauenfeindlich.

Haste Ärger mit die Deinen, trink dich einen.[579]

Kann ich deine Nummer haben? Ich schreibe ein Telefonbuch.[580]

☢ Wo gehen diese schönen Beine hin, wenn nichts dazwischenkommt?[581]

Aber das Gänseblümchen hat doch gesagt, du liebst mich!

Das Schönste am Seitensprung ist der Anlauf.

Zusammen ist man weniger allein.[582]

Mann mit Grill sucht Frau mit Kohle.

579 Gängige Ergänzung: *Ist der Ärger dann vorbei, / trink dich zwei.* Weitere Ergänzung: *Will der Ärger gar nicht weichen, / lasse dir die Flasche reichen.* Ganz ähnlich von Ringelnatz: *Plagt dich einmal Leid und Kreuz, / trinke Geldermann & Deutz. / Geht es wieder besser dann, / trinke Deutz & Geldermann.* Später: *Das Klo, zu dem er kroch, / war von Villeroy & Boch* (Stefan Stoppok, Willie und Gerd).

580 Ähnlich: *Ich schreibe ein Buch. Mit den Seitenzahlen bin ich schon fertig.* Deftiger: ☢ *Hast du Wasser in den Beinen? Meine Rute schlägt aus.* Unübertroffen: ☢ *Entschuldigung, sind Sie haftpflichtversichert? –♀ Warum fragen Sie das? –♂ Weil, Sie haben mir eben eine Beule in die Hose gemacht.* Auch: ☢ ♂ *Ich suche nichts Festes –♀ Dann werden dir meine Oberschenkel gefallen.*

581 Gleiches Niveau: ☢ *All diese Kurven, und ich ohne Bremse.* Poetischer: *Wenn ich ein Heger wär, würd ich dich hegen. / Wenn ich ein Pfleger wär, würd ich dich pflegen. / Wenn ich ein Jäger wär, würd ich dich jagen. / Wenn ich ein Vöglein wär, flög ich zu dir.*

582 Beherzigenswert eine Lebensregel aus Amerika: *Never play cards with a man called Doc. Never eat at a place called Mom's. And never sleep with a woman whose troubles are worse than your own* (Nelson Algren: *A Walk on the Wild Side*, New York 1956).

Mann mit Pferdeschwanz gesucht. Frisur egal.[583]

☢ Der Schwule läßt die Arbeit ruhn
und freut sich auf den afternoon.[584]

☢ Einsamer sucht Einsame zum Einsamen.

Wo die Liebe hinfällt, da fällt sie eben hin.

Erst hab ich ihr den Hof gemacht, jetzt mach ich auch noch die Treppe.[585]

Ich habe den Namen meiner Frau angenommen. Ich heiße jetzt *Renate* Müller.

Drum prüfe, wer sich ewig trennt,
ob er auch schon was Beßres kennt.

Da haben sich zwei gefunden.

1 + 1 = ?[586]

Liebe macht blind, Ehe wieder sehend.

Ist das der Mann, mit dem meine Kinder später mal Umgang haben sollen?[587]

583 Ähnlich 👕 *Frei & Willig.*

584 Bereits bekannt zu Zeiten des Röhm-Putsches (wenig später, 1936: *Hoppe, Hoppe, Gründgens, / die kriegen keine Kindgens*). Auch: ☢ *Analtunnelsyndrom.* Von Thomas Kapielski: ☢ *Tunte Anneliese und Onkel Uschi.*

585 Bericht von der Hochzeit: *Als er gesagt hat: »Ja, ich will«, hat sie gesagt: »Red nicht in diesem Ton mit mir!«*

586 Später dann: 2 – 1 = 0. (*Beziehungsstatus: Die Route wird neu berechnet.*)

587 = *Ist das der Mann, von dem ich später mal geschieden sein will?*

Alte Liebe rostet nicht.

In der Liebe und im Krieg ist alles erlaubt.[588]

Kleine Kinder – kleine Sorgen. Große Kinder – große Sorgen.

Wir sind die Leute, vor denen uns unsere Eltern immer gewarnt haben.[589]

Dann hatte plötzlich und unerwartet meine Schwiegermutter Geburtstag.

Diese goldene Uhr hat mir mein Opa auf dem Sterbebett verkauft.[590]

Erbtante mit den Idealmaßen 90-20-40.[591]

Die Liebe und der Suff.

Steck ihn rein, laß ihn drin,
bis daß ich eingeschlafen bin.[592]

RIP Bella, bella, bella Marie,
häng dich auf, ich schneid dich ab morgen früh.

588 = *Alles kann. Nichts muß* bzw. *Orgaskann, nicht Orgasmus.* Im universitären Amerika: *No means yes and yes means anal.* Im übrigen Amerika: *Wham, bam, thank you, Ma'am.*

589 Vorstufe: BLA BLA *Lebe wild und gefährlich, Artur* mit Bildnis eines verdreckten Rotzlöffels. Nächste Stufe: BLA BLA *Wer sich nicht wehrt, lebt verkehrt.*

590 Apropos: *Redet ihr noch miteinander oder habt ihr schon geerbt?*

591 Nämlich *neunzig Jahre alt, zwanzig Millionen schwer, vierzig Grad Fieber.*

592 = *Und, wie lange haste noch gemacht gestern abend?* = (englisch) *Stellung ›The plumber‹ – You stay in all day and nobody comes* bzw. *Clochard-Stellung – Frau macht Brücke, Mann legt sich drunter und schläft.*

Doch, auch Männer haben Gefühle.[593]

Du willst es doch auch.[594]

Männer sind wie Klobrillen – entweder besetzt oder beschissen.[595]

Männer machen nichts richtig, und Frauen machen nichts falsch.[596]

Grau ist der Hecht,
die Frau hat recht.
Der Himmel ist blau,
recht hat die Frau.

Wär's dir lieber, wenn ich mit George Clooney schlafe und dabei an *dich* denke?

In jedem Mann steckt etwas Gutes, und sei es auch nur ein Küchenmesser.

☢ Näfft disch daine bleede Alde,
wiff sie in die Gletschäspalde.

Berufe und soziale Position

Haste was, biste was.[597]

Zu Höherem geboren. = Der meint wohl auch, er ist was Besseres.

593 Zum Beispiel: *Ich habe das Gefühl, dieser Auspuff macht es nicht mehr lange.*

594 Doch Obacht: *Es tut Nivea als das erste Mal.*

595 Gegenposition: *Auch die schönste Frau ist an den Füßen zu Ende.*

596 Ähnlich: *Männer dürfen alles essen, aber nicht alles wissen.*

597 Detail ☢ (armutsdiskriminierend): *Sylt-Aufkleber sind was für Leute, die sich kein NF-Kennzeichen leisten können.*

Polizei und Post,
saufen, wo nix kost'.

Wer nichts weiß und wer nichts kann,
geht zu Post und Eisenbahn.[598]

Begehrter Mann![599]

Handwerk hat goldenen Boden.

Jurist wird man nicht, Juristen hält man sich.[600]

Nicht jeder, der Mercedes fährt,
sich auch von redlich Arbeit nährt.

Haute Volaute = Geld spielt keine Rolex, lakoste es, was es wolle.

Free drinks, free food, free press.[601]

☢ Er war Geograph, und sie kannte auch keine Grenzen.

Herr Müller bekleidete in unserem Unternehmen mehrere Anzüge.[602]

Und so was nennt sich nun Handwerker.

598 Ergänzung 1: *Ist ihm auch dieses nicht gelungen, / geht er zu den Versicherungen.* Ergänzung 2: *Und wem auch jenes noch zu schwer, / der wird Gewerkschaftssekretär.* Variante: *Wer nichts wird, wird Wirt. Und wer gar nichts wird, wird Bahnhofswirt.*

599 Zum Auslösen dieser Phrase reicht es, daß zweimal kurz hintereinander Ihr Telefon klingelt.

600 Auch: *Zwei Juristen, drei Meinungen.*

601 = *Der kürzeste Witz der Weltgeschichte: Geht 'n Journalist an 'ner Kneipe vorbei.*

602 Fortsetzung: *Ihm übertragene Aufgaben hat er stets zu seiner eigenen Zufriedenheit erledigt. Er hinterläßt eine Lücke, die ihn ersetzt.*

Wer etwas kann, macht es. Wer es nicht kann, lehrt es.[603]

☢ Er war Chemiker, und sie suchte auch dauernd nach neuen Verbindungen.

Architekt und Hausschlachter, Stadtrundfahrten und Beerdigungen.[604]

Gewaltig ist des Schlossers Kraft,
wenn er mit Verläng'rung schafft.[605]

Wenn die Bauern aufhören zu jammern, dann beginnt das Jüngste Gericht.[606]

Regisseur bei Tesa-Film.
Maurer bei Lego.
Schaffner bei Märklin.[607]

Klagen ist des Kaufmanns Gruß.[608]

603 Übliche Ergänzung: *Und wer auch zum Lehren zu blöd ist, wird Gutachter.*

604 Medizinerversion: *Chronische Multitalentose.* ☢ (patientendiskriminierend): Sie sagen auch *Chipslette* statt Kassenpatient, und wenn sie nichts finden: *Morbus Balkan, Morbus Bosporus, Morbus Mamma mia.* Oder haben eine Urne im Regal stehen mit der Aufschrift *Asche von Problempatienten.* Wer sie *zutextet,* leidet an *maligner Logorrhoe*; wer verdreckt zur Untersuchung kommt, hat *externes Pigment* usw. usf. Dementsprechend ihr Beitrag zum Thema Empathie: *Wenn ich weine, seh ich nix.*

605 Ferner: *Was des Schlossers Hand nicht ziert, / wird verklebt und zugeschmiert.*

606 Hermann Höcherl. Ähnlich: *Wenn der Deutsche nichts mehr zu jammern hat, dann beginnt das große Wehklagen.* Auch: *Deutschland, das Oberjammergau der Welt.*

607 Oder: *Die Aralisten, die Essoisten und die BPisten* bzw. *Telekomiker* bzw. *Lufthansel* usw. usf.

608 = *Hoffnung ist des Kaufmanns Tod.* Demgegenüber tröstlich: *Und ist der Handel noch so klein, / bringt er doch mehr als Arbeit ein.*

Ich bin Maurer, kein Uhrmacher.

Die Hälfte seines Lebens
wartet der Soldat vergebens.

Erzähl meiner Mutter nicht, daß ich in der Werbung arbeite. Sie glaubt, ich bin Pianist im Bordell.

Wenn schon arbeitslos, dann in einem Beruf, der richtig Spaß macht.[609]

Den Rest macht der Maler.

Normal ist das neue abgefahren.[610]

Der Arbeiter arbeitet, der Chef scheffelt.

Herr Kaiser ist der Onkel Dittmeyer der Versicherungsbranche.[611]

110: Jungs, die man ruft. 112: Männer, die auch kommen.[612]

Lassen Sie mich durch, ich bin Arzt![613]

609 Apropos: *Was sagt ein Germanist ohne Arbeit zu einem Germanisten mit Arbeit? – Einmal Currywurst mit Pommes frites, bitte (Variante: zum Hauptbahnhof).* Und weiter apropos: *Was ist der Unterschied zwischen einem introvertierten und einem extrovertierten Physiker? – Der extrovertierte guckt auf deine Schuhe.*

610 = *Spießig ist das neue Cool.* Ferner: *Analog ist das neue Bio. Dreißig ist das neue neunzig* (Stefanie Sargnagel). *Sitzen ist das neue Rauchen.*

611 Zur Hamburg-Mannheimer hieß es weiland nach Bekanntwerden der Budapester Orgien (2011): *Ich zieh mich zurück mit 'ner Gummipuppe, / oder ich gehe zur Ergo-Versicherungsgruppe* (Funny van Dannen, auf dem Album *Fischsuppe*, 2012).

612 Ähnlich: *Handwerker haben die Arche gebaut und Ingenieure die Titanic.*

613 Oder: *Lassen Sie mich Arzt, ich bin durch!*

Feste, Veranstaltungen

Licht aus, Spot an!

Ja, hier ist gute Laune Trumpf!

Ja, hier geht's ab, hier steppt der Bär, hier boxt der Papst im Kettenhemd.[614]

Ist hier Ringelpiez mit Anfassen?[615]

Jetzt geht's lo-hos![616]

Was feiernse hier eigentlich?

Für das leibliche Wohl ist gesorgt!

Gemma Bier trinken bis zum Abwinken.[617]
= It's beer o'clock.

Man soll die Feste feiern, wie sie fallen.

Ganz großes Kino.[618]

Kommt ihr zum Sterben her?

614 Als Imitation von Jahrmarktausrufern ebenfalls beliebt: *Immer höher, immer schneller wird die Fahrt – der Herr in Gondel 6 gurgelt schon mit seinem Kartoffelsalat – Fahrchips an der Kasse lösen – mittwochs Kindertag.*

615 = aus der Wirtschaftswunderzeit: *Fickifacko in Baracko.*

616 Klassische Ergänzung: *ohne Unterho-hos!*

617 *WIESN / Durstlöschzug / -Einsatzleitung-.*

618 Gegensatz: *Ganz kleines Karo.*

Die bessere Gesellschaft von Berlin[619] wäre in Paris oder Mailand die Besetzung für einen Feuerwehrball.

Hier fliegen gleich die Löchä ausm Käse …[620]

Schon mal Bier von weitem getrunken?[621]

Mach ich Foto, tu ich Facebook.

Und jetzt beginnt der gemütliche Teil.[622]

Ich geh als Badewanne – ich laß mich vollaufen.[623]

Karneval ist ein Wort aus dem Armenischen und bedeutet Fremdgehen bei schlechter Musik.[624]

Der letzte Rest vom Schützenfest.

Bussi, bussi, schlussi.[625]

619 Wo man *Jedächtniswärmer* sagt für Baskenmütze, *Moppelkotze* für Fleischsalat, *Bonzenschleuder* für Luxusauto; ein Volksmund, der – ersichtlich zwanghaft – alles und jedes umtaufen muß: *Schwangere Auster* (Kongreßhalle), *Gold-Else* (die Viktoria auf der Siegessäule), *Hohler Zahn* (Gedächtniskirche), *Hungerharke* (das Denkmal auf dem Platz der Luftbrücke), *Gürteltier* (das Ludwig-Erhard-Haus), *Wasserklops* (der Weltkugelbrunnen auf dem Breitscheidplatz), *Café Achteck* (die grünlackierten Pissoirs auf solchem Grundriß) usw. usf.

620 Zu singen bei *Spaghetti Polonaise.*

621 = *Schon mal Blut durch die Nase gespendet?*

622 Detail: *Kleine Spende des Hauses!*

623 Detail: BLA BLA *Brustvergrößerung durch Handauflegen 1 €. / Mit Geld-zurück-Garantie!*

624 Apropos: *Erzähl doch noch mal die Geschichte, wie du dir bei der Hure wegen dem schlechten Koks in die Hose geschissen hast.*

625 = *Mit Schnacksi und Pupsi, in München weltberühmt.* Tags darauf in der Klatschspalte, mit Fotostrecke: *Frank Müller rief, und alle, alle kamen.*

Es ist leichter, den Mund zu halten als eine Rede.

Nun will ich aber mein Glas erheben, das mir hoffentlich bald jemand reichen wird.[626]

Mit Gunst und Verlaub![627]

Du kannst über alles reden, nur nicht über zwanzig Minuten.[628]

Nun setzen wir aufs Haus das Dach,
bewahr' es Gott vor Sturz und Krach.[629]

Zum Muttertag in diesem Jahr
bring ich dir ein Blümlein dar.

Geld zu-rück!

Sachma, is dein Vatta Glaser?[630]

Was ich auf keinen Fall vergessen wollte:
Nachträglich alles Gute!

626 Max Goldt, eine Vernissagen-Eröffnung persiflierend.

627 Zuvor: *Der Richtkranz grüßt ins Land hinaus, / der Bauherr lädt zum frohen Schmaus. / Drum nehm ich nun mein Glas zur Hand / und stoße auf den Bauherrn an* usw. usf. = *Wir wollen gratulieren, / gerichtet ist das Haus. / Hat Fenster und hat Türen, / und sieht gar stattlich aus.* Ähnlich liebevoll die Glückwünsche im Lokalteil: *Daß Du heute 85 wirst, das glaubt man nie, / doch darum stehst Du heute hier in der Zeitung, lieber Willi. / Glück und Gesundheit in jedem Falle, / dies wünschen Dir Deine früheren Kleingartenkollegen alle.*

628 *Alle tausend Worte Ölwechsel!* (Zwischenruf Herbert Wehners im Bundestag während einer Rede von Rainer Barzel).

629 ☢ Richard Wagner beim Richtfest des Bayreuther Festspielhauses am 2. August 1873.

630 Zu verwenden im Fußballstadion. Erläuternder Nachklapp: *Meinste, ich kann durch dich durchgucken?*

Doch wenn die fünfte Kerze brennt,
dann hast du Weihnachten verpennt.[631]

Geburtstag ist schon wieder da,
der gleiche Scheiß wie letztes Jahr.[632]

Irgendwie zieht's hier.[633]

Du wolltest doch hierher.

Was machen wir jetzt mit dem angebrochenen Abend?

Fällt aus wegen ist nicht.[634]

Hier werde ich nicht alt.

Arbeitswelt

Hier, bei die Arbeit!

Dann woll'n wir mal wieder.[635]

Anale oder vaginale Karriere – dem Chef in den Arsch kriechen oder seine Tochter heiraten.

631 Unverwüstlich: *Gestern hab ich das Christkind gesehn. / Es kam aus der Kneipe und konnte kaum stehn. / Auf Geschenke braucht ihr nicht zu hoffen – / es hat das ganze Geld versoffen. / Gestern hab ich es wieder getroffen, / und denkt euch: es war schon wieder besoffen.*

632 Ergänzung: *Horden kommen angerannt, / schütteln dir wie blöd die Hand, / küssen und umarmen dich, / ach wie ist das widerlich!*

633 Gängige Erwiderung: *Dreh dich um, dann drückt's.*

634 Variante: *... wegen Nebel.*

635 Beliebte Ergänzung: *so tun, als ob* – kommend von der *Raupipau* = *Rauch- und Pinkelpause.*

Hätten wir das schon mal in trockenen Tüchern.

Dan-ke für meine Arbeitsstelle,
dan-ke für dieses große Glück![636]

Hol mal das WLAN-Kabel.[637]

Andere Baustelle.

Kollege kommt gleich.

Hier Tierimbiß Müller – Sie überfahren's, wir überbacken's.[638]

Da nehmen wir einfach Siemens-Luftanker.[639]

Da schicken wir Ihnen unseren Rentner.

Ein Kinderspiel.[640]

Morgen und der Rest von heute.

Der Dienstjüngere genießt den Vortritt.

636 An der Theke fortzufahren: *Dan-ke für dieses kleine Helle / und für die Musik.* Detail: *Bei uns in der Firma heißt der Joghurt Oliver, die H-Milch Sabine und die Margarine Conny.*

637 = *Hol mal Benzolringe Größe 5, hängen im Magazin hinten an der Wand.* = *Stornoschere, Gewerbesteuermeßlatte, Bremsbackenöl, 180°-Winkel, Verfügungsraumschlüssel, Bierschaumfestiger* usw. usf.

638 Auch: *Frikadellenschmiede, Dönermanüfaktür Ararat, Leberkäsplantage, Elefantenwaschstraße, Weihwasserprüfstelle, Krawattenbergwerk, Holzschuhgießerei* usw. usf.

639 Bzw. *dübel* = *AEG-Schwebehaken.* Ähnlich: *Da schicken wir Ihnen unseren Helium-Monteur* bzw. *unseren Montagezwerg.*

640 Auch: BLA BLA *The job is not finished until the paperwork is done,* mit Foto von Kind auf Töpfchen.

Einer muß es ja machen.

BLA BLA Unmögliches wird sofort erledigt,
Wunder dauern etwas länger.[641]

Heute haben wir Großkampftag.

Wenn ich nicht mehr weiterweiß,
gründ' ich einen Arbeitskreis.[642]

Komm' wir zu Pott.[643] = Sind ja nicht zu unserem Vergnügen hier.

Dafür haben unsre Väter
nicht gelitten noch gekämpft,
daß man unsre Forderungen
wie die Pellkartoffeln dämpft.
O Haupt voll Blut und Wunden,
fünfunddreißig Stunden,
sind genug. [644]

BLA BLA Jedes Ding an seinem Ort
sparet Zeit und Müh und Wort'.

641 Üblicherweise als kopiertes DIN-A4-Blatt mit Tesafilm an der Innenseite der Bürotür befestigt, wie auch die vielen Preislisten: *50,– Grundgebühr / 60,– Wenn der Kunde die Arbeit überwacht / 70,– Wenn der Kunde mithelfen will / 80,– Wenn der Kunde die Arbeit leiten will / 100,– Wenn der Kunde eine Quittung wünscht.*

642 Sodann: *Meeting ist, wo alle reingehen und nichts rauskommt.* Hochgestochener von John Kenneth Galbraith: *Discussion, in all higher education, is the vacuum which is used to fill a vacuum* (aus seinen Memoiren *A Life in Our Times*, London 1981).

643 Variante, ausführlicher: *Jetzt laßt uns mal endlich zu Potte kommen.*

644 Ernst Kahl und Horst Tomayer im Duett zur Klampfe, nach der Melodie *Wir sind die Moorsoldaten*, vgl. Wiglaf Droste, *Die Würde des Menschen ist ein Konjunktiv*, München ²2015, S. 100.

Für Geld machen wir alles.[645]

Frohes Schaffen!

Ich habe *auch* nur zwei Hände.

Wer Raffael nicht werden kann,
der streicht getrost die Wände an.[646]

Feile und Schwanz
benutzt man ganz.

Die Pflicht ruft.[647]

Der arbeitet im Vertrieb, vertreibt alle Kunden.

RIP ☢ Italiano nix verstehn,
Schuh in Arsch, auf Wiedersehn.[648]

Montag morgen halb neun und die Woche nimmt kein Ende.

Firma Müller & Söhne, hohe Preise, kleine Löhne.

Ich kann mich ja nicht in Stücke reißen.

Neue Besen kehren gut.

Treppen kehrt man von oben.

645 Apropos zum *Beruf des Killers: Gute Bezahlung, flexible Arbeitszeiten, Nähe zu Menschen.* Aus *Léon, der Profi*, Luc Besson 1994: *If you want a job done well / hire a professional.*

646 Ebenso bescheiden: *Alle Wünsche werden klein / gegen den, bei Trost zu sein.*

647 Heinz Erhardt: *Lasset von Tonne zu Tonne uns eilen, / wir wollen dem Müll eine Abfuhr erteilen!* (*Chor der Müllabfuhr*).

648 Vorstufe: ☢ *Du besser arbeiten, sonst Chef viel böse.*

Gibt's hier mehr Häuptlinge als Indianer.

Erst die Arbeit, dann das Vergnügen.[649]

Don't fuck the company.[650]

Immer im Dienst, was?

Dem Inschinschör ist nichts zu schwör.[651]

Wild ist der Westen, schwer ist der Beruf.
Uff![652]

Rom wurde auch nicht an einem Tag erbaut.

Dienst ist Dienst und Schnaps ist Schnaps.

Wer nichts macht, macht nichts verkehrt.[653]

BLA BLA Mit Arbeit verdirbt man sich den ganzen Tag.[654]

649 Beliebte Ergänzung: *Doch bevor das Vergnügen losgehen kann, ist schon wieder neue Arbeit da.* Var.: *Erst die Pflicht, dann die Kür.*

650 Auch: *Don't shit where you eat.*

651 BLA BLA Beliebt auch Bildnis eines Mikrozephalen, darunter: *For sex Monat wust ich noch nicht, wie man Inschinschör schreipt, unt heut bin ich einen.*

652 RIP Strophenbeispiel: *Schön war sie / bis zum Knie. / Alles war / voller Haar. / Da kam an / weißer Mann. / Wollte gleich / unten ran. / Da sprach die Alte, / geh weg von meiner Spalte* usw. usf.

653 Auch: BLA BLA *Wer die Arbeit kennt / und nach ihr rennt / und sich nicht drückt, / der ist verrückt.*

654 Journalismus: *Ich recherchiere mir doch nicht meine Geschichte kaputt!*

Lieber in der dunkelsten Kneipe als am hellsten Arbeitsplatz.[655]

Gehe nicht zu deinem Fürst, wenn du nicht gerufen wirst.

Freitag um eins macht jeder seins.

* * *

Exkurs: ***Selbstmotivation***

Arbeite schlauer, nicht härter.[656]

Auch ein Wolkenkratzer hat mal als Keller angefangen.

Wie langsam du auch läufst, du schlägst alle, die zu Hause bleiben.

Ein Ziel ist ein Traum mit Termin.[657]

Aufgeben kannst du bei der Post.[658]

* * *

655 Weitere lustige Blechschilder: BLA BLA *MITARBEITER, / die morgens etwas später kommen, werden gebeten, sich rechts zu halten, / damit sie nicht mit Kollegen zusammenstoßen, die abends früher gehen.* Oder: *Bei uns sind alle Mitarbeiter gleich, nur die Gehälter sind verschieden.* Oder: *Achtung! In 2 Sekunden von 0 auf 180!* Oder: *Kündigung zwecklos. Sklaven müssen verkauft werden.* Ferner: *Wollen Sie mit dem Chef sprechen? Oder mit jemandem, der sich auskennt?* Auch: *Samstag. / Sonntag. / Scheißtag. / Scheißtag. / Scheißtag. / Scheißtag. / Freitagabend. / Samstag. / Sonntag* usw. usf.

656 Denn: *Ich kann, weil ich will, was ich muß.*

657 Auch: *Entscheidend ist nicht, woher man kommt, sondern wohin man geht* bzw. *Die Frontscheibe ist größer als der Rückspiegel.* (Stand 1836: *Wir sehnen uns nach Hause / Und wissen nicht, wohin?* – Joseph von Eichendorff, *Der Pilger*).

658 Auch: *Wer immerzu die Hände ringt, kann die Ärmel nicht aufkrempeln.* Demgegenüber der Rentner: *Jetzt habe ich alle Hände voll zu tun, sie in den Schoß zu legen.*

Zum Überholen muß man die Spur wechseln.

Die Kuh macht muh,
viele Kühe machen Mühe.

Nur tote Fische schwimmen mit dem Strom.

Da weiß man, was man getan hat.[659]

So wird das nix.

Das üben wir aber noch mal.

Ich hab im Traum den Chef gesehn,
da blieb vor Schreck mein Wecker stehn.

BLA BLA Schreinerei Müller
Unsere Lösung – Ihr Problem![660]

Mach nicht mehr kaputt, als du bezahlen kannst.[661]

Das hält, bis wir weg sind.

Ich suche keine Arbeit, ich suche eine Stelle.[662]

Deswegen sind wir hier.

659 Ausführlich: *Und wieder ist ein Tag vollbracht, / und wieder ist nur Scheiß gemacht. / Und morgen mit dem gleichen Fleiße / geht's wieder an die gleiche Scheiße.*

660 Auch: *Herr Müller löst alle Probleme, die er schafft.*

661 Fällt Geschirr zu Boden oder ein Glas um, rufe man *Stimmung!* oder *Zwei Wurf sind noch frei!*

662 Ähnlich: *Die Haare wachsen ja auch während der Arbeit.*

Kommt im März die Sommerzeit,
bleibt's länger hell für Schwarzarbeit.[663]

BLA BLA Gott gab uns die Zeit. Von Eile hat er nichts gesagt.[664]

Geht nicht gibt's nicht.[665]

Die Helden sind müde.

BLA BLA Wir, die Willigen, von den Unwissenden geführt, tun das Unmögliche für die Undankbaren. Wir haben so lange so viel mit so wenig getan, daß wir inzwischen in der Lage sind, mit nichts alles zu tun.

Von innen sieht ein Hamsterrad aus wie eine Karriereleiter.[666]

BLA BLA Wir arbeiten hier nach der Robinson-Methode:
Warten auf Freitag.[667]

Wir haben auf ein neues System umgestellt.
Man nennt es Logik.[668]

Auch so eine Zierde seines Fachs.

663 Spezialfall: *Paint it black, Choral der Malergesellen am Samstagmorgen.*

664 = *Sie haben Uhren. Wir haben Zeit.*

665 Ähnlich: *Erst sehen, was sich machen läßt, dann machen, was sich sehen läßt.* Gegenpol: *Nicht das Erreichte zählt, sondern das Erzählte reicht.* In Berlin soll es einen Fahrradladen geben: *Jeht nich, jibbs nich, hamwa nich* (gefunden bei Martin Hecht, *Deutsche Unsitten*, München ^{2}2009).

666 *Drum prüfe, wer sich ewig schindet, / ob er nicht eine Auszeit findet, / das Wann ist schnurz, Hauptsache lang* (frei nach Friedrich Schiller).

667 Eingebürgert zum Thema Arbeitsplatz: *Love it, change it, or leave it.*

668 Ähnlich: *Amerikanische Wissenschaftler haben ein Gerät entwickelt, mit dem man Kaugummi rückstandsfrei vom Gehweg entfernen kann. Man nennt es Schuh.*

Tun wir mal wieder so.[669]

Gut Ding will Weile haben.[670]

Wenn Arbeit adelt, bleiben wir lieber bürgerlich.

Hast du auch so viel Lust?[671]

Geld und Geldeswert

Was kostet der Spaß?

Da muß 'ne alte Frau lange für stricken.[672]

Zwanzig haben und zwanzig nicht haben macht schon vierzig.[673]

Ist so viel Geld überhaupt im Umlauf?

Ohne Moos nix los.

Fragen kostet nichts.

Über Geld spricht man nicht, Geld hat man.[674]

669 Zuvor: *Mahlzeit allerseits!*

670 Gereimt: *Nimm die Schaufel nicht zu voll, / wenn die Arbeit reichen soll.*

671 Auch: *Ich kann Multitasking, zum Beispiel drehe ich bei meiner Arbeit öfter mal Däumchen.*

672 Variante: ☢ *Da muß 'n kleines Kind lange für nähen* (Harald Schmidt).

673 Der andere hat zu erwidern: *Und verloren und wiedergefunden macht achtzig.* Apropos Flann O'Briens Inserat in der *Irish Times*: *Das Portemonnaie kann der ehrliche Finder gerne behalten, aber an dem Geld hängen persönliche Erinnerungen.* Über ihn: *The drinking man's Joyce.*

674 Variante des Scherzkekses: … *hat man nicht.*

Lieber reich und gesund als arm und krank.

Wer soll das bezahlen,
wer hat das bestellt?

Der letzte Mohikaner.

Kommt mir da auf die Mark nicht an.[675]

Umsonst ist der Tod.[676]

Das kann ich für mein Geld verlangen.

Nicht *umsonst* – vergeblich.[677]

Laß mal stecken.[678]

Das haste dir jetzt verdient.

He, Alter, haste mal 'ne Mark?

Das kann ich ja gar nicht annehmen.

Die nehmen's von den Lebenden.

Gibt's hier was umsonst?[679]

675 Die Fassung *Soll mir da auf die Mark nicht ankommen* wirkt großspurig und hat die Konnotation von *Ihre Majestät warfen huldvoll Kochkäse in die Menge.*

676 Standardergänzung: … *und der kostet's Leben.* In den Feuilletons eingebürgert, chic: *It comes at a price.*

677 Beliebte Reaktion auf *Da bin ich ja ganz umsonst hergefahren* o. ä.

678 Unverzichtbare Erwiderung: *Das nächste Mal bin ich aber dran!*

679 Zum Auslösen dieser Phrase reicht es, daß mehr als zwei Leute zusammenstehen.

Das ist viel Holz.

Ist schon verschmerzt!

Wir nehmen alle nur ein Hemd ohne Taschen mit.

Das tut sich nicht viel.

Trifft ja keinen Armen.[680]

Ist *auch* Geld.[681]

Außer Spesen nix gewesen.[682]

Ich will hier nichts schuldig bleiben.[683]

Woher nehmen und nicht stehlen?[684]

Bin ich Krösus?

Wer den Pfennig nicht ehrt …

Sie haben mich gezwungen. Mit Geld.

Ich arbeite an der zweiten Million. Das mit der ersten hat nicht geklappt.[685]

680 Gegenposition, mit Bitterkeit: *Wir haben's ja!*

681 Verkrampft verständnisvoll bei Entgegennahme unüblich vieler Münzen.

682 Auch: *Spesen, Spesen, / seid's gewesen.*

683 Der Scherzkeks: *What am I guilty?*

684 Gängige Ergänzung: … *und woher stehlen und nicht erwischt werden.*

685 Auch: *Vor einem Jahr wußte ich nicht, wovon ich die nächste Packung Zigaretten bezahlen soll, und heute rauche ich nicht mehr.*

Nichts zu danken – zwanzig Franken.[686]

Haste zuviel Geld?[687]

Wer Musik bestellt, bezahlt die Musik.[688]

Mitte des Monats hast du noch so'n Schein übrig?[689]

Ich hab ein neues Konto aufgemacht. Auf das alte ist nix mehr draufgegangen.

Ach, reines Glück genießt doch nie,
wer zahlen soll und weiß nicht wie.[690]

Faß mal 'nem nackten Mann in die Tasche!

Ich könnte nicht von Sozialhilfe leben. Ich käm mit dem Geld gar nicht aus.[691]

Jetzt hab ich so lange gekämpft, da will ich auch mal plündern.

Bei Geld hört die Freundschaft auf.

686 Aus dem Grenzgebiet zur Schweiz.

687 Zum Auslösen dieser Phase reicht es, daß einem versehentlich Münzen aus der Tasche fallen. Variante aus Wien: *Waun Sie des Göd ned woin, i nimms schon* (Christoph Winder: »Wort nix. Kommentare für Pechvögel«, in: *Der Standard* vom 13. Mai 2008).

688 = allgemeiner: *Wer anschafft, zahlt.*

689 Variante gegen Monatsende: *Das Leben ist am schwersten / drei Tage vor dem Ersten.* Ähnlich: *Wieso ist am Ende vom Geld noch so viel Monat übrig?* = *Knietief im Dispo* = *Oberkante Unterlippe.*

690 = *Habe 'n Brief gekriegt, letzte Mahnung. Wird aber auch Zeit, daß das mal aufhört.* (Sogenannter »Binnenbrief« – *wenn Sie nicht binnen …*)

691 Aus Amerika: *If life gives you lemons, order the lobster tail.*

Sachma 'ne Hausnummer.[692]

Im nächsten Leben werd ich *auch* Elektriker.[693]

Traue keinem, den du mal beschissen hast.

Ist hier der Wohlstand ausgebrochen?

Die Phönizier haben das Geld erfunden, aber warum nur so wenig?[694]

Wenn das keine Stradivari ist, hat man mich um hundertzehn Mark beschissen.[695]

Mit Geld ist es wie mit Klopapier: Wenn man es braucht, braucht man es dringend.

Geld ist viel zu selten, als daß man es dem Finanzamt anvertrauen dürfte.[696]

Mit Bezahlen wird das meiste Geld verplempert.

Das läppert sich.

Kostet ja nicht die Welt.

692 Weitere Beispiele von Nordsprech: *Moinsen! Ich sachma. Iss'n das. Soll'n das. Bessä is das. Wie kommste denn auf das schmale Brett? Da geh ich von aus. Wir gehen da hoch. Ganz miese Rinde.*

693 Oder Arzt, Steuerberater, Klempner, je nachdem, von wem gerade die Rechnung kam. – Resignierende Variante: *Irgendwas hab ich falsch gemacht.*

694 Johann Nestroy zugeschrieben.

695 Apropos von Ambrose Bierce, *The Devil's Dictionary* (New York 1911), *CREMONA: High-priced violin, made in Connecticut.*

696 = ... *habe ich mich nach reiflicher Überlegung entschlossen, aus der Einkommensteuer auszutreten.*

Zum Leben zuwenig, zum Sterben zuviel.

Das ist schon die halbe Miete.

Dann doch so viel.

(D) Alt, aber bezahlt.

Wir werfen doch dem schlechten Geld kein gutes hinterher.[697]

Ich habe ein fünfstelliges Einkommen, sechshundertdreiundachtzig vierzehn.

Ach, wieviel Steuern könnte man sparen, wenn man kein Geld hätte!

Wir haben doch keinen Dukatenscheißer[698] im Keller.

Von den Reichen kann man das Sparen lernen.[699]

Wenn Sie fünfzig Pfennig auf der Straße finden, dann ist das auch ein schöner Stundenlohn.

Spare in der Not,
dann hast du, wenn du tot.[700]

697 = Variante: *Wir haben ja nichts zu verschenken.*

698 = *Goldesel.*

699 = *Reich wird man nicht vom Ausgeben.* = *Reich wirste vom Behalten.*

700 = *Geizhälse sind unangenehme Zeitgenossen, aber angenehme Vorfahren.* Gegenstück: das *Rheinische Testament: Nachdem ich zu Lebzeiten alles ausgegeben, aufgegessen und ausgetrunken habe, wünsche ich meinen Erben weiterhin frohes Schaffen.* Vorläufer das *Aristokratentestament* von François Rabelais: *Je n'ai rien. Je dois beaucoup. Je donne le reste aux pauvres.* Francis R. Lord: ☢ *I bequeath to my wife the sum of one shilling for a tram fare so she can go somewhere and drown herself.*

Mit hunderttausend Schulden hast *du* ein Problem, bei hundert Millionen hat die Bank ein Problem.

Kredit kriegt nur, wer keinen braucht.

Fraß macht satt, und Geld macht sinnlich.

Ich habe mit nichts angefangen. Das meiste davon habe ich noch.[701]

Das Geld wird abgeschafft. Ich kenn Leute, die haben schon keins mehr.

Spendierhosen sind nicht unsere Nationaltracht.

Da zahlst du den Namen mit.

Wirtschaftsleben

Kunde droht mit Auftrag.

Ich bin Unternehmer, kein Unterlasser.[702]

Die haben so viel davon, daß sie verkaufen müssen.

Könnse für das Geld nicht selber machen.

Die Konkurrenz schläft nicht.[703]

701 = *Ich habe mich aus dem Nichts emporgearbeitet zu großer Armut.* = *Karriere vom Tellerwäscher zur Spülhilfe.*

702 Variante: … *und kein Sozialdiakon.* Auch: *Ich bin lieber erfolgreich als beliebt.*

703 = *belebt das Geschäft.*

Erst die Ware, dann das Geld.[704]

Das machen wir Ihnen doch glatt.

Dann bekomme ich von Ihnen hier noch ein Autogramm.[705]

Größer haben Sie's nicht?

Firma dankt.

Von nichts kommt nichts.

Firma Rast & Ruh,
morgens geschlossen, nachmittags zu.[706]

Vormittags kam keiner, dafür wurde es nachmittags etwas ruhiger.

Qualität ist, wenn der Kunde wiederkommt und nicht die Ware.[707]

Beehren Sie uns bald wieder!

☢ Stellt Analphabeten ein und wartet dann auf Post.[708]

Wenn alle pleite sind, ist keiner pleite.

[704] Eingebürgert: BLA BLA *In God we trust, all others pay cash.*

[705] Der Witzbold: *Nur hier unterschreiben, und schon sind Sie glücklicher Besitzer einer Taucherausrüstung. Das Kleingedruckte studieren Sie bei Gelegenheit.*

[706] Weitere Firmen: *Schief & Winklig, Riß & Bröckel, Leck & Morsch, Fahl & Traurig, Kalt & Herzlos* (= *Gierschlund & Raffke*), *Diener & Scharwenzel, Angst & Bange, Klemm & Lange, Nerv & Quengel, Welk & Faltig* usw. usf.

[707] Handwerk: ... *wenn wir wiederkommen dürfen, nicht wenn wir wiederkommen müssen.*

[708] = *Management by jeans – an den entscheidenden Stellen sitzen Nieten.* = *Doppelnull, ohne die Sieben.*

Kleine Geschenke erhalten die Freundschaft.

☢ Noch schlimmer als dumm und faul ist dumm und fleißig.

Der ist auch sein bester Kunde.

Nicht kleckern – klotzen!

Da ist noch Luft nach oben.

Zufriedenheit ist die Differenz zwischen Erwartung und Ergebnis.

Haben wir nicht, kriegen wir auch nicht rein.

Leistung muß sich wieder lohnen.[709]

Läßt sich da nicht was machen?[710]

Geben Sie mir einen Belüg – äh, Beleg?

Wegen Reichtums geschlossen.

Keiner ist unersetzlich.[711]

Hier gibt's kein Klo, hier bescheißt einer den andern.

BLA BLA Gestern standen wir noch am Abgrund, heute sind wir einen großen Schritt weiter.

709 Samuel Goldwyn: *We're overpaying him, but he's worth it.*

710 = Im Gegenzug: *Brauchen Sie eine Rechnung?* (= Zahlungsmodus *BAT – bar auf Tatze.* Die Umstellung des Bundes-Angestelltentarifvertrags auf den TVöD gab einen analogen Scherz nicht mehr her.)

711 Ausführlich: *Die Friedhöfe liegen voll mit unersetzlichen Leuten.* Ebenso: *Die Gefängnisse sitzen voll mit Leuten, die gemeint haben, es kommt nicht raus.*

Die Bank bittet zum problemorientierten Gespräch.[712]

Rudern Sie noch oder steuern Sie schon?

BLA BLA Tomorrow we get organized.

Wenn wir's nicht machen, macht's ein anderer.

Aus dem Nichts zu Reichtum, und alles mit der Faust.[713]

Alles im Schaufenster, nichts im Laden.[714]

Der Schornstein muß rauchen.[715]

Da muß der Kunde durch.[716]

Finanzamt, die Herren der Schröpfung.

Wir sind hier nicht bei Wünsch dir was, wir sind hier bei So isses.

Die machen auch aus Scheiße Bonbons.[717]

Zerstörung – Platz schaffen für Neues.[718]

* * *

712 = *Bitte sprechen Sie uns an. Sicher finden wir eine Lösung.*

713 = *Ich arbeite selbständig – selbst und ständig.* = *Der Tag hat 24 Stunden und dann kommt noch die Nacht.* Aus einem Interview: *Herr Erhardt, was tun Sie in Ihrer Freizeit? - Ich bin beruflich unterwegs* (ders., *Mein Leben*, Oldenburg 2022, S. 100).

714 Andersherum: BLA BLA *Lieber Kunde, tritt herein, / nicht alles kann im Fenster sein.*

715 Apropos: *Confucius say: With great power comes great electricity bill.*

716 Auch: *Der Kunde ist die beste Entwicklungsabteilung.*

717 Von Ferdinand Porsche: *Wir bauen Autos, die keiner braucht, aber jeder haben will.*

718 = *Stoppt den Irrweg Neutronenbombe! Ihre Architektenkammer.*

Exkurs I:
Business-Chic

Von Gewinnmitnahmen ist noch keiner arm geworden.[719]

Nichtkaufleute der Handelsklasse A: Anwälte, Apotheker, Ärzte, Architekten.[720]

Wer einen Sumpf trockenlegen will, darf nicht die Frösche fragen.

Ich fliege immer erster Klasse. Der einzige Weg, meinen Gläubigern zu entgehen.

Nicht die Großen fressen die Kleinen, sondern die Schnellen die Langsamen.

First men hire first men. Second men hire third men.[721]

Optimismus ist Mangel an Information.[722]

Ich mache keine Geschäfte mit Ländern, die Grün in der Landesflagge haben.[723]

Ein mündlicher Vertrag ist das Papier nicht wert, auf dem er geschrieben steht.

Wer am perfektesten plant, wird vom Zufall am härtesten getroffen.

719 = *Meine Heimat ist das Mehr.* = *Dem Baren, Schönen, Guten.*

720 Von den anderen, beispielhaft: BLA BLA *Als Gott die Arbeitsstunden der Wirtsleute mit ihrem Einkommen verglich, da wandte er sich ab und weinte bitterlich.*

721 Auch: *You hire for competence, you fire for personality.*

722 Nach Heiner Müller (siehe Durs Grünbein in dessen Nachwort zu: Heiner Müller: *Ende der Handschrift. Gedichte,* Frankfurt am Main 2000).

723 Ähnlich: *Ich mache keine Geschäfte mit Gegenden, die mal spanisch waren: Lateinamerika, Philippinen, Texas, Kalifornien …*

Geld ist nicht alles. Es gibt auch noch Sachwerte.

Wenn irgendwas nichts kostet, bist *du* das Produkt.

Frühstück in Mailand, Mittagessen in London, Koffer in Tokio.[724]

Es gibt nichts Eiliges, was nicht durch Liegenlassen noch eiliger wird.[725]

Versicherungen zahlen bloß bei Unterwasserbrand.[726]

Stillstand ist Rückschritt.[727]

Wer stehenbleibt, steht im Weg.

Wer nicht mit der Zeit geht, geht mit der Zeit.

Ich traue nur Bilanzen, die ich selbst gefälscht habe.[728]

Wer giert, verliert.

724 Apropos das Akronym ALITALIA: *Airplane lands in Turin and luggage in Ancona.*

725 Auch: *What a business that's losing money needs most is more money to lose.*

726 Wenn es doch einmal gelingt: *Die Ware haben sie an die Versicherung verkauft.*

727 Pathetischer: *The best is yet to come,* so Barack Obama im *Victory Speech,* 7. November 2012 (zurückhaltend bei P. Ovidius Naso: *meliora latent*). Aus dem Gesangbuch der U.S.-Gegenreformation zur Klampfe, von John Rich, Texas 2022: *Stick your progress where the sun don't shine,* nämlich in den Arsch. Bei uns mittlerweile, unter dem Gebot der Resilienz: *Krise als Chance. Verlust als Gewinn. Der andere Fortschritt,* vgl. bei Maja Göpel, Harald Welzer u.a.; Stichworte: *Verlustwut, Verlustangst, Verlustverbitterung* (kompiliert von Andreas Reckwitz, SPIEGEL 38/2022, S. 78 ff.).

728 Amerikanische Variante: *There are two sides of a balance sheet – the left side and the right side. On the left side nothing is right, and on the right side nothing is left.* Ähnlich die Rede von *mohammedanischen Abrechnungen – sehr verschleiert.*

Lieber Verlust als gar kein Geschäft.[729]

Urlaub ist was für Angestellte.

Mögen sie mich hassen, wenn sie mich nur fürchten.[730]

Wer den ganzen Tag arbeitet, hat keine Zeit, Geld zu verdienen.

Harte Arbeit schlägt Talent, wenn Talent nicht hart arbeitet.[731]

Kunden wollen keine Produkte, sondern Lösungen.[732]

Wer nach Lösungen sucht, hat ein Problem.[733]

Vor dem Verdienen kommt das Dienen.

Ich liebe den Geruch von Angstschweiß im Büro.

Ich will von Ihnen nicht wissen, was *nicht* geht, ich will wissen, was *geht.*[734]

729 Herbert Hisel in seinem Sketch als Gebrauchtwagenhändler: *Am Finanzamt hams mich sowieso gfrachd, von was ich leb, wenn ich dauernd draufzahl. Hab ich gsachd: Vom Sonndach, da is mei Geschäft geschlossn.*

730 = *Oderint dum metuant*; aus Büchern mit Titeln wie *Nero für Manager*. Gern parodiert, z. B. *schimpferint dum zahleant* usw. usf. Aus Büchern mit Titeln wie *Horaz für Entscheider* sind Sprüche wie *Glücklich, wer fern von Geschäften = Beatus ille, qui procul negotiis* usw. usf.

731 Auch: *Wer aufhört, besser zu werden, hat aufgehört, gut zu sein.*

732 Alte Verkäuferweisheit, zitiert von Barbara Weißenberger in der FAZ.

733 Und: *Wenn das die Lösung ist, will ich mein Problem zurück.*

734 = *Management by anblaffing and outspioneering.* Grundsatz: *Wie entsteht ein Diamant? Druck, Druck, Druck! Und ein Brillant? Schleifen, schleifen, schleifen!* Denn: *Nice guys finish last* bzw. *The nice guys are in the mailroom* (eingebürgert).

Wer will, findet Wege. Wer nicht will, findet Gründe.[735]

Widerspruch im Team[736] ist mir das Allerwichtigste.[737]

Wollen Sie nicht oder *können* Sie nicht?[738]

Hin und her,
Taschen leer.[739]

Kaufen, wenn die Kanonen donnern.

Optimisten kaufen Gold, Pessimisten kaufen Konserven.

Who has a lot of money can speculate. He who has little money should not speculate. Who does not have money has to speculate.[740]

Bei Ebbe sieht man, wer nackt schwimmt.[741]

Greife nie in ein fallendes Messer.

Rules are for fools.[742]

735 Aus der Todesanzeige für Götz Werner, Gründer von dm, Februar 2022.

736 Apro- bzw. Backronym, bedeutend *Toll! – ein anderer macht's.*

737 Denn: *Ich habe mich nicht ins Amt gedrängt.*

738 Auch: *Ich wiederhole mich nur ungern.* Parodie der Unterworfenen: *Wie ich schon sagte: Ich wiederhole mich nie.*

739 Sowie: *Lege nie alle Eier in einen Korb.*

740 André Kostolany. Von ihm auch: *Die Deutschen sind der Tücke des Geldes nicht gewachsen.*

741 Und: *Wenn Ebbe ist, macht's keinen Sinn, Wasser ins Meer zu pumpen* (Franz Müntefering).

742 Denn: ☢ *Die Demokratie endet am Werkstor.*

Don't call us, we'll call you.

The business of business is business.[743]

Companies make shoes, not money.[744]

Don't stay in bed unless you can make money in bed.

According to the Law of the West, a Colt .45 beats four aces.

Nothing is certain but death and taxes.[745]

Fake it till you make it.

Get rich or die tryin'.[746]

743 Wahrscheinlich Milton Friedman, 1962. Es folgte aus der Rubrik *Der nächste heiße Scheiß* vielerlei, das den reinen Gedanken mehr und mehr verwässerte: *Lean production* bzw. *Just-in-time* (hierzu Klaus Franz, Betriebsrat bei Opel: *Ein Großteil des Lagers befindet sich auf der Autobahn*). - *Jidoka* (auf Deutsch: *Flexibel ist der Mensch, nicht das Zeug*). - *Out of the box* (da setzte man auf Querdenker). - *Design Thinking* (ausgehend von *Frame the question* bis zum Endzweck *Share the story*, dazwischen *Brainstorming, Interviews, Wireframes* und Rollenspiele). – *Green Deal*. – *Big Data*. – *Framing*. *Wording*. – *Nudging* (etwa die gemalte Fliege im Urinal). - *Stakeholder Value*. – *Purpose* (das Buch dazu: *Selling with Noble Purpose*; Lisa Earl McLeod, 2013). – *ECG, Economy for the Common Good* (zum Beispiel: *A corporate balance sheet with a little added love*, Financial Times, 19. November 2014). – *Energy Security*. – *Decoupling*. *Reshoring* (wegen der labilen Lieferketten). Die Reihe wird fortgesetzt.

744 Peter F. Drucker. Von ihm auch: *There are only two things in a business that make money – innovation and marketing, everything else is cost.*

745 Endend mit dem Epitaph *R.I.P // REST IN POVERTY.*

746 Ebenso eingebürgert: *There ain't no such thing as a free lunch* (= *Die Schulden von heute sind die Steuern von morgen*) bzw. *If you cant't stand the heat, get out of the kitchen* bzw. *You eat what you kill* bzw. *Be lunch or have lunch* bzw. *Fake it till you make it* usw. usf.; auch: *Stressed spelled backwards is desserts*. Donald Trump: *Win–win is for pussies.*

My mother sells rubbers to sailors,
My dad pokes the head with a pin,
My sister performs the abortion,
My God how the money rolls in.[747]

* * *

Exkurs II:
Maximen und Reflexionen

Bankwesen: Das zweitälteste Gewerbe der Welt, und viel lukrativer als das älteste Gewerbe.

Globalisierung: Man läßt Produkte von Sklaven herstellen und verkauft sie an Arbeitslose.

Aktionäre sind dumm und frech. Dumm, weil sie ihr Geld anderen Leuten anvertrauen,[748] und frech, weil sie für diese Dummheit auch noch Dividende haben wollen.

Banken verleihen Regenschirme bei Sonnenschein, um sie bei den ersten Wolken wieder einzusammeln.

Wer nicht auf Menschen schießen kann, muß es mit der Selbständigkeit bleiben lassen.

747 P.J. O'Rouke, *Republican Party Reptile,* New York 1987, S. 69; aus der Rubrik *Norman Rentrop – die Geschäftsidee.* Zu singen nach der Melodie von *My bonnie is over the ocean.*

748 Eingebürgert: *A fool and his money are soon parted,* im Ursprungsland (a) parodiert: *A fool and his money are soon elected* und (b) kritisch hinterfragt: *How did the fool and his money get together in the first place?* Moderne Variante aus der Rubrik »Goldman Sachs Elevator Gossip«: *The lottery is just a way of taxing poor people who don't know math.*

Begegnen sich ein Mensch mit Erfahrung und ein Mensch mit Geld, hat wenig später der mit der Erfahrung das Geld und der mit dem Geld die Erfahrung.[749]

Manche Dinge sind Konsequenz menschlichen Handelns, nicht aber menschlichen Entwurfs.[750]

Wenn die Börse steigt, gibt es mehr Idioten als Aktien. Wenn die Börse fällt, gibt es mehr Aktien als Idioten.[751]

Erkläre nie etwas. Deine Freunde brauchen es nicht und deine Feinde werden dir nicht glauben.

Probleme gibt es nicht. Es gibt nur Lösungen, die Geld kosten, oder Lösungen, die kein Geld kosten.

Es gibt nur zwei Regeln zum Erfolg. Erstens: Erzähle nie alles, was du weißt.[752]

Ich kaufe für zwei Mark und verkaufe für vier, und von den zwei Prozent kann ich leben.[753]

749 Auch: *Die Leute kaufen Sachen, die sie nicht brauchen, von Vertretern, die sie nicht kennen, durch Verträge, die sie nicht lesen, mit Geld, das sie nicht haben.* Gelegentlicher Annex: *… um Leuten zu imponieren, die sie nicht leiden können.*

750 Friedrich August von Hayek; im Zuge der Finanzkrisen wieder ausgekramt. Apropos: *The stock market has forecast nine of the last five recessions* (Paul Samuelson).

751 Denn: *An der Börse ist zwei mal zwei niemals vier, sondern fünf minus eins.*

752 Von Warren Buffett, eingebürgert: *Rule No. 1: Never lose money. Rule No. 2: Never forget rule No. 1.*

753 Oder: *Wer im Einkauf nicht viel bezahlt, kann im Verkauf nicht viel verlieren.* Variante: *Verluste macht nur, wer bei niedrigen Preisen verkauft* bzw. eingebürgert: *Buy low. Sell high.* Ausführlich: *To make money, buy some good stock, hold it until it goes up and then sell it. If it doesn't go up, don't buy it.*

Kaufe keinen van Gogh von einem Mann in einem Lieferwagen, während der Motor noch läuft.

Mir ist ein guter Lieferant lieber als ein schlechter Kunde.[754]

Wir sperren morgens auf, und dann treten wir schnell beiseite, damit wir nicht totgetrampelt werden.[755]

Glauben Sie immer nur an sich selbst. Sie sind der einzige.

* * *

Recht, Staat, Politik

Geld regiert die Welt.

Politik verdirbt den Charakter.[756]

Vor Gericht und auf hoher See ist der Mensch in Gottes Hand.[757]

Von der Wiege bis zur Bahre
Formulare, Formulare.

[754] Robert Bosch. Von ihm auch: *Ich zahle nicht gute Löhne, weil ich viel Geld habe, sondern ich habe viel Geld, weil ich gute Löhne zahle.*

[755] Sonderfall: *Gibt keine flüchtigere Ware als Hotelzimmer*. Apropos: *Wenn ein Hotel zweimal Pleite gemacht hat, kann es sich lohnen.*

[756] Unnachahmlich aus Amerika: *They came to do good and stayed to do well.*

[757] Auch: *Wird nirgends so viel gelogen wie vor Gericht, nach dem Krieg und auf Beerdigungen* (angebliches Bismarck-Zitat; in Wahrheit aber wohl von dem liberalen Reichstagsabgeordneten Louis Constanz Berger, circa 1879). Apropos Beerdigungen: Man erinnere sich der *Kranzabwurfstelle* und der beliebten Kranzschleifen-Anekdote: *Wir vermissen Dich! Wenn noch Platz: Auf Wiedersehen!*

Man findet in dieser Gesellschaft als Opfer kein Gehör.[758]

Ich bin Zeuge.[759] Was war hier los?

Der gute Anwalt kennt das Recht, der bessere den Richter.

Leiche ohne Kopf gefunden. Polizei schließt ein Verbrechen nicht aus.

Wo kein Kläger, da kein Richter.[760]

Gegner. Feind. Parteifreund.[761]

U-Haft schafft Rechtskraft.[762]

Lieber 25 Prozent von X als nix.[763]

Schmieren und salben / hilft allenthalben.

758 Hierzu gern zitiert: ☢ *Montag: Runder Tisch. / Dienstag: Noch runderer Tisch. / Mittwoch: Menstruieren gegen rechts. / Donnerstag: Angstfrei töpfern. / Freitag: Zivilcourage-Rollenspiel (Wollsocken mitbringen!).* Sehr chic-betroffen: *Das Opfer hat immer lebenslänglich.*

759 Spezialfall: *Und ist das Kind auch noch so klein, / so kann es doch schon Zeuge sein.*

760 Auch: *Keine Spur, kein Indiz, / keine Angst vor der Justiz.*

761 Variante: *Berufskollege.* Schwärzere Fassung: *Feind. Todfeind. Parteifreund.* Endstufe: *Loyal ist der Name des Hundefutters bei Aldi.*

762 = *Erst hat er gesessen, dann hat er gestanden, dann konnte er wieder gehen.* Aber: *Wer früh singt, sitzt lang.* Aus dem Anwaltsmilieu ebenso zynisch und menschenverachtend: *Der beste Mandant ist ein Reicher, der Angst hat.* Soziologenschnack: *Das Gefängnis ist die Schule des Verbrechens, und die Hauptverhandlung ist die Aufnahmeprüfung.* (Standardwitz: *Gehen zwei Sozialpädagogen die Straße lang, sehen ein Raubopfer blutend in der Gosse liegen. Sagt der eine zum andern: Der, der das getan hat, braucht dringend unsere Hilfe.*) Juristenschnack: *Strafmildernd wurde berücksichtigt, daß dem Angeklagten die Tat nicht nachgewiesen werden konnte.*

763 Peer »Fahrradkette« = »Stinkefinger« Steinbrück.

Wir kennen uns, wir helfen uns.[764]

Wenn draußen hell die Sonne lacht,
dann hat's die CDU gemacht.
Wenn Regen fällt und kalter Schnee,
dann war's die böse SPD.

Das beste Altersheim ist die Familie.[765]

Wir müssen den Kindern mehr Deutsch lernen.[766]

Das Problem der Tretminen läßt sich nur Schritt für Schritt lösen.[767]

Es ist sehr schwierig, jedesmal eine neue Rede zu erfinden.[768]

Opposition ist das Salz in der Suppe der Demokratie.[769]

Opposition ist Mist.[770]

Das schönste Amt neben Papst.[771]

Wer bei mir Führung bestellt, bekommt sie auch.

764 = *Eine Hand wäscht die andere zum Nachteil einer dritten Hand.* = *Fründe stonn zesamme* (Köln).

765 Heinrich Lübke.

766 Edmund Stoiber.

767 Helmut Kohl. Von ihm auch: *Die Schwierigkeit ist das Problem.*

768 Heinrich Lübke.

769 Walter Scheel.

770 Franz Müntefering.

771 Ders. über den SPD-Vorsitz.

Wer Anstöße geben will, muß Anstoß erregen.[772]

Reden ist grün, handeln ist rot.[773]

* * *

Exkurs I: ***Mutti***

Sie kennen mich.

Das Internet ist für uns alle Neuland.[774]

Dann ist das nicht mein Land.

Ein Flüchtling ist keine Krise, ein Flüchtling ist ein Mensch.[775]

Wir schaffen das!

* * *

Einer Partei gehört man nicht an, einer Partei steht man nahe.[776]

Wo nichts ist, hat der Kaiser sein Recht verloren.

772 Johannes Rau. 2002 sagte er: *Wir sind von Freunden umzingelt.*

773 Ebenfalls Johannes Rau. Von ihm auch: *Lieber ein Haus im Grünen als einen Grünen im Haus.*

774 Auf einer Pressekonferenz im Juni 2013. Und: *Ausspähen unter Freunden, das geht gar nicht.* Noch viel ungehaltener wurde sie einst im Bundestag gegen Gerhard Schröder und Joschka Fischer: *Was die Leute besonders gut leiden können, ist Ihr dauerndes Lachen und Grinsen auf der Regierungsbank!*

775 Man hat das interpretiert als ironisch, denn Banken und Euro sind ja auch keine Krisen.

776 Apropos: *Dann laß dich doch das nächste Mal von deinem Gewissen aufstellen* (Herbert Wehner zu einem renitenten, abweichenden SPD-Abgeordneten).

Gegen Anarchie ist gar nichts einzuwenden, solange nur ein starker Anarch an der Spitze steht.

☢ Man kann ja von Dschingis Khan sagen, was man will, aber damals in der Mongolei konnte eine alte Frau nachts noch sicher über die Straße gehen.

Wir brauchen keine Opposition, wir sind schon Demokraten.[777]

In Deutschland nennt man es Kampfabstimmung, wenn mehr als ein Kandidat antritt.[778]

Den Verfassungsschutz erreichen Sie unter *jeder* Nummer.[779]

Das Parlament ist mal voller, mal leerer, aber immer voller Lehrer.

Die beste Aufteilung der Bundesländer wäre Aldi Süd und Aldi Nord.

Die Insassen übernehmen die Leitung der Anstalt.[780]

Solange es Steuerwüsten gibt, wird es immer Steueroasen geben.[781]

Ein Kamel ist ein Pferd, das von einer Kommission entwickelt wurde.

777 Apropos: *Democracy is the art and science of running the circus from the monkey cage* (Henry Louis Mencken).

778 Nach Johannes Gross.

779 Aus Zeiten, da von der NSA noch keiner je gehört hatte. Neuerdings: *Früher stand der Russe vor der Tür, heute sitzt der Ami im PC.*

780 ☢ (armutsdiskriminierend): *Der Sozialstaat ist am beliebtesten bei den Asozialen* (Michael Klonovsky: *Aphorismen und Ähnliches,* Wien/Leipzig 2014).

781 Erbprinz Alois von Liechtenstein.

Es gibt zwei Möglichkeiten, eine Stadt zu zerstören: eine Atombombe draufzuschmeißen[782] oder die Mieten einzufrieren.

In diesem Lande kommt das Pizza-Taxi schneller als die Polizei.

Unblutige Revolution – alle garottiert.[783]

Politik ist der Spielraum, den die Wirtschaft ihr läßt.[784]

Bei uns ist der Steuerspartrieb stärker als der Fortpflanzungstrieb.[785]

Wer die Gesetze liebt und gerne Würstchen ißt, sollte nicht zusehen, wie sie gemacht werden.

Gib ihnen ein Recht, und sie nehmen es wahr.

Mauern, bis der Beton ausgeht.

Mir san die Mehrern,
mir san die Schwerern.

Konservativ sein heißt, das Feuer weiterzugeben, nicht die Asche anzubeten.

[782] Es gibt dann, wie nach Tschernobyl, wieder *Brot mit 100 Becquerel und Wurst mit 100 Metzgerel.*

[783] Apropos Todesstrafe eine Erwägung von Senator James H. Donovan, New York: *Where would Christianity be if Jesus got eight to fifteen years, with time off for good behaviour?*

[784] Dieter Hildebrandt. Von Frank Zappa: *Politics is the entertainment branch of industry.*

[785] Ähnlich: *Bei uns fragen die Leute nicht, was etwas wert ist, sondern was man damit sparen kann.*

Verfassungspatriotismus – wie wenn ein Fußballfan für die Regeln schwärmt statt für seinen Verein.[786]

Wer etwas über seine Vorfahren wissen will, muß sich nur auf ein politisches Amt bewerben.

Wer aus der Vergangenheit nichts lernt, ist dazu verdammt, sie zu wiederholen.[787]

Ich zahle mit meinen Steuern denen ihr Gehalt.[788]

Wer Visionen hat, sollte zum Arzt gehen.[789]

Es muß sich alles ändern, damit alles so bleiben kann, wie es ist.

Wahlen ändern nichts, sonst wären sie in Deutschland verboten.[790]

Jeder Mensch ist Ausländer.[791] Fast überall.[792]

[786] Nach Dietmar Wischmeyer.

[787] Sonderfall: *Rußlands Geschichte ist unberechenbar* bzw. *Rußland hat zwei Verbündete: die Armee und die Marine.* Gern auch: *Der Westen liegt zwischen San Francisco und Wladiwostok.* Wladimir Putin gelegentlich, scherzhaft: *Rußlands Grenzen enden nirgendwo* (2016). Senator John McCain hatte Rußland zuvor in einer Talkshow wie folgt beschrieben: *A gas station run by a mafia that masquerades as a country.*

[788] Und: *Da saufense doch alle.*

[789] Helmut Schmidt. Später entschuldigt mit *Es war eine pampige Antwort auf eine dußlige Frage* (so Schmidt im *Zeit-Magazin* vom 4. März 2010).

[790] Ähnlich: *Steve Jobs hätte bei uns erst mal Probleme gekriegt wegen Umnutzung der Garage.* Später hieß es über die Konkurrenz: *Wenn Microsoft in Beleuchtung machen würde, wäre Dunkelheit Industriestandard.*

[791] = ☢ (scherzhaft) *Person mit Migrationsvordergrund.* Anders die Landsleute *mit ausgeprägtem Seßhaftigkeitshintergrund.*

[792] Spezialfall: *Die Reichen kennen kein Vaterland.*

Nach der Wahl ist vor der Wahl.

Bürger, laßt das Gaffen sein,
kommt herunter, reiht euch ein!
Laßt den Kuchen, laßt die Sahne,
kommt und folgt der roten Fahne![793]

Vox populi, vox Rindvieh.[794]

Gemeinschaft kommt von gemein.

RIP (DDR) Der VEB tut so, als würde er uns bezahlen, und wir tun so, als würden wir arbeiten.[795]

RIP Das günstigste Verhältnis zum Monarchen ist das einer leichten Ungnade.[796]

It's the economy, stupid.[797]

793 Demgegenüber ernst gemeint: *Die Klasse gibt uns Kraft und Mut, / und Richtung die Partei, / mit Walter Ulbricht kämpft sich's gut, / voran, die Straße frei* (1961).

794 Kommentar des Generals Friedrich von Wrangel zu 1848, sodann Franz Josef Strauß zugeschrieben (mitunter auch Ludwig Thoma). Auch: *Die Lufthoheit über den Stammtischen. = Warum nur sind alle, die genau wissen, wie das Land regiert werden muß, den ganzen Tag befaßt mit Haareschneiden und Taxifahren?*

795 Apropos: *Man sagt nicht »ehemalige DDR«, man sagt ja auch nicht »ehemaliges Mittelalter«.*

796 Alfred von Tirpitz: *Erinnerungen*, Leipzig 1919.

797 James Carville, Wahlkampfstratege Bill Clintons, aus der Präsidentschaftskampagne 1992. Einschlägiger Kalauer: *Why does Ireland have the fastest growing economy in the world? Because its capital is Dublin all the time.*

Pale, male, Yale.[798]

We agree to disagree.

Jedes Volk hat die Regierung, die es verdient.[799]

Ein ehrliches Parteiprogramm ist die beste Voraussetzung, daß man es niemals umsetzen muß.[800]

Deutsche Neonazis. Englische Hooligans. Französische Bauern.

So stur
daß man verzagen mecht
is nur
die Sarah Wagenknecht.[801]

Muß eigentlich immer erst etwas passieren?

Hochverrat ist eine Frage des Datums.[802]

Die beste Staatsform ist die Aktiengesellschaft.[803]

798 In Amerika über das Personal des State Department. Ähnlich aus dortiger Typenlehre: *WASP – White, anglo-saxon, protestant. WEIRD – Western, educated, industrialized, rich, democratic.*

799 Auch: *Die größten Grausamkeiten werden da begangen, wo man sie sich nicht vorstellen konnte.*

800 Ähnlich: *Wer unpopuläre Maßnahmen scheut, hat später unpopuläre Zustände* (Manfred Rommel).

801 Harry Rowohlt hat das gehört von Georg Kreisler, siehe Brief an Gerd Haffmanns vom 14. April 2004.

802 Und *Verjährung ist die Umwandlung von Gerste und Malz zu Kölsch.*

803 Und *Pressefreiheit ist die Freiheit von zweihundert reichen Leuten, ihre Meinung zu verbreiten.* Zu Fällen wie Ronald Schill und Christian Wulff, schadenfroh: *Wer mit der BILD im Aufzug nach oben fährt, fährt mit ihr auch wieder nach unten.*

Ein ehrlicher Politiker[804] ist einer, der, einmal gekauft, auch gekauft bleibt.

Wir wollten Gerechtigkeit und haben den Rechtsstaat bekommen.

Wer Menschheit sagt, will betrügen.[805]

* * *

Exkurs II: ***Berufsbeamtentum***

Da könnte ja jeder kommen.

Dafür sind wir nicht zuständig.

Das haben wir schon immer so gemacht.[806]

Das haben wir noch nie so gemacht.

Wo kämen wir denn da hin.

Lesen, lachen, lochen.[807]

804 Neuzeitlicher Werdegang: *Kreißsaal. Hörsaal. Plenarsaal.* bzw. *Penne. Partei. Parlament.*

805 Carl Schmitt: *Der Begriff des Politischen,* München 1931, S. 55. Von ebensolcher Weisheit: *Das Geheimnis der Erlösung ist Erinnerung* (Richard von Weizsäcker am 8. Mai 1985). Lang zuvor Theodor Heuss: *Vergessen ist Gefahr und Gnade zugleich.* Kurz zuvor, ohne Gefahr, Helmut Kohls Rede von der *Gnade der späten Geburt.*

806 Beispiel: *Wer dir gab das Aktenstück, / kriegt es auch von dir zurück.*

807 = *Die drei L.*

Beschwerden sind form-, frist- und fruchtlos.[808]

Beamte werden nicht versetzt, sondern umgebettet.

Der Rock des Staates ist eng, aber warm.[809]

Träger der Nation. Einer träger als der andere.

Komm Zeit, kommt Rat, kommt Oberrat.

Laß doch die Beamten in Ruhe, die tun doch gar nichts!

Treffen sich zwei Beamte auf dem Gang, sagt der eine zum andern: Kannst du auch nicht schlafen?

Wer nicht an die Auferstehung von den Toten glaubt, braucht sich bloß bei Dienstschluß vor das Finanzamt zu stellen.

Bei Beamten spricht man von Dienstzeit, nicht von Arbeitszeit.

Wer Butter will, schicke Milch auf den Dienstweg.

So kann man auch mit kleinen Sachen
Beamtenkindern Freude machen.

* * *

[808] = *Die drei F.*

[809] Nach Friedrich dem Großen. (Sie selbst sprechen gern scherzhaft vom *Gelübde gesicherter Armut.*) Ursprüngliche Fassung: *Der Rock des Beamten …* Hier zitiert nach Hartmut Möllring, niedersächsischer Finanzminister, in der *FAZ* zu Beamtengehältern.

Gesundheit, Arzt, Krankenhaus

Operation gelungen, Patient tot.[810]

Ach, Herr Doktor, wenn ich sitze, dann geht es wieder.

Was ein Bechterew werden will, krümmt sich beizeiten.[811]

Ich mach dich Krankenhaus,
dann siehst du scheiße aus.[812]

Die schönste Krankheit taugt nix.

Trotz Behandlung genesen.[813]

Es gibt mehr alte Säufer als alte Ärzte.

Was von allein kommt, geht von allein.[814]

Schnupfen dauert behandelt zwei Wochen und unbehandelt vierzehn Tage.[815]

Ein Arzt ist ein Mensch mit Blinddarm, Mandeln und Gallenblase.

810 = *A hospital is no place to be sick* (Samuel Goldwyn).

811 Von Karl Valentin: *Und jetzt bin ich ein alter Haken, der sich unmöglich noch grad biegen läßt.*

812 Von der Band Jazzkantine, aus dem Stand volkstümlich geworden.

813 Allgemeiner: *Gott läßt genesen, / der Arzt kriegt die Spesen.* Apropos: *Homöopathie ist Medizin für Gesunde.* = *… der teuerste Zucker der Welt.*

814 Nachkriegszeit: *Mein Vater sagt immer, Lachen ist die beste Medizin. Darum sind auch zwei meiner Geschwister an Diphtherie gestorben.*

815 Und: *Bei Depressionen hilft gut ein Schaumbad mit Fön.*

Die Leute sterben immer gesünder.[816]

In Amerika schon erste Todesfälle.

Ich leide an hohlen Eiern, mit dem Röhrchen ausgesaugt.

Ich habe Alzheimer-Bulimie: Fresse wie bekloppt und vergesse dann zu kotzen.

Zu Risiken und Nebenwirkungen fragen Sie den Arzt Ihres Apothekers.

Alles läuft scheiße, das einzig Positive ist der Aids-Test.

Wer ficken will und saufen,
der fährt nach Oberstaufen.
Die Dicken und die Doofen,
die sind in Wörishofen.[817]

Autotränes Gähning.

Du hast auch schon mal schöner gehustet.

In meinem Alter brauche ich alle Konservierungsstoffe, die ich kriegen kann.

Raucher sterben nicht an Krebs. Sie erfrieren vor der Kneipe.

Die Leber wächst mit ihren Aufgaben.[818]

816 = *Wir sind so gesund, daß wir so alt werden, daß wir wieder krank werden.*

817 Vom dortigen Pfarrer Kneipp: *Saufa wölla se alle, abr schtärba will koinr.*

818 Apropos Eckart von Hirschhausen erinnere man sich seiner Sentenz aus den Anfangszeiten von Corona: *Menschen, die glauben, daß die Impfung ihr Erbgut verändert, sollten das als Chance begreifen.*

Hilft nur dem Apotheker. = Nutzt nix, schadet aber auch nix.

Das medizinische Examen ist die Lizenz, das Handwerk des Arztes zu erlernen.

Das Einkommen der Ärzte droht sich dem der anderen Akademiker anzunähern.

Wer lange leben[819] will, sollte sich seine Eltern sehr sorgfältig aussuchen.

An apple a day
keeps the doctor away.[820]

Ärzte – Geld her und Leben.

Gesund heißt nicht gründlich genug untersucht.

Sonnenstudios: Das größte medizinische Massenexperiment aller Zeiten.[821]

Sport ersetzt Krankheiten durch Unfälle.

So fängt's an.[822]

Du hast die Gicht,
ich hab sie nicht.

819 Anhaltspunkt: *Wenn Sie über fünfzig sind und Sie wachen morgens auf und es tut Ihnen nichts weh, dann sind Sie tot.*

820 Eingebürgert. Im Ursprungsland variiert: *An apple a day will keep anyone away if you throw it hard enough.*

821 Das zweitgrößte sind die Zuckeraustauschstoffe.

822 Zum Auslösen dieser Phrase reichen leiseste Anflüge von Schusseligkeit oder Verwechslungen.

Wenn's Ärschle brummt,
isch's Herzle gsund.[823]

Wenn du auch noch so gut chirurgst,
es kommt der Fall, den du vermurkst.[824]

Und ist der Mensch auch noch so dumm,
so schafft er doch das Physikum.

Gelebt, geliebt, geraucht, gesoffen,
und alles dann vom Doktor hoffen.[825]

Nur ein verklemmter Furz.

☢ Stillen ist besser, das entgiftet die Mütter.

Früher waren die Leute vergeßlich, heute haben sie Alzheimer, und schon wieder muß man sich einen Namen merken.[826]

Klar bewege ich mich viel. Ich bewege mich auf die Fünfzig zu und drehe meine Zigaretten selbst.[827]

Schlaf kann man nicht nachholen.

823 Ähnlich: *Hab Sonne im Herzen / und Zwiebeln im Bauch, / dann kannst du gut furzen / und Luft hast du auch.*

824 = RIP *Was der Arzt verpfuscht, das deckt der grüne Rasen.*

825 Unterfall, geschüttelreimt: *Auf Pillen nicht und Salbe hoff', / wer täglich fünfzehn Halbe soff.*

826 = *Wie hieß der Alzheimer noch mal mit Vornamen?*

827 In diesem Zusammenhang auch das *einarmige Reißen in der Halbliterklasse.*

INTERESSEN

Kunst, Kultur, Medien

Was macht die Kunst?

Kunst kommt von Können.[828]

Das hätte ich so gerade eben auch noch gekonnt.[829]

So schlecht, daß es schon wieder gut ist.[830]

Künstlerische Ader, wie?[831]

Brr… igitte.[832]

Der Trend geht zum Zweitbuch.[833]

Wo bleibt das Positive?

Ein Schuß, ein Schrei,
wer war's? – Karl May.

Bekannt aus Film, Funk und Fernsehen.[834]

[828] Und Qualität von Quälen.

[829] Gängige Replik: *Und warum hastes dann nicht gemacht?*

[830] In Anspielung auf Joseph Beuys: *Ist das Kunst oder kann das weg?*

[831] Zum Auslösen dieser Phrase reicht es, ein Strichmännchen zu Papier zu bringen.

[832] = *Fleischlos schwanger mit Pilates* (Harald Schmidt: *Fleischlos schwanger mit Pilates. Erfolgreiche Frauen sagen, wie es geht. Die Focus-Kolumnen,* Köln 2011).

[833] Ähnlich die Replik *Buch hat er schon* auf den Vorschlag *Schenken wir ihm doch ein Buch.*

[834] Auch: *Stand sogar in der Zeitung!*

ARD – Alle reden durcheinander.[835]

Demnächst in diesem Theater.[836]

RIP Die Dame hat aus dem Hals gesungen.[837]

RIP Wennse Husten haben, da gehnse nicht zum Dokter, da gehnse ins Theater.[838]

Das ist kein Schauspieler, das ist ein Mietgesicht.[839]

Ruhe auf den billigen Plätzen![840]

Musik kennt keine Grenzen.

835 DDR: *Außer Raum Dresden.* Etwas zu bemüht: *ZDF – Zentrum der Finsternis.*

836 Dort zu erleben: *Die einen haben geklatscht und die anderen haben gebuht, und die geklatscht haben, haben wegen dem Buhen geklatscht.*

837 Hierzu auch der *Unterschied zwischen Glenn Gould und Maria Callas: Bei Glenn Gould stört das Mitsingen nicht so sehr.*

838 = *Hustenhäuser* (Alfred Brendel: *Ich huste nicht, / und wenn das Herz auch bricht,* nach Robert Schumann, op. 48 Nr. 7). Solche Mitbürger sprechen auch von *Willi Schäksbier, Selma Lagerbier, Albert Rheinwein, Adam Riesling, Calvadostojewski, Enziansberger, Flachmaninow* oder sagen *Heinrich von Kleister, Maria Stuttgart* bzw. *Minna vom Bahnhof = von Stahlhelm, Klau de Moneten* usw. usf.; später dann *Elvis Preßkopf, Siemens & Furunkel, Frank Zapfhahn, Erich Klappstuhl, Rex Dildo, Pierre Kalbsbries, Deep Nose Popel;* nunmehr *Orkan Pumuckl* oder *Au Weiwei* usw. usf.

839 Reaktion in einem solchen Fall, RIP (Patent Heinz Erhardt): *Dann kam der Herr Direktor auf die Bühne und gab mir die Hand! Mitten ins Gesicht!* Oder: *Die Leute haben Blumen auf die Bühne geworfen! Da waren sogar noch Töpfe dran!* Oder: *Die Leute haben geweint! Um ihr Eintrittsgeld!* Ganz ähnlich Joan Rivers aus ihrer Anfangszeit: *All I could give my agent was ten of the tomatoes they threw at me on stage.*

840 Hierbei *billige Plätze = im Karton.*

Singe, wem Gesang gegeben.[841]

Mutantenstadl[842], Napalm Duo[843], ☢ Katzelruther Spasten.[844]

Man spielt mit zwei Händen Klavier, da geht es schneller.

Sie hören nun die h-Meß-Molle von Johann Sebaldrian Bach.[845]

Dem Heldentenor
leiht euer Ohr![846]

RIP Knacks solo und Rauscho continuo.

Jazz ist nicht tot,[847] er riecht nur komisch.[848]

841 Gegenstück die Wandmalerei in der Braustube von Andechs: *Singe im Gesangsverein, / in diesem Raum muß Ruhe sein.*

842 *Mit Carolin Reibach, in Trachtenstrapsen.* Ähnlich spricht man von *Ferkeling* oder *Grölemeyer* usw. usf.

843 Apropos, eingebürgert: *The Beatles want to hold your hand. The Stones want to burn your town down.*

844 Ähnlich aus der Hochkultur: *Pervertimento für Dudelsack, Fahrrad, Ballons und Streicher* (bzw. *für Bohnermaschine in Es*); Oper: Hänsel und Gretel und Ted und Alice; oder *Konzert für Fagott gegen Orchester* oder *Die größte Fuge* oder *Ich kenne nichts von Stockhausen, aber ich glaube, ich bin schon mal in welchen reingetreten.* Dies auch die Ausgangslage des Tünnes-und-Schäl-Witzes mit der Pointe: *Wieso, et hieß doch: Trittst du in ein Jeschäft hinein, so soll dein Juß »Heil Hitler« sein.*

845 Aus der Sammlung Helen Leuninger, Zürich [6]1993. Weitere Versprecher: *Kotzen-Nutzen-Analyse. Spaubarkasse. Schlurzkuß. Scheißzeinwerfer* usw. usf.

846 Apropos der Kürzestwitz: *Mama, warum droht der Mann der Dame mit dem Stock? - Der droht nicht, der dirigiert. - Mama, warum schreit die Dame dann?*

847 Ernst Jandl über Festspielprogramme: *nimm immer wieder das gleiche / und mach daraus eine leiche* (aus dem Hörspiel: *das röcheln der mona lisa*, 1970).

848 Hierzu der Kürzestwitz: *Ruft einer im Jazzclub an und fragt: Wann geht denn's Konzert heute abend los? Sagt der andere: Wann kannste denn kommen?*

Wir spielen jetzt ein Stück, das heißt *Just Friends,* auf deutsch: *Justus Frantz.*

Für Elise habe ich schon, jetzt hätte ich gern noch *An Sophies Mutter.*[849]

Beethoven, Ludwig van,
o du Meister aller Klassen,
deine Lieder pfeifet man
auf den Straßen, in den Gassen.

Georg Friedrich Händel und seine Hauptkompositionen, *Das Wasserwerk und Die Feuerwehr.*

Der Ring, der nie gelungen.[850]

Finito della musica.

Lieber Maler, male mir
über meine Zimmertür,
meiner Frau zum Trotze,
eine große Flasche Bier.[851]

849 Bzw. die *Symphonie in Tesa moll.*

850 Jedem Wagnerianer ist der Scherz ein Graus, denn es heißt: ... *des Nibelungen;* Alberich ist Alleinherrscher. Apropos, aus *Varietékritik* von Hans Reimann: *Hilda Bienchen vervollkommnet den Reigen. Mit glockenreiner Stimme singt sie das Largo aus »Charleys Tante« und das immer wieder gern gehörte »Im tiefen Keller sitz' ich hier« aus Wagners »Zauberflöte«* (in: *Von Karl May bis Max Pallenberg in 60 Minuten,* München 1924, S. 84).

851 Trinkerspruch, von Martin Kippenberger für eine seiner Bilderserien übernommen.

Avanti Dilettanti![852]

Der Herr malen in Essig und Öl.

Mona Lisa lächelt, als hätte sie gerade ihren Mann erdrosselt.[853]

Kugelschreiber auf Käseeinwickelpapier.

Ohne Titel – Öl auf Gardine.[854]

Im Seichten kann man nicht untergehen.[855]

Alles, was man für einen Film braucht, ist eine Knarre und ein Mädchen.[856]

Ein Soldat – schenkt einem Kind ein Bonbon – eine rührende Szene – am Rande.[857]

Im Kino schlafen heißt dem Film vertrauen.

[852] Apropos: *Wie heißen die Leute, die immer mit Musikern rumhängen? – Die heißen Schlagzeuger.* Variante der E-Musik: *Bratscher* (mit dem Kürzestwitz: *Was ist eine kleine Sekunde?- Zwei Bratschen spielen unisono*). Unterscheidung in Amerika: *I love both kinds of music, Country and Western.*

[853] Apropos: *Wie der Türke auf die Polizei kommt und sagt: Fremde Mann hat Frau geamselt. Sagt der Polizist: Das heißt nicht geamselt, das heißt gevögelt. Sagt der Türke: Nein, ist falsche Wort – hat Frau gedrosselt.*

[854] Sigmar Polke, *Propellerfrau* (1969).

[855] Auch: *Der Köder muß dem Fisch schmecken, nicht dem Angler* (alles Helmut Thoma).

[856] Auch: *Eine Geschichte braucht einen Anfang, eine Mitte und ein Ende, aber nicht unbedingt in dieser Reihenfolge.*

[857] Duktus aller Auslandsjournale seit Peter von Zahn. Kurzfassung: *Die Rebellen in den Bergen – die Regierung in der Stadt – ratlos.*

Kriegt man in Äthiopien 3sat? – Nein, da kriegt man noch nicht mal einen satt.[858]

RIP Sieben Journalisten aus vierzehn Ländern zu Gast bei Werner Höfer.[859]

Nebensätze sind was für Thomas Mann.[860]

Vena laus amoris, pax, drux, bis totis.[861]

Jeder leiht einem Bücher,[862] aber keiner leiht einem Regale.[863]

Ein praktisches kleines Büchlein, das bequem in jedem Kamin Platz findet.[864]

Herr Heinrich steht am Vogelherd
und brät sich einen Specht.

Hör ich recht, ihr sprecht von Brecht?

858 Apropos der Kürzestwitz, *wie die Firma Rolex eine Kiste Uhren dorthin spendet und kriegt einen Brief zurück: Vielen Dank für die schönen Gürtel!*

859 *Der internationale Frühschoppen*, WDR 1953 bis 1987. Man rauchte und trank Weißwein. Das ZDF konterte mit *Journalisten fragen – Politiker antworten*, umgehend verspottet: *Journalisten fragen sich, warum Politiker antworten, wonach sie nicht gefragt wurden.* Später dann das Lamento: *Erst machten kluge Leute Fernsehen für kluge Leute, dann kluge Leute für dumme Leute und heute machen dumme Leute Fernsehen für dumme Leute.*

860 Peter »Pepe« Boehnisch.

861 Bayrisch aus der beliebten Rubrik *Hirundo maleficis evoltat.* In Berlin: *Sita usui lateinis abacens;* dies wiederum im Rheinland: *Sita us vilate in isse tabernit.*

862 Und: *Bücher haben Ehrgefühl. Wenn man sie verleiht, kommen sie nicht wieder.*

863 = *Bürgerliche Bildungstapete.*

864 Variante: *Dies Buch gehört in jeden Haushalt, in dem ein Tischbein zu kurz ist.*

Mein Name sei Gänseklein.[865]

In dem Buch stimmt nichts außer den Seitenzahlen.[866]

Oft ist das Denken schwer, indes
das Schreiben geht auch ohne es.[867]

Texas Jack. Oklahoma Kid. Tennessee Williams.[868]

Was hat der Lore leid getan?[869]

* * *

Exkurs I: ***Definitionen***[870]

Übersetzen ist immer ein Verlustgeschäft.

Feuilleton ist die Kunst, auf einer Glatze Locken zu drehen.

865 Auch: *Die Stadt von Taranteln befreien! – / Das sollst du mit Streuseln bestreuen* (Peter Frankenfeld). Apropos, uralt: *Der Plural von »Meine Schwester ist ganz klein« lautet »Meine Schwestern essen Gänseklein«.*

866 = *Das Wahre darin ist nicht neu und das Neue ist nicht wahr.*

867 Beispiel: *Dies Büchlein widm' ich insbesondern / den Hausfraun und den Hypochondern.*

868 Ähnlich: *Autorenkino, Regietheater, Befreiungstheologie, mittelscharfer Senf.* Von Aby Warburg: *koffeinfreier Kaffee,* ☢ *feminінfreie Frauen und edukationsfreie Erziehung.*

869 Aus der Vortragsreihe *Frauenkriminalität im Liede* (Harry Rowohlt: *Pooh's Corner. Meinungen und Deinungen eines Bären von geringem Verstand. Gesammelte Werke 1989–1996*, Zürich 2009).

870 Klassiker: *If it sells, it's art.* Deutsch: *Bei genauerer Betrachtung / steigt mit dem Preise auch die Achtung.*

Ludwig Uhland,[871] der Erfinder der gleichnamigen Straße.

Eine Plastik ist das, woran man stößt, wenn man zurücktritt, um ein Gemälde zu betrachten.[872]

Philosophie: Aus einer einfachen Sache ein Problem machen und dann keine Lösung finden.[873]

Caspar David Friedrich, die heiligen drei Könige aus dem Morgenland.[874]

Parsifal fängt um sechs Uhr an, nach drei Stunden schaut man auf die Uhr und es ist zwanzig nach sechs.[875]

Die schönsten Verse des Menschen
sind die ☢ Gottfried Bennschen.[876]

871 Der Name hier nur beispielhaft. Vgl. auch *Garibaldi, der Erfinder des Schnellkochtopfs* oder *Placebo, der Erfinder des gleichnamigen Effekts.* Oder: *Zeitgeist, der Stammtisch der Intellektuellen* bzw. ☢ *Documenta, der Bastelnachmittag im Irrenhaus* (Michael Klonovsky).

872 Von Frank Zappa überliefert: *They couldn't find the artist, so they hung the picture.*

873 *Wer bin ich, und wenn ja, warum und wie viele?* Aus diesem Metier auch: *Fußnoten sind der Teppich, auf dem der Text einherschreite.*

874 Ähnlich: *Von wem sind die Brüder Karamasow? – Von Mutter Karamasow. – Nee, von Dostojewski! – Ach, ist die Alte fremdgegangen?* bzw. *Wo liegt Alma Ata? – Wußte gar nicht, daß die gestorben ist* usw. usf.

875 Aber: *Immer wenn ich* ☢ *Wagner höre, kriege ich Lust, Polen zu überfallen* (Woody Allen zugeschrieben).

876 = *Da schallt die Glocke Big Benns* bzw. *Gleitend auf schwülen Daktylen / mischt hier ein Kosmopolit / hochpietistisches Fühlen / in sein exotisches Lied* (☢ Carl Schmitt: *Carl Schmitt – Briefwechsel mit einem seiner Schüler*, hrsg. von Armin Mohler, Berlin 1995, S. 110). Benn, seinerseits, über Rilke: *Nicht ganz schlecht für einen Tschechen* (zitiert nach Fritz J. Raddatz: *Tagebücher 1982–2001*, Reinbek bei Hamburg 2010, S. 844).

Der Charleston ist erfunden worden von einer schottischen Familie mit fünfzehn Kindern und nur einem Klo.

Ein Theaterkritiker ist ein Journalist, dem die Frau mit einem Schauspieler[877] durchgebrannt ist.

Ein Verleger trennt die Spreu vom Weizen und druckt dann die Spreu.[878]

Hansi Hinterseer ist ein menschlicher Golden Retriever.[879]

Wenn man beim Kacken ein Bein ausstrecken muß, um die Klotür zuzuhalten, ist es moderne Architektur.

Moderne Lyrik ist Prosa mit Zeilenumbrüchen.[880]

Nouvelle Cuisine ist Ikebana auf Tellern.[881]

* * *

877 Von Federico Fellini: *In Italien gibt es 58 Millionen hervorragende Schauspieler, und die anderen arbeiten bei Bühne und Film.*

878 Apropos: *Der Autor und die anderen Toren – Lektoren, Korrektoren …* Ein nicht immer spannungsfreies Verhältnis. Max Reger, beispielsweise, hat von seinem Musikverlag Breitkopf & Härtel penetrant als *Schmalarsch & Weichel* gesprochen (Hans Reimann, *Sächsische Miniaturen*, Düsseldorf 1991, S. 55).

879 Stefanie Sargnagel.

880 = *Schreib's untereinander und nenn es Gedicht* (Wiglaf Droste, in: *die tageszeitung* vom 9. Juli 1996, S. 20).

881 Benötigt wird dazu ein *dreiteiliges Besteck: Messer, Gabel und Lupe*. Von Paul Bocuse selbst: *La nouvelle cuisine, c'etait rien dans l'assiette, tous dans l'addition*; nichts auf dem Teller, alles auf der Rechnung. Bei uns sogleich parodiert: *Pinguinhirnrahmsuppe, Rotz an Gelee, Mousselin au pimpelpampel an einem Zinnoberschaum, Monolog von Bratkartoffeln sous »œuf miroir« an Tranchen von Essiggurke.*

Exkurs II: ***Zusammengesetztes aus den Feuilletons***

Parkplatzhirsch.
Pastoralverkehr.
Leihgabe Gottes.
Trauerarbeitslager.
Randgruppenreisen.
Theorienhochstapel.[882]
Schrebergarten Eden.
Wohnmobilmachung.[883]
Kriegsschauplatzwart.[884]
Aktive Sterbenslangeweilehilfe.[885]
Simsalafismus.[886] Pommesbuddhismus.
Riefenstählern und zusammengebrekert.
Besenkammerspiel, Rumpelkammerspiel.
Prinzipienreitlehrer, -schule, -knecht.
Derridada. Lacancan. Heidegguerre.
Aus gutem Hinterhause.[887]
Drohkulissenschieber.
Größenwahnfried.[888]
Nervenkettensäge.
Status quo vadis.[889]
Blockhüttenwart.

[882] Thomas Kapielski betreffend Peter Weibel; ferner: *Sein Vortrag war schwach, bestach aber durch Länge.*

[883] Dietmar Wischmeyer. Bei ihm: *General-…*

[884] Über Peter Scholl-Latour und Kollegen.

[885] FAZ 10.12.2022 über die ARD-Moderatorin Jessy Wellmer.

[886] Wiglaf Droste.

[887] Thomas Kapielski.

[888] Wiglaf Droste.

[889] Von Ronald Reagan: *Status quo, you know, is Latin for ›the mess we're in‹.*

Seifenbückling.[890]
Schlußstricher.
Zeitraubtier.[891]
QAnonsens.
Identitäterä.
Indiskretin.[892]
Poetitan.[893]
Ökoko.

Sport und Freizeit

Sportlich, sportlich![894]

Wir kommen zum Spocht.

Ich habe sieben Hobbys: Sex und Fußball.[895]

Paß bloß auf, Sportsfreund!

Geld schießt Tore.[896]

890 Wiglaf Droste. Bei ihm: *Fuldaer ...*

891 Auch: *Zeitgeistreich.*

892 FAZ 13.12.2022 über Jacob Taubes, sowie: *Später, als er Professor in Berlin war, bekam er den Spitznamen »Jakob der Lügner«.*

893 Jürgen von der Lippe über Robert Gernhardt.

894 Zum Auslösen dieser Phrase reicht es, zwei Treppenstufen auf einmal zu nehmen.

895 Ähnlich: *Woran ich immer denke, / sind Weiber und Getränke.* Von derselben Bauart *das fünfgängige schwäbische Menü: vier Trollinger und ein Zwiebelrostbraten.* Zu ersterem Jürgen Dollase, unvergessen: *Weinartiges Erfrischungsgetränk von wäßriger Farbe.*

896 Ausführlich: *Zweiundzwanzig Geschäftsleute, als Werbefläche vermietet, treten sich anderthalb Stunden vors Schienbein.*

Schiedsrichter ans Telefon![897]

Fair geht vor, aber läuft hinterher.[898]

In Trier hat sich mal einer totgemischt.[899]

Bumst du noch oder golfst du schon?

Neues Spiel, neues Glück.

Dabei sein ist alles.

Nix mehr gewöhnt.[900]

Ich muß auf Toilette und hab kein Papier,
da nehm ich die Fahne von Schalke 04.[901]

Begrüßung. Entlastung. Neuwahl. Freibier.[902]

Wenn Sportler reden könnten …

Ein Spiel Not gegen Elend.

897 Beliebte Ergänzung: *Deine Oma wartet schon!*

898 Uli Hoeneß apropos: *Eigentlich sollte jeder mal einen Elfmeter verschießen, dadurch gewinnt man viele Freunde.*

899 Dann aber: *Herzlich lacht die Tante* bzw. *Karte oder Stück Holz* bzw. *Pinkus der Schluckspecht* usw. usf. bzw. *aus jedem Dorf ein Hund.*

900 Anläßlich von Besäufnis, Bergwanderung oder dergleichen. Das Gegenüber hat zu antworten: *Haben ja auch lange nix mehr gemacht.*

901 Hingegen: *Ich hisse die Fahne von Mönchengladbach* = kräftig ausatmen. Merke ferner: Für Schalke-Fans ist Dortmund *Lüdenscheid-Nord*, für BVB-Fans ist Gelsenkirchen *Herne-West*. Und als man auf Schalke beschlossen hatte, das Stadion auch mal nach einer Frau zu benennen, da nannten sie es *Dem Ernst Kuzorra seine Frau ihr Stadion* (Johannes Rau).

902 Oder Ärztefortbildung: *10:00 Uhr: Begrüßung. / 10:05 Uhr: Vortrag. / 10:10 Uhr: Aussprache. / Ab 10:15: Rahmenprogramm.*

Ziege sieht Rot wegen Meckerns.[903]

Der Unparteiische schaut schon auf die Uhr.

Der Ball ist rund.[904] Wäre er eckig, wäre er ja ein Würfel.[905]

RIP Und damit zurück in die angeschlossenen Funkhäuser.

* * *

Exkurs III:
Aus dem Schatzkästlein des deutschen Sportsfreunds

Gib mich die Kirsche.[906]

Modern ist, wer gewinnt.[907]

Wenn die Eckfahne Nutella-Fahne heißt, höre ich auf.[908]

Zuerst hatten wir kein Glück, und dann kam auch noch Pech dazu.[909]

903 Heribert Faßbender, unvergessen: *Ziege! Guter Paß auf Scholl. Leider zu lang.*

904 *... und das Spiel dauert neunzig Minuten.*

905 Oliver Kahn, nachweisbar: *Die Karten sind neu gewürfelt.* Von ihm auch: *... und das versuchen wir zu probieren* sowie: *Wenn der Oliver Kahn einen Furz läßt, dann wird der halt auch ewig aufgeblasen.*

906 Lothar Emmerich.

907 Otto Rehagel – *Rehakles.* Von ihm auch: *Mal verliert man, mal gewinnen die anderen.*

908 Der Sportreporter Manfred Breuckmann, 2006.

909 Jürgen Wegmann, Spitzname »Kobra«, wegen *Ich bin giftiger wie die giftigste Schlange.*

Wichtig ist nicht, ob man gewinnt, sondern daß man gewinnt.[910]

Vom Feeling her habe ich ein gutes Gefühl.[911]

Sie standen an den Hängen und Pisten.[912]

Die Stadt ist schwarz von Menschen in Orange.[913]

Was erlaube diese Spieler … Flasche leer … Ich habe fertig.[914]

Fußball ist wie Schach, nur ohne Würfel.[915]

Wenn es nicht läuft, dann läuft es nicht.[916]

Das Runde muß ins Eckige.[917]

Da gehe ich mit Ihnen ganz chloroform.[918]

910 Helge Schneider.

911 Andreas Möller. Ebenso unvergessen Lothar Matthäus auf die Frage, was er in Mailand an seinen freien Tagen so mache: *Tagsüber shoppen und abends zum Italiener*. Von ihm auch: *Wir sind eine gut intrigierte Truppe*. Bruno Labbadia: *Das wird alles von den Medien hochsterilisiert.*

912 Heinz Maegerlein.

913 Dieter Kürten. Von ihm auch: *Soeben hat der Stadionlautsprecher gesagt …*

914 Die *Was erlaube*-Rede ist auf der Stelle Volksgut geworden. In einer *Sopranos*-Folge sagt übrigens Silvio Dante »What a shtruunz« für *stronzo*.

915 Nicht Lukas Podolski, sondern Jan Böhmermann – daraufhin Unterlassungsklage.

916 Jedoch: *Zwei Chancen, ein Tor, das nenne ich hundertprozentige Chancenauswertung* (Roland Wohlfahrt). Auch: *So ist Fußball. Manchmal gewinnt der Bessere* (Lukas Podolski).

917 Und: *Die Breite an der Spitze ist dichter geworden* (Berti Vogts). Von ihm auch: *Die Realität sieht anders aus als die Wirklichkeit.*

918 Helmut Schön.

Wir hatten alle die Hosen voll, aber bei mir lief's ganz flüssig.[919]

Ich habe kein Problem damit, der Arsch zu sein.[920]

Haste Scheiße am Fuß, haste Scheiße am Fuß.[921]

Nichts ist scheißer als Platz zwei.[922]

Abseits ist, wenn der Schiedsrichter pfeift.

Ich wage mal die Prognose: Es könnte so oder so ausgehen.[923]

Der Jürgen Klinsmann und ich, wir sind ein gutes Trio.[924]

Die Schweden sind keine Holländer, das hat man ganz genau gesehen.[925]

Entscheidend ist aufm Platz.[926]

* * *

919 Paul Breitner.

920 Oliver Kahn.

921 Auch: *Es ist nicht immer alles wahr, was stimmt* (Stefan Wessels).

922 Erik Meijer. Apropos: *Zweiter sein heißt erster Verlierer sein.* Von Vince Lombardi: *Show me a good loser, and I'll show you a loser.*

923 Von Heribert Faßbender: *Es steht im Augenblick 1:1, aber es hätte auch umgekehrt lauten können.*

924 Ergänzung: *Ich meine, ein Quartett* (Fritz Walter).

925 Franz Beckenbauer. Von ihm auch: *Damals hat die halbe Nation hinter dem Fernseher gestanden.* Oder: *Ja gut, am Ergebnis wird sich nicht mehr viel ändern, es sei denn, es schießt einer ein Tor.*

926 Alfred »Adi« Preißler.

Ausgehen/Im Lokal

Was kann ich Ihnen antun?[927]

Jetzt trinken wir erst mal zwischen zwölf und zwei.[928]

Ein Pils, bitte, und es macht nix, wenn's schnell geht.[929]

Due funghi al tonno – äh, zwei Pils vom Faß.[930]

Mir auch zwei Pils.[931]

Was gibt es denn Schönes?[932]

Das Pilzgericht nur gegen Vorkasse.[933]

Der Ober,[934] bei dem wir bestellt haben, arbeitet der noch hier?[935]

[927] Berlin, und auf die Antwort *Ein Pils, bitte* folgt unweigerlich: *Dit krienwa hin.* Dort auch: *Rosé? Hamwa nich, könnwa aba machen.*

[928] = *Jetzt wollen wir der Flasche mal auf den Grund gehen.*

[929] Apropos - beliebte Antwort auf die Frage *Was macht eigentlich das Pils, das ich vor zehn Minuten bestellt habe? – Das macht drei achtzig* bzw. *Das ist hier ein Zapfhahn und kein Wasserhahn.*

[930] Etwas frivoler: ☢ *Bitte meinen Morgenlattemacchiato.* Solche Mitbürger sagen auch *placenta di Carrara* statt Marmorkuchen, *tiro al forno* statt Schuß in'n Ofen usw. usf.

[931] Gern auch: *Two beers or not two beers, this is here the question.* ☢ Zynisch und menschenverachtend die Mano-cornuta-Geste *Vier Bier für die Jungs vom Sägewerk.*

[932] In Gegenrichtung: *Sind Sie fündig geworden?*

[933] Ähnlich: *Wirtshaus zum grünen Kotelett.*

[934] Gern auch: *Getränkefachverkäufer.*

[935] = *Entschuldigung, ist der Platz hier bewirtschaftet?* Ausgesucht höflich: *Herr Ober, können wir Ihnen vielleicht etwas bringen?* (Loriot).

Einmal Currywurst mit Pommes Schranke.[936]

Einmal halbes Schwein auf Toast.[937]

Einmal Nasi Bohreng.[938]

Auf alle, die was haben.

Auf Ihr Spezielles! = À votre sanitaire!

Wenn jetzt das Bier nicht gleich kommt, dann warten wir halt noch.[939]

Der erste Schluck muß zischen.

[936] = *Bottroper Schlachtplatte* = *Schimanski-Teller* = *Phantasie vom Schwein an einer Farce indischer Gewürzvariation.* Ohne Curry und Ketchup: *Phosphatstange mit Pommes Salbe* (Helge Schneider). Ebenso beliebt: *Schniposa* bzw. *Gummiadler*; ferner *Bremsklotz* = *Gummiabsatz* = *Tellermine* = *jebratene Schrippe* (Standardspruch: *Ihren Frikadellen nach zu urteilen sind Sie Bäcker*). *Lkw mit ABS*: *Leberkäsweck mit a bissel Senf.* Zum Digestif: *Fruchtbaumcuvée* statt Obstler. Diese Mitbürger sagen auch *Hopfenkaltschale* (neuerdings: *Hopfensmoothie*), *Pharmaschinken, Gularsch, Pißnat, Arschitocken, Schweine-Elend* bzw. *pig misery little, Sparghetti* usw. usf., bzw. *Schniener Witzel, Bräsekötchen, Bretterbutzel, Späskätzle, Pimpernuckel* usw. usf.; dann auch gern: *Breifurg im Greisbau* oder *Lästerschwein* statt Schwesterlein usw. usf.

[937] Variante (flüssig): *Einmal Kürbisbowle mit ganzen Früchten* bzw. *Klümpchensuppe mit ganzen Klümpchen.* Ähnlich *Melonenkaviar.*

[938] = ☢ *Flisses Hund mit Leis,* im Amerikanischen: *Shark 'n' Bark* oder *wok your dog* (die Schriftzeichen im Fenster übersetze man, einzeln draufzeigend: *Mögen die – widerwärtigen – nach Buttersäure stinkenden – Langnasen – qualvoll – ersaufen – im Schlangenfluß*; Patent: Harry Rowohlt). Neuerdings: *Schaumzuckerware mit Migrationshintergrund, Rübe of color, restjugoslawische Bohnensuppe, Sinti-und-Roma-Schnitzel* (bzw., mittlerweile noch korrekter: *Sinti*zze und Rom*nja*). Zu letzterem veraltet sowie politisch ganz und gar inkorrekt: ☢ ☢ ☢ *Zigeunerschnitzel ist aus – gestohlen.*

[939] Sodann aber: *Eine Halbe Bier ermöglicht tätiges Warten* (wahrscheinlich Gerhard Polt). Im Akademikermilieu: *Warten auf Merlot.*

Das war kein Eilauftrag. Nicht daß da plötzlich zwei Bier rumstehen![940]

Prostata![941] = Dann mal prost![942] = Leber, duck dich![943]

Hoch die Tassen![944]

Ein Hoch dem edlen Spender! = Dem Spender sei ein Trullala!

Trinkst du immer alleine?

Vorsicht, heiß und fettig!

Wer Pómmfritz hat, hat Freunde.[945]

Wünsche wohl zu speisen.

Unser Krautsalat wird mit Speck angemacht. Gerne servieren wir Ihnen das Gericht auch ohne Krautsalat.[946]

Wanns ane Brezn von heit wolln, müssens morgen kimma.

Zum Scheißen langt's.

940 Gängige Entschuldigung: *Ein Pils: sieben Minuten. Zwei Pils: vierzehn Minuten.*

941 Die ältere Generation: *Sehr zum Segen!* bzw. *Jetzt trinken wir erst mal heftig auf deinem Wohl herum.* Auch RIP ☢ *Auf die Reinheit des Herzens, der Rasse und des Bieres!*

942 Spezialfall (sexistisch): ☢ *Weiber und Weizen stößt man unten an.*

943 Im Falle dubiosen Schnapses: *Ein Auge riskier ich.*

944 = (♀ ♀ ♀) *Erheben wir die Gläschen / zur Freude unsrer Bläschen.*

945 Auszusprechen, während man dem Gegenüber auf den Teller langt. Bei dieser Gelegenheit anzuschließen: *Jesus sprach zu seine Jünger: / Wer keine Gabel hat, ißt mit die Finger.* Der Bestohlene hat auszurufen: *Herr Ober, andere Gäste!*

946 Speisekarte, Weißes Bräuhaus G. Schneider & Sohn, Tal 7, München.

Ausgebrochen gut![947]

Lieber sich den Bauch verrenken,
als dem Wirt was schenken.[948]

Schlecht kochen können die gut.[949]

Das brennt zweimal.

I don't drink water. Fish fuck in it.[950]

Auf einem Bein kann man nicht stehen.

Könnten Sie sich unter Umständen noch von so einem Bier trennen?[951]

Der Klügere kippt nach.

One for the road.

Einer geht noch, einer geht noch rein.[952]

947 Rubrik *Leckeres aus dem Landwehrkanal* oder *Allerlei aus Kühlhaus 2* bzw. *Reis mit Scheiß zum halben Preis.* bzw. *Ganz frisch von gestern!*

948 = *Nur nichts verkommen lassen.*

949 Im Gegensatz zu *Soll keiner sagen, die könnten hier nicht kochen.*

950 W. C. Fields; eingebürgert. Von demselben die Variante: *That is the stuff that rusts pipes.* Milch trank er auch nicht: … *a whitish fluid they force down helpless babies.*

951 Auch immer wieder gern gehört: *Möchten Sie noch eins? – Was soll ich mit zwei leeren Gläsern?*

952 = *Nach Hau-se, nach Hau-se, nach Hau-se geh'n wir nicht, / bis daß der Tag anbricht, / der helle Tag anbricht* = *Wir ham den Kanal, / wir ham den Kanal, / wir ham den Kanal noch lange nicht voll.* Wiederum bis *Oberkante Unterlippe* bzw. *Eichstrich Ohrläppchen.*

Zwischen Leber und Milz
paßt immer noch ein Pils.[953]

Auf den Schreck hin muß ich erst mal auf Toilette.[954]

Wo kann man denn hier mal für kleine Jungs?[955]

Ich bring mal eben drei Bier weg.[956]

Und, hat's gemundet?[957]

Der Herr waren zufrieden?[958]

Erstens hat es nicht geschmeckt und zweitens war es viel zuwenig.

Wenn etwas kam, und es war das *Richtige*, dann war es gut.

BLA BLA Betrifft: Kredit
Ich dir nix pumpen, du böse.
Ich dir pumpen, du nix wiederkommen. Ich böse.
Besser, du böse.[959]

953 = *EPO – ein Pils obendrauf.* Zum abwehrenden Nachbarn: *Schwächelste?*

954 Beliebte Erwiderung: *An der Tür steht »Herren«, du kannst aber trotzdem reingehen.*

955 Wobei *Jungs = Königstiger.* Gängiger Einwurf: *Geh für mich mit.* Gängige Replik nach Rückkehr: *Du hast ja gar nicht gemußt.*

956 Dort BLA BLA *Bitte werfen Sie keine Kippen ins Klo, wir pinkeln ja auch nicht in Ihren Aschenbecher* (veraltet).

957 Die Witzige: *Und, war's noch gut?* (Im Einzelfall scherzhafter Nachklapp: *Ich frage Sie das bloß, weil ich dafür bezahlt werde.*) Gängige Antwort: *Das haben Sie gut gekocht!*

958 Auch BLA BLA *Wenn es Ihnen gefallen hat, sagen Sie es bitte weiter. Wenn nicht, sagen Sie es bitte uns.*

959 = in Kurzfassung BLA BLA *Piet Krediet / wohnt hier niet.* Ausführlicher: BLA BLA *Wir haben eine Vereinbarung mit unserer Bank: Sie verkaufen kein Bier und wir nehmen keine Schecks an.*

Starten wir mal einen Zahlungsversuch.[960]

BLA BLA Gäste sind wie Ziegen: Sie werden gemolken und meckern.[961]

Herr Ober, bringse mal Geld, wir wollen bezahlen.[962]

BLA BLA Wer hier trinken will, um zu vergessen, wird gebeten, im voraus zu bezahlen.

Es sprach der Scheich zum Emir:
Jetzt zahln wir und dann gehn wir.[963]

Sie wollen sich finanziell verändern?[964]

Die Rechnung und die Polizei!

Ich wollte nicht das Lokal kaufen.

Dein Geld nimmt[965] man hier nicht.

Das macht nach Adam Riese: …[966]

Die meisten geben zwanzig.[967]

960 = *Dann wollen wir uns mal ehrlich machen.*

961 In direkter Ansprache: *Das ist hier kein Gasthaus, das ist ein Wirtshaus.* Geschäftstüchtiger BLA BLA *Essen Sie bei mir, sonst verhungern wir beide.*

962 Auf *Sie wollen bezahlen?* ist unverzichtbar: *Von Wollen kann gar keine Rede sein.* Weitere Dialoge: *Kann ich bitte bezahlen? – Ich hoffe es* bzw. *Darf ich bitte bezahlen? – Nein, Sie müssen* usw. usf.

963 Unverzichtbare Replik: *Es sprach der Emir zum Scheich: / Da gehn wir lieber gleich.*

964 Zu einem, der sein Portemonnaie zückt.

965 Variante: *will.*

966 Beliebte Ergänzung: … *und Eva Zwerg.*

967 Witziger Mitzecher auf die Ansage »zwölf achtzig«.

Freunde der Nacht.[968]

Der anständige Gast stellt seinen Stuhl selbst auf den Tisch.[969]

Haben wir auch alles getrunken, was wir bezahlt haben?

Ich geh noch ins Rotlicht, kassieren.

Religion, Esoterik, Beschwörungen

Dein Wort in Gottes Ohr.[970]

Dies nehmt zum Zeichen.[971]

Geglaubt wird in der Kirche.[972]

Hokuspokus, verschwindibus![973]

Hör ich Stimmen?[974]

[968] Auch: *Wer jetzt kein Bier hat, kauft sich keines mehr. / Wer jetzt noch Wein hat, wird ihn lange trinken*; Variante zum Eröffnungstag der Fußballweltmeisterschaft: *Wer jetzt kein Bier kaltstellt, muß warmes saufen; / wer GEZ nicht zahlt, muß Kicker kaufen* usw. usf.

[969] Nur echt mit erhobenem Zeigefinger.

[970] Der Scherzkeks: … *Gehörgang.*

[971] Oder, mit erhobenem Zeigefinger: *Mene, mene tekel.*

[972] Apropos: *Fledermäuse kriegt man aus der Kirche, indem man sie firmt, dann kommen sie nie wieder.*

[973] Für Kinder: *Hokuspokus fidibus, dreimal schwarzer Kater*. Für Erwachsene, jedoch frauenverachtend: ☢ ♂ *Kommste noch mit zu mir, dann zeig ich dir 'n Zaubertrick.* –♀ *Was denn für 'n Zaubertrick?* –♂ *Wir bumsen und du verschwindest.*

[974] Englisch: *You're just jealous because the voices only talk to me* (Emo Philips).

Bin ich Jesus?[975]

Gott behüte![976] = Da sei Gott vor!

Den Seinen gibt's der Herr im Schlaf.

Dann ist ja noch Hoffnung.[977]

Klopf auf Holz.[978]

Das glaub ich für dich mit.

Wenn man den Teufel nennt.[979]

Alles, was Gott verboten hat.

Nee, da ruht kein Segen auf.

975 Surreale Ergänzung: *Wächst mir Gras aus der Tasche?* (Variante: *Moos*) oder *Kann ich übers Wasser wandeln?* Apropos, vom leidgeprüften Lyndon B. Johnson: *If one morning I walked on top of the water across the Potomac River, the headline that afternoon would read: President Can't Swim.*

976 Säkular: *I bewahre.* Kalauernd weiland »WimS« (»Welt im Spiegel«, Kolumne in der Satirezeitschrift *Pardon*): *Liebergott B. Hüte und Fürchtegott D. Mützchen.* Motto dieser Beilage: *Pro bono – contra malum.* Es gibt einen Sammelband (Frankfurt am Main [5]1980), dessen Motto wiederum: *Dem Baren, Schönen, Guten.* Robert Gernhardt am Ende des Geleitwortes: *Doch ich muß schließen. Schon dunkelt es, bald wird, nur dem sinkenden Gestirn gesellt, die Eule der Minerva übers Abendfeld rauschen, und wer dann kein Haus hat – mein lieber Herr Gesangsverein!* (In der Schule habe ich anfangs der siebziger Jahre als Beispiel für einen Stilbruch gelernt: *Dieweil es uns an Geld gebricht, kaufen wir auf Stottern.)*

977 Mit Heiner Müller (angeblich) zu kontern: *Hoffnung ist etwas für Leute, die unzureichend informiert sind.*

978 Variante: *Unberufen, toi-toi-toi.* Dazu klopfe man sich mit lose geballter Faust über der Schläfe an den Schädel.

979 *… dann kommt er gerennt.* Hierbei *Teufel* = *Esel.*

Das weiß Gott allein.

Der Tag wird kommen.

Das will ich aber auch schwer hoffen!

Der Wind, der Wind,
das himmlische Kind.[980]

Auch nicht der Weg, der zum Heile führet.

Wer's glaubt, wird selig.[981]

O Ewigkeit, du Donnerwort.

Kleine Sünden bestraft der liebe Gott sofort.[982]

Gott sei's gedankt, gepfiffen, getrommelt und gebaßgeigt.

Große Ereignisse werfen ihre Schatten voraus.[983]

Heiliges Kanonenrohr![984]

Gott ist gerecht.[985]

Bei allem, was mir heilig ist.

[980] Zum Auslösen dieser Phrase reicht es, daß es ein Blatt Papier vom Tisch weht.

[981] Süddeutsche Erweiterung: *Wer in'n Mehlsack fällt, wird mehlig.*

[982] Ergänzung: … *große in neun Monaten.*

[983] Zum Auslösen dieser Phrase reicht es, daß Besteck aufgelegt wird.

[984] = *Heiliger Bimbam!*

[985] Bemerkenswerterweise als Ausdruck von Schadenfreude in Gebrauch.

Wo du auch bist,
Herr Jesu Christ.[986]

Als das Wünschen noch geholfen hat.

Sie schickt der Himmel.

Jetzt schlägt's dreizehn.

Es liegt was in der Luft.

Großes Indianer-Ehrenwort![987]

Der Teufel steckt im Detail.

Beim Barte des Proleten.[988]

Geh mit Gott, aber geh!

Jetzt aufwachen, Millionär sein, und alles war bloß ein langer, böser Traum.

Jesus Christus, 25. Dezember, speiste die fünftausend, wandelte übers Wasser – typisch Steinbock!

986 Volkstümliche Variante des vierten Kreuzeswortes, gegen den Urheber gewendet. Aus Bayern: *Jesus, segne diese Schüssel, / daß ma satt wern von dem bissl.*

987 Scherzhafte Verfremdung: *Großes Barschel-Ehrenwort!* Dr. Dr. Uwe Barschel – Spitzname: *Baby Doc Doc* – war übrigens *ein großer Karnevalist: er ist in der Bütt gestorben* (Köln). Pubertär: *Großes B, kleines Arschel.* Apropos: *Engholm ist ein Wort aus dem Niederdeutschen, das »Phimose« bedeutet.*

988 Solche Mitbürger sagen auch *Mariae Beflecknis, Latten-Jupp* und *Karl Freitag;* sie sagen *Buenos Aires* statt Frohe Ostern (dann gern auch *Eier-Franke* statt Air France), *space shuttle* statt Himmelfahrt, *happy cadaver* statt Fronleichnam sowie *in Allahs Herrgottsfrühe*; ferner *Vereinigte Hüttenwerke* statt Weihnachtsmarkt usw. usf.

Gott wird mir vergeben, das ist sein Beruf.

Hilf dir selbst, dann hilft dir Gott.[989]

Und ihr Schutzpatron ist der billige Jakob.[990]

In der Bibel steht geschrieben:
Du sollst auch deine Feinde lieben.[991]

Und am achten Tag versteckte Gott mit einem Grinsen Saurierknochen im Gelände.[992]

Es geschehen noch Zeichen und Wunder.

Das war der Heilige Geist.[993]

Ich fall' vom Glauben ab.

Wer mit dem Teufel essen will, muß einen langen Löffel haben.

Gottes Mühlen mahlen langsam.

☢ Wenn Adam und Eva Chinesen gewesen wären, hätten sie die Schlange gegessen.

[989] Denn: *Wer nicht an Gott und seine Güte glaubt, kann viel ertragen.*

[990] = *die sie geboren sind im Aszendenten des Kleinwagens.*

[991] Von John F. Kennedy: *Forgive your enemies, but never forget their names* (zitiert etwa bei C. David Heymann: *Bobby and Jackie. A Love Story*, New York 2009, S. 26).

[992] Ähnlich: *God is a comedian, playing to an audience too afraid to laugh* (Henry Louis Mencken).

[993] Sonderfall I: *Das hat die Katze gefressen.* Sonderfall II: † *Wie war zu Köln es ehedem / mit Heinzelmännchen so bequem.*

I'm jewish. Jews don't exercise. They sell the equipment.[994]

Roman Catholicism, an excellent religion for peasants and women.[995]

Habemus Doppelnamenpastorin, Hellholz, Blockflötenkurrende.[996]

Puritanism: The haunting fear that someone, somewhere, may be happy.[997]

Eu-gen Dre-wermann nachts um halb eins …

Christ der Retter ist da. Auf Durchreise. Nur drei Tage.

Sie brauchen nicht *Mein Gott* zu sagen, es reicht *Herr Müller*.

Mohammed hatte keinen Kühlschrank, Schiß vor Weiber, und nach zwei Bier war er besoffen – das ist der ganze Islam.[998]

Die Leute glauben alles, es sei denn es steht in der Bibel.[999]

[994] Joan Rivers.

[995] Robert Gascoyne-Cecil, 3. Marquess of Salisbury, war zwischen 1885 und 1902 zeitweise Premierminister.

[996] Nach der Wahl Joseph Ratzingers zum Papst, Protestanten verhöhnend. Deren Konter: *Habemus Opam*. Die TUI bewarb damals Rom-Reisen mit *Ratz-fatz zum Petersplatz*; weiße Radiergummis gab es zu kaufen mit seinem Konterfei und dem Aufdruck *Ratzefummel*.

[997] Henry Louis Mencken 1925 in T*he American Mercury*.

[998] Nach Harry Rowohlt (»Meinungen eines Bären von sehr geringem Verstand«, in: *Die Zeit* Nr. 22/1995), der seinerseits es von einem Dönerbudenbesitzer gehört habe.

[999] Zu ihr auch, zusammenfassend: *The leading characters of the Old Testament would today be in the penitentiary and those of the New would be under psychopathic ward* (Charles Lee Smith – der Letzte, der in den USA noch wegen Blasphemie verurteilt wurde, 1928, in Little Rock, Arkansas).

Lieber hundert Tresen als fünfundneunzig Thesen.[1000]

Glaube versetzt Berge.[1001]

NATUR UND UMWELT

Morgenrot – schlecht Wetter droht.

Mühsam ernährt sich das Eichhörnchen.[1002]

Das fehlt mir noch in meiner Raupensammlung.

Jedem Tierchen sein Pläsierchen.

Nachtigall, ick hör dir trapsen.[1003]

Ruhig, Brauner![1004]

Oculi – da kommen sie.[1005]

1000 Rheinland. Allgemein: *Luther, Luther, wenn ich das schon höre – außer Thesen nix gewesen!* Altherrenvariante: RIP *Dann hat der Luther seine 95 Prothesen an die Schloßküche zu Wittenberg genagelt, und das am Reformationstag!*

1001 Auch: *Ich bin nicht abergläubisch – das bringt Unglück* bzw. *Dies Amulett hier hilft gegen Aberglauben.* Spezialfall: *Globuli wirken nur, wenn man sie in gerader Anzahl einnimmt.*

1002 Gängige Ergänzung: … *kletternd von Ast zu Ast.*

1003 In dieser Langversion veraltet, noch gebräuchlich in der kupierten Fassung: *Nachtigall*; dabei den Zeigefinger hinter das Ohr legen und das Ohrläppchen ein wenig nach vorn drücken. Manchmal reicht auch nur diese Geste, um *Nachtigall* anzudeuten.

1004 ☢ Wagner: *Walküre*, 3. Akt (Helmwige zu ihrem Hengst: *Ruhig, Brauner! Brich nicht den Frieden*).

1005 Der Zeitplan der Schnepfenjagd anhand der Sonntage um Ostern, fortfahrend mit: *Judica – sie sind noch da* und *Quasimodogeniti – Jäger, halt, da brüten sie.*

Mein Name ist Hase, ich weiß von nichts.

Aus jedem Dorf ein Hund.

Ist ja zum Mäusemelken!

Gar nicht mal so kalt.[1006]

Da lachen ja die Hühner.

Der will nur spielen!

Vogel abgeschossen!

Und nachts ist es kälter als draußen.[1007]

Erzählt hier einen vom Pferd.

Dunkel war's, der Mond schien helle.[1008]

Rin in die Kartoffeln, raus aus die Kartoffeln.

Jetzt aber Butter bei die Fische.[1009]

Unkraut vergeht nicht.

[1006] Von Stefanie Sargnagel (*Statusmeldungen*, Reinbek bei Hamburg 2017): ☢ ☢ ☢ *Das kann ja kein Zufall sein, daß so viele Afrikaner kommen und plötzlich hamma 40 Grad* (S. 27, Eintrag 6.8.2015). Von Gerhard Polt: *Kalt is draus, des miasma ausnützen, bleima herinn.*

[1007] = Über den Berg ist es weiter als zu Fuß. Spezialfall: *Der härteste Winter, den ich jemals erlebt habe, war ein Sommer in der Eifel.* Auch: *Dies Jahr fällt der Frühling auf einen Dienstag.* = *Januar, Februar, März, April, April, April, April, April, April, April, November, Dezember.*

[1008] Oder: *Im Himmel ist Jahrmarkt.*

[1009] = eingebürgert: *Put up or shut up.*

In gute Hände abzugeben.[1010]

Dagegen ist kein Kraut gewachsen.

Immer ruhig mit den jungen Pferden.

Kleinvieh macht auch Mist.[1011]

Getroffener Hund bellt.

Muß irgendwo ’n Nest sein.

Ⓓ Ich bremse auch für Bäume.[1012]

Was ist das weiße Zeug in Vogelscheiße? – Das ist *auch* Vogelscheiße.

Das Denken soll man den Pferden überlassen.[1013]

Der Teufel ist ein Eichhörnchen.

1010 Zeitungsrubrik: *Die gute Tat.*

1011 Variante aus Mittelstandskreisen: ☢ *Kleinvieh macht nur Mist.* Ebenso zynisch und menschenverachtend: *Nach dem Anschiß hat die drei Tage keine Milch gegeben* oder *Stubenrein, entwurmt, kastriert und folgt aufs Wort.* Einschlägige Mitbürger sprechen von ihrem mittleren Management gern als ☢ *Lehm-* oder *Lähmschicht.* Vgl. zu dieser Schicht die Figur des *Stromberg* in der gleichnamigen Serie (fünf Staffeln 2004 bis 2012 bei ProSieben) mit seinen Sprüchen: *Ich hab auch nur zwei Hände. Wenn ich vier hätte, wär' ich auch beim Zirkus* oder *Wenn du mit einem Bein in der Scheiße steckst, dann mußt du mit dem anderen natürlich noch Marathon laufen können* oder *Ich mach's wie der liebe Gott. Der läßt sich auch nicht so oft blicken, hat aber trotzdem ein Image* oder *Sex ist wie Olympia, dabeisein ist alles.*

1012 Variante: Ⓓ *Ich bremse nur zum Kotzen.*

1013 Variante mit Begründung: ... *die haben die größeren Köpfe.*

Jetzt ist die Axt am Baum.[1014]

Wollen wir hier Wurzeln schlagen?

Was kümmert es die stolze Eiche, wenn sich ein Borstenvieh dran reibt.

Warum, warum
ist die Banane krumm.

Gut gebrüllt, Löwe!

Da beißt die Maus kein' Faden ab.

Die Sonne scheint, die Mücken picken,
ich lieg im Gras und nichts zu lesen.[1015]

Man hat schon Pferde kotzen sehen.[1016]

Es klärt sich auf zum Wolkenbruch.

Laßt Blumen sprechen.

Hast du Tomaten auf den Augen?

Einem geschenkten Gaul
schaut man nicht ins Maul.

1014 = *Der Geist ist aus der Flasche.*

1015 Poetischer: *Sieh die Haare, wie sie fliegen, / wenn wir uns beim Tanze wiegen, / sieh die Gräser, wie sie knicken, / wenn wir auf der Wiese liegen* (gefunden bei Jürgen von der Lippe). Variante: *Scheint die Sonne so warm, / nehm ich's Papier untern Arm. / Scheint die Sonne so heiß, / setz ich mich nieder und sch… eint die Sonne so warm* usw. usf.

1016 Klassische Ergänzung: *und das vor der Apotheke.*

Jetzt geh ich in den Birkenwald,
denn meine Pillen wirken bald.[1017]

Ach, da liegt der Hase im Pfeffer!

Pfui Spinne![1018]

Ach, daher weht der Wind!

Quäle nie ein Tier zum Scherz,[1019]
denn es könnt' geladen sein.[1020]

Jetzt kommt ja der Frühling mit Macht.

Vogel friß oder stirb.[1021]

Der Berg kreißte und gebar eine Maus.

Sieht auch den Wald vor lauter Bäumen nicht.

Der Wal gehört zu den Säugetieren und der Hering zu den Bratkartoffeln.

Da wird doch der Hund in der Pfanne verrückt.

1017 Apropos: *Er ging mit seiner Dicken fort, / sie sind im Wald und …* Nach Thomas Kapielski: *Nicht nur daß ich Schinken heiße, / ich finde auch mein Hinken scheiße* (*Aqua botulus*, Frankfurt am Main 2000, S. 67). Er selbst hat den Reim, schreibt er dort, von seiner Künstlerfreundin Christiane Seiffert übernommen. Wiglaf Droste trug ihn im Februar 2019 nach einer Knie-Operation vor.

1018 = *Blase.*

1019 Bei ☢ Hilaire Belloc: *When I, sir, was a little boy, / an animal was not a toy!*

1020 Sowie umgekehrt: *Spiele nicht mit Schießgewehr, / denn es fühlt wie du den Schmerz.*

1021 Deftiger im Amerikanischen, halb eingebürgert: *Either shit or get off the pot.*

Da beißt sich die Katze in den Schwanz.

Aus die Maus.

Wenn wir dich nicht hätten und die dicken Kartoffeln.

Mai, der gefährlichste Monat: Die Bäume schlagen aus und der Salat schießt.

Zehn Milliarden Fliegen können nicht irren –
freßt mehr Scheiße.

Hunde, die bellen, beißen nicht.[1022]

Kirschen rot,
Spargel tot.

Guter Hahn wird selten fett.

Eichelhäher, die Polizei des Waldes.

Viele Hunde sind des Hasen Tod.

Die Natur ist Satans Kirche.

Stalagmiten – die Mieten steigen.[1023]

Der vierte Aggregatzustand von Wasser ist eine holländische Tomate.[1024]

1022 Übliche Erwiderung: *Weiß der Hund das auch?*

1023 Sodann unvermeidliches Gefeixe: *Und die Titen?*

1024 Apropos, ☢ (ausländerfeindlich): *Wer in Holland dreimal durch die Führerscheinprüfung gefallen ist, kriegt ein gelbes Kennzeichen.*

Quer durch den Krautgarten.

Jeden Tag soll man Vögeln – Futter geben.[1025]

Wie kommt Kuhscheiße aufs Dach.[1026]

Tauben, die Ratten der Lüfte.

Ein blindes Huhn findet auch mal ein Korn.

Ein Dackel ist halb so hoch wie ein Hund, aber doppelt so lang.

Hasen sind vorne zu schnell und hinten zu kurz.[1027]

Regnen, das können die hier.

Das wird ein warmer Tag heute, sagte die Hexe, da wurde sie verbrannt.

Wenn die Bäume welken
und die Blätter fallen
und du merkst, du sterbst,
dann ist Herbst.[1028]

Hunde haben Herrchen, Katzen haben Personal.[1029]

1025 Ähnlich die kleingeschriebene Lufthansa-Parodie aus den Siebzigern: *sie heben sich in die lüfte, vögeln gleich*; das Apronym bedeutend ☢ (frauendiskriminierend): *Let Us Fuck The Hostess As No Steward Available.*

1026 Gängige Ergänzung: *Weil der Dachdecker ein Rindvieh ist.*

1027 Aus dem Waidwerk.

1028 Sowie: *Wenn die Vögel ihre Nester saubermachen / und die Hexen in den Lotterbetten lachen / und du hast so ein gewisses Feeling: / dann ist Friehling.*

1029 = *Dogs look up to you, cats look down on you, pigs are equal.*

Buchen sollst du suchen, Eichen sollst du weichen.[1030]

Es wird eine große Dürre kommen und ein kleiner Dicker.

Abendrot – schlecht Wetter droht.

TECHNIK UND MATERIALIEN

Klappern gehört zum Handwerk.

Hier Caritas, Schnürsenkelknotendienst.[1031]

Warum einfach, wenn's auch kompliziert geht.[1032]

Was soll *das* denn werden, wenn's fertig ist?

Sitzt, paßt, wackelt und hat Luft.

Wer hat denn *das* verbrochen?[1033]

Nicht rein*stecken* – langsam rein*drehen*.

Wo nichts ist und soll was sein,
schmiere Silikon hinein.[1034]

1030 Kulturkritisch: *In dem Wohngebiet sind die Straßen nach den Bäumen benannt, die sie dafür gefällt haben.*

1031 Ebenso beliebt: *Hier Pyramidenverleih Ramses* bzw. *Brennholzverleih Müller* oder *Hier Zerstörer Bayern, Gefechtsturm acht.* Grenzwertig: *Zimmer leer. Ich saubermachen.* Gänzlich indiskutabel: *Hier Jüdischer Autofriedhof.*

1032 Alte Weisheit: *Was nicht drin ist, kann nicht kaputtgehen.*

1033 Als Dialog: *Und, ist das nix? – Jawoll, das ist nix.*

1034 Auch: *Silikon / macht das schon.* Ähnlich: *Wenn ich nicht mehr weiterkann, / schließ ich Plus an Minus an.*

Hammer hammer nich, Gips gibbs nich.[1035]

Nicht schön, aber selten.

Wasser findet seinen Weg.[1036]

Zieht auch keine Wurst vom Teller.[1037]

Laß die Finger von Maschinen,
die du selbst nicht kannst bedienen.

Jetzt neu mit dem praktischen Saugrüssel![1038]

Ein Griff, und die Sucherei geht los.

Vier Mann, vier Ecken.

Niveau heeebt *an*! Zuuu-*gleich*![1039]

Frei Schnauze. = Pi mal Daumen.[1040]

1035 Fortsetzung (DDR): *Was haben Sie denn überhaupt? – Wir haben durchgehend geöffnet. – Aber wenn Sie nichts haben, wieso haben Sie dann durchgehend geöffnet? – Wir haben kein Türschloß* bzw. *Haben Sie keine Mützen? – Hier gibt's keine Handschuhe. Keine Mützen gibt's im zweiten Stock.*

1036 Nämlich *von der Duschtasse in die Rigipswände* (Harald Schmidt). Grober: *Wasser läßt sich nicht bescheißen.* Auch: *Das kleinste Loch entleert den größten Behälter, es sei denn, es wäre zur Entleerung gedacht, in welchem Fall es sofort verstopfen wird.* Ähnlich: *Scheißegal, ob das Glas halb voll ist oder halb leer, weil der Rest in jedem Fall verdunstet.*

1037 Variante: *Das ist kein Auto, das ist 'ne Gehhilfe. = Läuft hundertzwanzig. Bergrunter, mit Rückenwind.*

1038 Auch: *Jetzt neu mit Griff, zum Wegwerfen.*

1039 Variante: *Und jetzt singt für Sie: Das Niveau!* Dieselbe Masche: *Firma Müller präsentiert: Die Rechnung!*

1040 Hierbei *Daumen = Fensterkreuz.*

Oft kopiert, doch nie erreicht.[1041]

Wo steht das Klavier?[1042]

Geschickt eingefädelt![1043]

Das ist kein Fahrrad, das ist ’ne Krankheit.

Trick siebzehn mit Selbstüberlistung. = Von hinten durch die Brust ins Auge.

Vor Gebrauch schütteln, nach Schütteln nicht mehr zu gebrauchen.

Klapperatismus Marke Eigenbau.

Per und Tri
verschütte nie.

Dreimal gesägt und immer noch zu kurz.

Mit allem Komfort und zurück.

Gieße Wasser nicht in Säure,
sonst geschieht das Ungeheure.

Wer sein Fahrzeug liebt, der schiebt.[1044]

Maschin’ kaputt.

1041 Südwest: *MÜLLER-Bier, unerreicht, / oin Liter gsoffa, zwoi Liter gsaicht.*

1042 = *Wo soll der Schrank hin?*

1043 Altherrenvariante: *Gefickt eingeschädelt!* Optionale Ergänzung: … *muß ich schon sagen!*

1044 Aus DDR-Zeiten: *Wer Mifa fährt, / fährt nie verkehrt, / weil Mifa überhaupt nicht fährt.*

Loch an Loch
und hält doch.

Da kommt gleich ein Vögelchen raus.

Einfaltspinsel gleich Ausfaltspinsel.

Scheiß Technik.

Und fertig ist die Laube.

Auch nicht im Sinne des Erfinders.

Was nicht paßt, wird passend gemacht.[1045]

Gestorben wird *vor* der Stoßstange.[1046]

Nach fest kommt ab.[1047]

Jetzt machen wir mal Nägel mit Köppen.[1048]

Meister, die Arbeit wär' jetzt fertig. Sollen wir sie gleich flicken?

O Wunderwerk der Technik!

Putz ist die halbe Mauer.

1045 Aus den Zeiten von Apollo 11: *Houston, die Russen haben den Mond rot angestrichen! – Okay, wir schicken eine Rakete und schreiben Coca-Cola drauf.*

1046 Zur Verwendung durch den Besitzer eines großen, schweren Kraftwagens.

1047 = *Der Pfuscher schafft, der Hebel wächst, / die Kraft nimmt zu, die Schraube ächzt* usw. usf.; Grundregel: *Seit das Deutsche Reich besteht, / wird Gewinde rechtsgedreht.*

1048 *Vater lötet, / Familie betet.*

Er fuhr Ford und kam nie wieder.[1049]

Das guckt sich weg.

Was nicht geht, wird gängig gemacht.

Wenn Sie etwas sehen wollen, was Sinn hat, müssen Sie auf ein Pissoir gehen.

Nichts hält länger als ein Provisorium.[1050]

Kaltstart ist Mord.

Not macht erfinderisch.

Nichts ist idiotensicher, weil Idioten so einfallsreich sind.

Smart phones, dumb people.

Können Sie mich hören? Ja? Können Sie mich sehen? Nein? Das sind Wände!

1049 = *In einem Ford fuhren sie fort. Mit dem Zug kamen sie zurück*; in Amerika: *Found on road dead* bzw. *Fix or repair daily*. Die Zahl solcher Sprüche ist Legion: *AEG: Auspacken, einschalten, geht nicht* bzw. *Auspacken, einpacken, Gutschrift*; *BMW* (veraltet): *Bei Mercedes weggeschmissen* bzw. *Besser, man wandert*; *Fiat*: *Fehler in allen Teilen* bzw. *Für Italiener ausreichende Technik* bzw. englisch: *Fix it again, Tony*; *KTM* (gegründet als Kraftfahrzeuge Trunkenpolz Mattighofen): *Keine tausend Meter bzw.* englisch: *Kick twenty minutes*; *IKEA*: *Idioten kaufen einfach alles*; *DLRG*: *Den laß ruhig gluckern*; *C&A*: *Cheap & awful* usw. usf.

1050 Very British zu solchen Dingen: *Let well alone*; andernfalls: *Make do and mend*. Spezialfall: *Landrovers don't leak oil. They mark their territory*. Amerika: *Use it up, wear it out, make it do, or do without.*

Ein bißchen Blech, ein bißchen Rohr,[1051]
und fertig ist ein Deutz-Motor.

VERKEHR UND REISEN

Grüner wird's nicht.

Wie fahren wir denn jetzt am dümmsten?

Und zum Randstein nehmen wir ein Taxi.[1052]

Führerschein wohl im Lotto gewonnen.[1053]

Wenn Engel reisen.

Wir fahren gen Italien.

Berlin, Berlin, wir fahren nach Berlin.

Olé, olé, olé,
drei Campari, drei Kaffee.[1054]
= Duo Bier, molto caldo.[1055]

1051 Variante: *Ein Eimer Wasser und ein Rohr.*

1052 Phrase des Beifahrers nach dem Einparken.

1053 Ausführlich: (D) *Dieses Fahrzeug habe ich nebst Führerschein in der Lotterie gewonnen. Weitere Geschenke werden jederzeit gern entgegengenommen.* Beliebte andere (D) (D) : *Abi 1981* (an Porsche 911, an einem Cayenne: *Eure Armut kotzt mich an*; alles in Düsseldorf). *Eilige Alkoholika.* ☢ Über doppelläufigem Auspuff (Golf GTI, Kanton Thurgau): ***CK GRETA.* An einem Fiat 500: *Ich war in einem Überraschungsei!* An einem Cabriodach: *Vorübergehend geschlossen.*

1054 Nur deutschen Männergruppen in Spanien oder Italien möglich. In Österreich: *Ka Germane / brunzt allane.*

1055 *Frisch vom Faß – gracias!*

Alles fest in deutscher Hand.

Urlaub, Urlaub ... Wir haben nicht mal das Geld zum Daheimbleiben![1056]

Der hält auch an jeder Milchkanne.[1057]

Hier ruht Frank Müller. Er hatte Vorfahrt.

In Deutschland gibt es mehr Behindertenparkplätze als Behinderte.

Ich bin im Urlaub und nicht auf der Flucht.

Django hat Monatskarte.[1058]

Andere Länder, andere Sitten.[1059]

Reise nur so weit, wie der Weinstock wächst.

Eine Kneipe neben der andern, im ganzen zwei.

Da zieht einen auch nichts hin.

Nichts als Gegend hier.

1056 = *auf Balkonien, in Haustralien* bzw. *Balkongo*; auch (etwas bemüht) *in Terrassaloniki* oder *Bad Meingarten*. Österreich: *auf den Dahamas*. New York City: *Roofhampton, Tubhampton*. In Amerika mit Corona aufgekommen: *staycation, holistay*.

1057 Rustikaler: *jedem Misthaufen*.

1058 Auch: *Gott vergibt, Frank Müller nie*.

1059 Nebst der Ergänzung mit den Mädchen. Eingebürgert: *When in Rome, do as the Romans do*. Im Ursprungsland parodiert: *When in Turkey, do as the turkeys do*.

Indische Toilette: Am Ende des Ganges.[1060]

Wenn einer eine Reise tut.[1061]

Der Fremde hat große Augen und sieht trotzdem nichts.

Umwege erhöhen die Ortskenntnis.

Zur Kur nach Bud Spencer.[1062]

Schöne Grüße ans Getriebe!

(D) Überholen Sie ruhig, ich kaufe Ihren Schrott auf.

Wenn du *noch* schneller fährst, reisen wir in der Zeit zurück.

Auf der A 45 schneit es in beiden Fahrtrichtungen.

Rechts ist frei und links ist versichert.

Europa ist zweifellos die Wiege der Kultur, aber man kann nicht sein ganzes Leben in der Wiege verbringen.[1063]

1060 Ähnliches Niveau: ☢ *Blinddarm bei Frauen, wenn man reinkommt links.* Apropos, von Max Liebermann, befragt, wo in Berlin er wohne: *Gleich wenn man reinkommt links,* nämlich im Palais neben dem Brandenburger Tor (siehe Ortrun Egelkraut, Johann Scheibner: *Berlin,* München ⁴2017). Apropos Indien war Rabindranath Tagore, Nobelpreis 1913, in deutschen Literatenzirkeln ob seines betulichen Stils bekannt als *Gangeshofer* (Heideggers Frau Elfriede in Freiburg als *Martinsgans,* Helmut Schmidt, ob seiner Vorliebe für den Großen Königsberger, als *Water-Kant*).

1061 Optional mit vorgeschaltetem *Ja, ja* … Üblicher Nachklapp: … *dann kann er was erzählen.*

1062 Auch: *Nach Blech am Zahlberg.*

1063 Oskar Maria Graf, 1938 umgezogen nach Amerika und dort 1967 verstorben.

Da arbeiten die Leute, um zu leben, nicht umgekehrt wie bei uns.[1064]

Frankreich ist so schön, es sollten nur keine Franzosen drin wohnen.[1065]

Beschütze uns vor Sturm und Wind
und Deutschen, die im Ausland sind.[1066]

Man kann nur leben, wo die Römer waren.

Der Jakobsweg wird langsam zur Partymeile.

1064 Ergänzung ist der gespielte Seufzer: *Ach, wären doch bei uns die Autos ein bißchen schlechter und dafür der Kaffee ein bißchen besser!* Apropos I: *Die Italiener fahren Autos, die kleiner sind als sie selber.* Apropos II: *Die Italiener sind so klein, weil die Mutter immer gesagt hat: Wenn ihr groß seid, müßt ihr arbeiten.* Aus Zeiten der riesigen Geldscheine vor Einführung des Nouveau Franc: *France is a place where the money falls apart in your hands but you can't tear the toilet paper* (Billy Wilder).

1065 Arthur Schopenhauer: *Die andern Weltteile haben Affen; Europa hat Franzosen. Das gleicht sich aus.* Ähnlich xenophob: *Die Griechen, die Griechen, / die kann ich nicht riechen,* im Gegensatz zu: *Türken, das hilfsbereiteste Volk auf der Welt. Kommen immer zu fünft auf dich zu und fragen: Hast du Problem?* Apropos: *Der Grieche ist eigentlich ein Türke, der so tut, als ob er Italiener wäre.* Das Thema zusammenfassend Senator George Aiken, Vermont: *If I were to wake up one morning and find that everyone was the same race, creed and color, we would find some other causes for prejudice by noon.*

1066 Variante in elaboriertem Code: *Tourismus ist, wenn man die Grenzen des Ichs und des Anstands überschreitet.* Apropos an einer Scheune eingangs des Dischmatals (sie sind halt schon die besseren Deutschen, in allem): *Halt fern, o Herr, uns jene Gäste, / die Wurstpapier und Speisereste / ringsum verstreuen in den Wind. / Schick sie in andere Reviere, / zur Lagerstatt der Borstentiere, / die auch im Dreck nur glücklich sind.* Man vergleiche das mit der Reimkunst des Allgäus: *Flaschen, Tüten und Papier / sind in den Bergen keine Zier! / Trägst du sie gefüllt hierher, / trägst sie heimzu – auch nicht schwer!*

Norwegen ist wie die Schweiz,[1067] nur daß die Täler überflutet sind.[1068]

Venedig – alle Straßen überschwemmt, aber die Leute singen.

Italienisch ist eine Gebärdensprache mit unterstützenden Lautmalereien.[1069]

Das Hotel hat drei Sterne. Man kann sie durchs Dach sehen.[1070]

Theorie, wonach die Saturnringe aus verlorenem Fluggepäck bestehen.

When does the Black Forest open in the morning?

Die Heimat[1071] hat uns wieder.[1072]

1067 *Ein Gefängnis, bewohnt von lauter Freiwilligen* (Friedrich Dürrenmatt: *Die Schweiz – ein Gefängnis,* Rede auf Václav Havel zur Verleihung des Gottlieb-Duttweiler-Preises, 22. November 1990).

1068 Und *Schweden ist wie Deutschland ohne Industrie und ohne Hitler.*

1069 Dietmar Wischmeyer, *Das Schwarzbuch der Bekloppten und Bescheuerten,* Berlin [7]2010, S. 44. Von dto. Dath: *Der Italiener argumentiert mit den Händen, überzeugt mit der Lautstärke und philosophiert mit dem Fußball.*

1070 = *Das Zimmer hat fließend Wasser. Von den Wänden.* Aus Österreich: *Die Touristen bemühen sich jahraus, jahrein in rührender Weise, den verwöhntesten Ansprüchen unserer Hoteliers gerecht zu werden* (Karl Farkas, siehe: Georg Markus: *Karl Farkas. Sein Humor. Seine Erfolge. Sein Leben,* Wien 2021).

1071 = *der Alltag.*

1072 In Gegenrichtung zu erdulden: *Sieh einer an, unsere Urlauber!*

III.

DER MENSCH AN UND FÜR SICH

KÖRPER UND WESEN

Körperlichkeit

Der Kopf tät mir auch weh.[1073]

Schönes Gesicht braucht Platz.[1074]

Des Morgens, wenn ich früh aufsteh,
dann tut mir meine Birne weh.[1075]

Meine Augen sind noch gut, nur meine Arme sind zu kurz.

Auf *dem* Ohr ist der taub.[1076]

Ich bin ganz Ohr.

Immer der Nase nach.[1077]

Unter der Nase gut zu Fuß.[1078]

Bleibt einem ja die Spucke weg.

1073 Gebräuchlich auf die Mitteilung des Gegenübers hin, man habe Kopfweh.

1074 = *Je weniger Haare man hat, desto mehr Gesicht muß man waschen* = *Cabrio-Frisur* = *Breitscheitel* = *Fleischmütze.* Anfangsstadium: *Dir wächst ja das Knie durch die Haare!* Endstufe: *Morbus Pläte* (Ruhrgebiet). Auch: *Lieber eine Glatze als gar keine Haare.* Der Originelle: *Entschuldigen Sie, hätten Sie vielleicht 'n Kamm für mich?*

1075 = *Wer saufen kann, kann auch Kopfweh haben.*

1076 Variante, Behinderte verspottend: ☢ *Er is ja blind und sieht nicht, was er red't* (Johann Nestroy: *Judith und Holofernes*, 17. Szene).

1077 Gebräuchlich auf die Frage, wo es zur Toilette gehe. Norddeutsch: *Immä den Ges-tank nach.*

1078 Verschärfte Fassung: ☢ *Die braucht pro Woche auch zwei Tuben Zahnenthaarungssalbe.*

Meine Fresse!

Der schläft schon lange getrennt von seinen Zähnen.[1079]

Wie denn, ohne Arme?

Lieber arm dran als Arm[1080] ab.[1081]

Die Linke kommt von Herzen.

Zwei linke Hände, und an jeder fünf Daumen.

Rechts ist, wo der Daumen links ist.

Ein schöner Rücken
kann auch entzücken.

Vonne nix un hinne ewe,
wo soll sisch da der Babba hewe?

Lieber 'n Bauch vom Saufen[1082] als 'n Buckel vom Arbeiten.

Wenn's hinten weh tut, soll man vorne aufhören.

1079 Auch: *Selbstverständlich sind diese Zähne hier meine eigenen. Vorige Woche habe ich die letzte Rate bezahlt.* Und der Kalauer vom *Lottogebiß: Fünf Richtige und Zusatzzahn.*

1080 Über kräftigere Exemplare: *Sollte 'n Bein werden.*

1081 Ruhrgebiet: *Apper Arm. Weckes Bein. Ausses Auge.* Besitzanzeigend: *Der mit dem appen Arm.* Mitfühlend: *Der Ärmste hat ja gar keine Arme.*

1082 = *Großer Biermuskel* = *Münchner Syndrom* – *Stau um den Mittleren Ring* = *Alles Muskeln und Samenstränge* = *Mollenfriedhof* (Berlin). Beliebt als : *Bier formte diesen wunderschönen Körper.* Ähnlich: (Pfeil nach oben:) *Bier rein.* (Pfeil nach unten:) *Bier raus.* Diese Mitbürger ziehen am Vatertag gern auch einen Bollerwagen hinter sich her mit Plakette 25 *Jahre unfallfrei // ADAC* oder mit Aufkleber 80 *km/h.*

Der Winterspeck wird abgelöst durch Frühlingsrollen.[1083]

Über Gewicht spricht man nicht, Übergewicht hat man.[1084]

Das Herz eines Mannes erreicht man über seine Leber.[1085]

Dann trinken wir auf der Milz weiter.

Geht alles in einen Magen.

Sie hörten den Landfunk.[1086]

Hick, sprach das Bier, da bin ich wieder. = Alles raus, was keine Miete zahlt.[1087]

Wer Schmetterlinge im Bauch haben will, muß sich Raupen in den Arsch stecken.

Salomo der Weise spricht:
Laute Fürze stinken nicht.[1088]

Wo ein Wille ist, ist auch ein Gebüsch.

1083 = *Lebensmittelschwangerschaft* = *erweiterte erotische Nutzfläche* = *Venus von Kilo*. Eingebürgert: *A moment on the lips, / a lifetime on the hips.* = *Ich kann Essen in meinem Mund verschwinden und auf meinen Hüften wieder auftauchen lassen.* = *Hüftgold*. Auch: *Bei dir ist ja der Brustkorb nach unten gewandert!*

1084 = *Wie man sich füttert, so wiegt man*. Scherzhaft: *Untergröße*.

1085 Gerhard Schröder: *Das Land muß mit der Leber regiert werden.*

1086 Gängige Ergänzung: *Die Sau sprach persönlich.*

1087 Zum Auslösen dieser Phrase reicht es, leicht aufzustoßen.

1088 = *Telegramm aus Darmstadt!* Etwas deftiger: *Da ist doch eben Material mitgegangen* (auch: *Scheiße ist, wenn der Furz was wiegt;* sogenannter *Schurz, pl. Schürze*). (homophob): *Detlef, unser Kind atmet.* Apropos Homophobie, ebenso : *Erich – vorne er, hinten ich;* und weiter apropos, mit Fronleichnamsprozession: *He,* Süßer, dein Täschchen brennt!

Jedes Böhnchen
gibt ein Tönchen.[1089]

Da kannst du einen drauf lassen.[1090]

Um einem dringenden Bedürfnis abzuhelfen.

Aus der Traum von der Großfamilie.[1091]

Erst mal frisch machen im Schritt.

Soo kalt.[1092]

Das gibt Tinte auf den Füller.[1093]

Kein Schwanz[1094] ist so hart wie das Leben.

Da hilft kein Schütteln und kein Klopfen.[1095]

Wer lang hat, läßt lang hängen.[1096]

1089 Gängige Ergänzung: … *jede Erbse einen Knall.*

1090 = *Worauf du dich verlassen kannst!*

1091 = *Unten stand ein Nagel vor, / heut singt er im Kinderchor.*

1092 Dazu die Geste mit Daumen und Zeigefinger.

1093 Beim Verzehr etwa eines Selleriesalats. Direkter: *Lakritz macht spitz.*

1094 Pathetisch: *Der macht die Gefühle.*

1095 Zu verwenden im *Harnsteinzimmer* = *Used beer department.* Dort beliebte Inschrift: *Such nicht nach Witzen an der Wand, / den größten hältst du in der Hand.* Im Nebenabteil, betreffend die Feststoffe: BLA BLA *Liebe Köchin, lieber Koch, / hier fällt eure Kunst ins Loch.* Nach Rückkehr gern der Bericht: *Zwei Pfund, ohne Knochen.*

1096 Ergänzung: *Und wer noch länger hat, läßt schleifen.* Passender Spruch: *Bei der Ü-30-Party haben sie mich nicht reingelassen – mir haben zwei Zentimeter gefehlt.*

Das hab ich im Urin.

Tief in seiner Unterhose[1097]
wohnt eine Totalphimose.[1098]

Und wirft der Arsch[1099] auch Falten,[1100]
wir bleiben doch die Alten.

Da wird mir ja ganz blümerant.

Nicht kratzen – waschen.

Das tut mir jetzt auch weh.

Ein Indianer kennt keinen Schmerz.[1101]

Setz dich doch *hier* rüber,
dann bist du näher bei deinen Beinen.

Das Schienbein, ein Instrument, im Dunkeln Möbel zu finden.

Der unterste war meiner!

Barfuß bis an den Hals.

1097 Unvergessen: *Hömma, du hast deine Unterhose verkehrt rum an. – Wie, mit dem Gelben nach hinten? – Nee, mit dem Braunen nach außen.*

1098 Ähnlich, geschüttelreimt: *Tief in seiner Lodenhose / hängen seine Hoden lose.*

1099 Klassisch-pubertär, apropos: *Ich brauch 'n neuen Arsch, der alte hat 'n Loch und macht pfft-pfft.*

1100 Anders der ☢ *Marzipanhintern: gelb, und wenn man reindrückt, geht die Delle nicht mehr raus.*

1101 Steigerung: *Winnetou starb, ließ sich jedoch nichts anmerken* (Eugen Egner: *Aus dem Tagebuch eines Trinkers – das letzte Jahr*, Zürich 1991).

Wissen und Verstand

Das verstehe, wer will.

Glauben heißt nicht wissen.

Selbsterkenntnis ist der erste Weg zur Besserung.

Sollte man so auch nicht meinen.

Stell dir bloß mal vor![1102]

Das ist mir in der Form neu.[1103]

Da könnt ich Bücher schreiben.

Mußt nicht von dir auf andere schließen.

O Herr, laß Hirn regnen!

Wissen ist Macht.[1104]

Da müßt ich lügen.

Du hast's gut, du bist blöd.[1105]

1102 Replik, nur echt mit nachgemachtem Hamburger Zungenschlag: *Man mach sich das jo gor nich vors-tellen!* Bei Älteren vorgeschaltet: *Sprechen Sie nicht weiter!*

1103 Variante mit Irrealis: *Das wäre mir neu.* Auch: *Das sollte mich jetzt wundern.*

1104 Gängige Ergänzung: *Weiß nix. Macht nix.*

1105 =  *Doof bleibt doof, da helfen keine Pillen und keine Medizin, selbst Aspirin versagt = D.B.D. – D.H.K.P.U.K.M. – S.A.V.* Apropos in Amerika (phonetisch): *Em ei esses ei esses ei pipi ei.*

Sind ja sonst nicht auf den Kopf[1106] gefallen.

Nix Genaues weiß man nicht.

Zwei Dumme, ein Gedanke.

So blöd kann niemand sein.

Einbildung ist auch 'ne Bildung.

Da ist der Wunsch der Vater des Gedankens.[1107]

Was man weiß, kann einem keiner rauben.[1108]

Denk an meine Worte!

Jetzt wird mir so manches klar.

So genau wollt ich's gar nicht wissen.

Was sagen Sie als Unbeteiligter zum Thema Intelligenz?

Da würd ich mir[1109] mal Gedanken drüber machen.

Jeden Morgen steht ein Dummer auf.[1110]

Verstehe nur Bahnhof.

1106 Variante: *Mund.*

1107 Arthur Schopenhauer läßt grüßen.

1108 Gängige Replik: *Und was man nicht weiß, kann einem erst recht keiner rauben.*

1109 Gängiger Einschub: *an deiner Stelle.*

1110 Traditionelle Ergänzung: *Man muß ihn nur finden.*

Auch nicht der Weisheit[1111] letzter Schluß.[1112]

Der Mensch wird alt wie ’n Haus
und lernt nie aus.[1113]

Jetzt bin ich so schlau wie vorher.[1114]

Und? Klingelt’s?[1115]

Denken Sie noch mal in Ruhe drüber nach.

Wie sind wir denn jetzt *da* drauf gekommen?

Ich habe nicht die leiseste Idee.[1116] = Keinen Schimmer vom Dunst einer Ahnung.

Das will heute ja auch keiner mehr wahrhaben.

Das hätte ich jetzt nicht gedacht.[1117]

Das war jetzt Gedankenübertragung.

Erst lange Leitung, und dann noch drauf sitzen.

Drei Dinge kann ich mir nicht merken: Namen, Zahlen, und das dritte hab ich vergessen.

1111 Aus Amerika: *How terrible is wisdom when it brings no profit to the wise.*

1112 Scherzhafte Variante: … *letzter Stuß.*

1113 bzw. *’ne Kuh* und *immer noch dazu.*

1114 Variante nach den Bologna-Reformen: *Jetzt sitz ich hier als Bachelor / und bin so klug als wie zuvor.*

1115 Anders: *Haben dir da nicht die Ohren geklingelt?*

1116 Hierbei *leiseste Idee = blassesten Schimmer.*

1117 Übliche scherzhafte Erwiderung: *Womit denn auch?*

Jetzt noch mal langsam, zum Mitschreiben.[1118]

Ich nix wiß.

Wo denken Sie hin!

Mehr Glück als Verstand.

Prognosen sind unsicher, besonders wenn sie die Zukunft betreffen.

Da geht mir ja ein Kronleuchter auf.[1119]

Dacht' ich's doch gleich![1120]

Das ist mir zu hoch.

Da scheiden sich die Geister.

Ich rufe mich selber so selten an.[1121]

Man macht sich keinen Begriff.

Du merkst aber auch alles.

Du viel dumm.[1122]

1118 Der Scherzkeks: … *zum Mitweinen.*

1119 Zum Thema Denkanstöße von F. W. Bernstein: *Jetzt hab ich meinen Denkanstoß, / ich glaub, jetzt geht das Denken los, / was mach ich bloß, was mach ich bloß? / Wie werd ich die Gedanken los? Danken – los?*

1120 = *War mir doch so.*

1121 Auf die Frage nach der eigenen Telefonnummer. Und das Paßwort lautet *passwort* bzw. *123456.*

1122 Gängige Erwiderung: *Nix viel dumm wie du.*

Alle Klarheiten beseitigt?[1123]

Still confused, but on a higher level.

Klingt komisch, ist aber so.

Weiß der Henker.[1124]

Herkunft, Charakter, Geistesgaben

Wo er das wohl herhat?[1125]

Denen ist auch das Beste gerade gut genug.[1126]

Der würde seinen Arsch stehenlassen, wenn er nicht angewachsen wäre.

Nüchtern zu schüchtern, besoffen zu offen.[1127]

Einnehmendes Wesen![1128]

Das weiß man bei dem nie so genau.[1129]

Auch mit dem D-Zug durch die Kinderstube gefahren.

[1123] = *Alles klar, keiner weiß Bescheid.*

[1124] Hierbei *Henker* = *Kuckuck.*

[1125] Oder: *Was hamse denn dem in den Kaffee getan?*

[1126] Ähnlich: *Auch kein Kostverächter.*

[1127] Variante: … *aber voll ganz toll.*

[1128] Zum Auslösen dieser Phrase reicht es, einen fremden Schirm in die Hand zu nehmen. Ähnlich: *So kann man auch sein Geld verdienen.*

[1129] = *Bei dem weiß man auch nie, wo man dran ist.*

Früher hat er gestohlen, heut' lügt er.[1130]

Die schärfsten Kritiker der Elche
waren früher selber welche.[1131]

So hat halt jeder seinen Stolz.[1132]

Reines Gewissen. Nie benutzt.

Da nennt ein Esel den anderen Langohr.

Ein Mann mit tiefen Taschen und kurzen Armen.[1133]

Will hier mit den großen Hunden pinkeln.[1134]

Wie der Herr,
so 's Gescherr.

Von Beruf Sohn.

Noch so ein Rächer der Enterbten.

Dagegen ist eine Schnecke ein Wirbeltier.[1135]

1130 Ähnlich: RIP *So was lebt und Schiller mußte sterben.* Auch: *Der hat so viel hinter sich, daß er nichts mehr vor sich hat.*

1131 Oftmals Robert Gernhardt zugeschrieben, stammt aber von F. W. Bernstein.

1132 Apropos: *Am Regen stört mich die Attitüde: immer so von oben herab.*

1133 = *Das ist dir vielleicht eine Krämerseele.*

1134 Ähnlich: *Der kann auch vor Kraft kaum laufen.*

1135 = *Der Herr badet gern lau* bzw. *Das ist Herrchen sein Frauchen* und alles Spätere: ☢ *Warmduscher, Sitzpinkler, Schattenparker, Duftbaumfahrer, Frühbucher, Landungsklatscher, Sockenbügler* usw. usf.; und sogleich schlossen sich kritische Fragen an – dann also auch *Frauenversteher, Ausländerfreund, Philosemit?*

Eher legt ein Hund einen Wurstvorrat an.

Manche brauchen's mit 'm Hammer.

Die einzige Sprache, die die verstehen.

Ein Gentleman[1136] vom Scheitel bis zur Sohle.[1137]

Nach allen Seiten offen, mit anderen Worten: nicht ganz dicht.

☢ Der lebende Beweis, daß Prostituierte sich fortpflanzen.[1138]

Den hamse als Kind wohl auch zu heiß gebadet.

Kluges Köpfchen![1139]

Komischer Heiliger.[1140]

Zu dumm, Löcher in den Schnee zu pinkeln.[1141]

Sein Ruf eilt ihm voraus.

Ist der Ruf erst ruiniert …

Jetzt randaliert er wieder.[1142]

1136 Auszusprechen: *Tschentelmäng.*

1137 Zum Auslösen der Phrase reicht es, jemandem die Tür aufzuhalten. Altherrenvariante: *… vom Absatz bis zur Sohle!*

1138 Ähnlich: *Der einzige lebende Herzspender.* Auch: *My bank manager went for a heart transplant but they couldn't find a stone of the right size.*

1139 Bei noch etwas mehr Raffinesse: *Schlaues Kerlchen!*

1140 = *Auch so ein Fall für sich.*

1141 Im Fall von Frauen, politisch kaum korrekt: ☢ *Wenig Festplatte, aber gutes Laufwerk.*

1142 Zum Auslösen dieser Phrase reicht es, daß ein Glas umfällt.

Pack schlägt sich, Pack verträgt sich.[1143]

Hauptsache, er ist von der Straße weg.

Von irgendwem müssenses ja haben.

Nur so kommste zu was.[1144]

Er schon wieder.

Das sagt der Richtige.[1145]

Ganz schlimmer Finger.[1146]

Außen hui, innen pfui.

Vom Stamme Nimm.[1147]

Da muß man zu geboren sein.

Die Ratten verlassen das sinkende Schiff.

Es ist kein Schwert,
das schärfer schert
als eine Magd,
die Herrin werd.[1148]

1143 = *Erst raufen, / dann saufen.*

1144 = *Fett schwimmt oben.*

1145 = *Muß der gerade sagen.*

1146 Lat.: *digitus totus malus* = *linke Bazille,* lat.: *bacilla sinistra.*

1147 Bei dieser Gelegenheit das beliebte: *Humba-humba, wir sind* ☢ *Neger / von dem Stamm der Hosenträger. / Unser Häuptling ist ein Weißer / von dem Stamm der Hosen …*

1148 = *Der regnet's auch in die Nase.*

Beruflich: tadellos. Charakterlich: Hut auf![1149]

Die Katze läßt das Mausen nicht.

Nach dem Motto: Hoppla, jetzt komm ich.[1150]

Unter welchem Stein sind die denn vorgekrochen?[1151]

Diese Leute stürmen die Bastille, um sich da als Wärter zu bewerben.[1152]

So geht's einem, wenn man den Kompaß in der Hose hat.

RIP Den hamse beim Bettenmachen aufgefunden.

Große Klappe, nichts dahinter.[1153]

Wer solche Freunde hat, braucht keine Feinde mehr.

Organismen, die Perlen hervorbringen, sind verschlossen.[1154]

1149 Mario Adorf über ☢ Dieter Wedel, auf der Stelle sprichwörtlich geworden.

1150 Auch: *Der hat's vom Korinthenkacker zum Klugscheißer gebracht.*

1151 = *Geisterbahn, Künstlereingang* (Heinz Strunk, *Nach Notat zu Bett*, Reinbek bei Hamburg 2019).

1152 = *Leute, die sagen, ach, es regnet, wenn man sie anspuckt.* Léon Bloy: *Le Désespéré*, Paris 1887: *Leute, die zum Rechtsanwalt laufen, während man ihre Mutter vergewaltigt*; Übersetzung: Ernst Jünger: *Der Waldgang*, Stuttgart 1980, S. 73. Er nennt sie *âmes de torchons graisseux*, was mit *Schmierlappenseele* nur unvollkommen übertragen wäre. Über den *Waldgang* wiederum Carl Schmitt: *Der Wald, der fühlt sich hochgeehrt / von so viel Adel, Zucht und Wert; / er offeriert als treues Tier / sein Holz als Tagebuchpapier*; in: Gerd Giesler, Ernst Hüsmert (Hrsg.): *Gedichte für und von Carl Schmitt*, Plettenberg 2011, S. 28.

1153 = *Tadeln können zwar die Toren, / aber besser machen nicht.*

1154 = *Stille Wasser sind tief.*

Als Tiger gesprungen, als Bettvorleger gelandet.[1155]

Der würde sich in der Telefonzelle verlaufen.[1156]

Das sind Leute, die beim Lesen die Lippen bewegen.

Dem gibt man den kleinen Finger und dann nimmt er die ganze Hand.[1157]

Den schickste Zigarettenholen und dann kommt er zurück und hat die Markstücke verbogen.[1158]

Der kann grade mal das Wasser halten, den Mund aber nicht.

Ziehen an einem Strick, nur nicht am selben Ende.[1159]

* * *

Exkurs: **Leute mit dem gewissen »Auch«**

Auch kein Kind von Traurigkeit.[1160]

Die sind sich auch für nichts zu schade.

1155 Ebenso teils aus dem Tierreich: *Beim Kasperle und dem Krokodil willste ja auch nicht wissen, ob die jetzt eine schwere Kindheit hatten.*

1156 = *Knallcharge* = *Hanswurst* = *Witzfigur* = *Pappnase* = *Schiffsschaukelbremser* = *Pfeifenheini* = *Dünnbrettbohrer* = *Flachlandtiroler* = *Heringsbändiger* (veraltet) = *talentfreier Einzeller* (modern) usw. usf.

1157 Oder: *Von denen fühlt sich auch keiner zuständig.*

1158 In Kreisen der Informationstechnologie spricht man vom *DAU – Dümmster anzunehmender User* oder *BDU – Brain-dead user.*

1159 Oder: *Die sind sich auch nicht grün.*

1160 Bzw. *Der lacht auch über seine eigenen Witze am lautesten.*

Wenn die nichts zu meckern haben, dann sind die auch nicht froh.[1161]

Du bist auch *gar* nicht neugierig. = So fragt man Leute aus.

Der frißt zum Frühstück auch rostige Nägel.[1162]

Der pinkelt ja wohl auch Eiswürfel.[1163]

Mit dem ist auch nicht gut Kirschen essen.[1164]

Von dem nimmt auch keiner mehr ein Stück Brot.[1165]

Der geht ja wohl auch zum Lachen in'n Keller.

Der hat auch die Ruhe weg.

Die hat auch nah am Wasser gebaut.

Dem ist auch nichts Menschliches fremd.

Bei denen ist auch Hopfen und Malz verloren.

Auch nicht über jeden Zweifel erhaben.

Die ist ja wohl auch *nur* schön.[1166]

1161 Anders: *Die haben gut lachen.*

1162 Ähnlich: *Der geht mit dem Kopf durch die Wand, selbst wenn die Tür offensteht.*

1163 = *Der kennt auch keine Verwandten.*

1164 = *Dem möchteste auch nicht im Dunkeln begegnen* bzw. *Aus dem wirste auch nicht schlau.*

1165 = *Der wird nicht mal mehr zur Eröffnung von Thunfischdosen eingeladen.*

1166 Ebenso beliebt: *Die putzt auch alle Ecken rund.*

Auch um keinen Spruch[1167] verlegen.

Auch so ein merkwürdiges Völkchen.[1168]

Die gönnen sich auch nicht die Butter aufm Brot.

Von Zweifeln auch nicht angekränkelt.

Auch nicht die feine englische Art.

Die haben auch vor Schulden keine Bange.[1169]

Der hält Skrupel auch für russische Währung.

Der lebt auch über seine geistigen Verhältnisse.[1170]

Der parkt auch vorm Puff in zweiter Reihe.

Der hört auch die Flöhe husten.[1171]

* * *

[1167] Variante: *keine Ausrede*. Ähnlich: *Die haben auch die Weisheit mit Löffeln gefressen.*

[1168] Beispiel (xenophob): ☢ *Die lügen, bis sich der Balkan biegt.*

[1169] = *Der kann besser mit Schulden umgehen als manch anderer mit Geld*. Unnachahmlich Ronald Reagan: *I am not worried about the deficit. It is big enough to take care of itself.* Von ihm auch (auf einer Pressekonferenz am 12. August 1986): *The nine most terrifying words in the English language are: I'm from the government and I'm here to help.*

[1170] Variante: *Die reden auch nur über Geld*. Beliebte Ergänzung: … *das sie nicht haben.*

[1171] = *Flohpulmologe*. Ähnlich *Graswachstumsakustiker, Korinthenausscheider, Erbsenarithmetiker* usw. usf.

Schicksal, Hoffnungslosigkeit, Alter und Tod

Mensch, weißte, nee.[1172]

Das hat er nun davon.

Wie kann das nur angehn.

Kommt eins zum andern.

Dumm geloffe.[1173]

Klappe zu, Affe tot.[1174]

Werd ich mit leben müssen.

Verhältnismäßig jung ist ziemlich alt.[1175]

Wissen Sie, wer gestorben ist?[1176]

Das ist ja noch kein Alter.

Nun hat die liebe Seele Ruh.

Zu spät, du rettest den Freund nicht mehr.

Da war auch nicht mehr die Hebamme schuld.

1172 Ergänzung: *Von weitem sehr entfernt.*

1173 Steigerung: *Böse Falle*; Superlativ: *O böse Welt!*

1174 Gängige Ergänzung: *Zirkus pleite.* Eingebürgert als Ersatz: *End of story.*

1175 Ein Tipp von Charles de Gaulle: *Der ältere Mann halte sich aufrecht und mache ein böses Gesicht.*

1176 Gängige Antwort: *Mir ist jeder recht.*

Das ist kein Alter, das ist ein Zustand.[1177]

Die Einschläge kommen näher.

Ende der Fahnenstange.[1178]

Mal wieder kurz vor knapp.

Der ist aus dem Alter raus, wo man stirbt.

Der ist ja nun auch schon tot.[1179]

Je oller, je doller.[1180]

Man wird älter.[1181]

Man wird halt auch nicht jünger.[1182]

1177 Auch: *Alle wollen alt werden, aber keiner will es sein.*

1178 Kürzer: *Ende Gelände.*

1179 Oder *vor seinen Schöpfer getreten* oder *in den ewigen Jagdgründen.* Ruhrgebiet: *Umgezogen. Knochenkamp.* Elegant: *Mit dem Palmentaxi abgeholt* bzw. *in den Holzpyjama gestiegen.* Hotelgewerbe: *Kalte Abreise.* Im Einzelfall: *Den hat der liebe Gott geholt. Vom Dachboden. Mit'm Lasso.* Ebenso scherzhaft: *Hat sich hinter den Zug geworfen* (Wuppertal: *unter die Schwebebahn*) bzw. *im Parterre aus dem Fenster gestürzt.* Auch: *Der ist ganz friedlich in seinem Bett gestorben. An Schußverletzungen* bzw. *eines ganz natürlichen Drogentodes* usw. usf.

1180 Variante: *Wenn alte Scheunen brennen …*, letzteres auszusprechen: *Pünktchen, Pünktchen, Pünktchen.*

1181 Gängige Ergänzung: *am Arsch wird's kälter.* Männerregeln dazu: 1. *Nimm jede Gelegenheit zum Pinkeln wahr.* 2. *Nutze jede Erektion.* 3. *Mißtraue jedem Furz.* Apropos spricht man vom *Hotel Incontinental.* Von George Burns: *First you forget names, then you forget faces. Next you forget to pull your zipper up and finally, you forget to pull it down.*

1182 Gereimt: *Falsche Zähne, die nicht beißen, / Hämorrhoiden, Schmerz beim Scheißen, / lahmer Pinsel, der nicht steht, / da fragst du Arschloch, wie's mir geht.*

Lieber von Picasso gemalt als vom Schicksal gezeichnet.

An irgendwas muß man ja sterben.[1183]

Wer länger lebt, ist kürzer tot.

Jeder, wie er's verdient hat.

Den Toten fehlt nichts außer dem Bewußtsein ihres Glücks.[1184]

Der Sarg klappt zu, die Witwe[1185] kichert,
der Mann war Allianz-versichert.[1186]

Ich bin in einem Alter, wo die Kerzen mehr kosten als der Kuchen.

Über Tote nur Gutes.[1187]

Man ist so alt, wie man sich fühlt.

Noch so ein Nagel zu meinem Sarg.

Die Zeit nach dem Tod wird sich anfühlen wie die Zeit vor der Zeugung.

1183 = RIP *Alkohol und Nikotin / rafft die halbe Menschheit hin, / ohne Alkohol und Rauch / stirbt die andre Hälfte auch.* = *Sterben muß man sowieso, / schneller geht's mit Marlboro.*

1184 Von ähnlich morbidem Chic: *Die Menschen leben immer länger, aber wie leben sie länger, und warum?* Gipfel der morbidezza: *In Wien sind's dir sogar auf an Krebs neidig* (Helmut Qualtinger).

1185 ☢ *Hat im Trauerjahr nur mit Schwarzen geschlafen*, gängiger Kalauer.

1186 *Nachdem ich jetzt schon wieder ein Formular ausfüllen mußte, wäre es mir fast lieber, mein Mann wäre nicht gestorben!* – aus der Rubrik »Lustige Briefe an Ämter und Versicherungen«.

1187 Gängige Ergänzung: *Er ist tot. Gut.*

Das Rentnerdasein hat noch keiner überlebt.

Lieber betagt als umnachtet.

Das erleben wir alle nicht mehr.[1188]

Das nächste Mal, wenn ich umziehe, wird das in einem Sarg sein.[1189]

An dem seiner Stelle würd ich mir auch keine Monatskarte mehr kaufen.[1190]

Zu Tode gefürchtet ist auch gestorben.

Selbstmord aus Angst vor dem Tod.[1191]

Der ist guter Dünger.

RIP Wer einmal aus dem Blechnapf fraß …

Jetzt noch ein paar schlechte Jahre, dann sind die guten Zeiten vorbei.[1192]

1188 Formulierung von 1841: *Mir erläwe's net, awwer Sie wern sähe, daß ich recht hob: in fufzig Johr sinn mer all Derke!* (Dummbach in Ernst Elias Niebergalls *Datterich*, II. Bild, 2. Szene).

1189 Sonderfall in *Squire Haggard's Journal* (Michael Green, London 2000, S. 1 f.): ***Sept. 16, 1777*** *– Jas. Soaper hanged for stealg. a nail. /* ***Sept. 17*** *– Jas. Soaper found to be innocent. /* ***Sept. 20*** *– Jas. Soaper dug up and removed to Consecrated Ground.*

1190 Apropos: *Ich will sanft entschlafen wie mein Opa, nicht mit so'm Geschrei wie die, die bei ihm im Auto saßen.*

1191 Aus Rußland, 1930: *Die letzten Worte des Dichters Majakowski vor seinem Selbstmord: Nicht schießen, Genossen! Nicht schießen!*

1192 An der Giebelwand, unter den gekreuzten Pferdeköpfen: *Wer den Kindern gab das Brot / und leidet in dem Alter Not, / den schlage mit dem Knüppel tot.*

Das hat dem auch keiner an der Wiege gesungen.

Sterben müssen wir alle mal.

SINNE UND AKTIVITÄTEN

Sinneswahrnehmungen

Ich spüre, was du meinst.

Kann *ich* doch nicht riechen.

Was sehen meine entzündeten Augen?

Brauchst gar nicht so zu gucken!

Wie Sie sehen, sehen Sie nix.

Sieht ja 'n Blinder.[1193]

Holzauge, sei wachsam.[1194]

Wer aus dem Fenster schaut, wird manches gewahr.

Mit Brille wär' das nicht passiert.

Ich höre mich nicht nein sagen.

Oder wie seh ich das?

Das Mädchen schielt nicht, das *soll* so gucken.

[1193] Uralt, vgl. *caeci hoc vident* bei Livius. Gängige Ergänzung: *mit'm Krückstock.*

[1194] Dazu das untere Augenlid etwas hinabzuziehen.

Ich hab Tinnitus im Auge, ich sehe lauter Pfeifen.

Wer's zuerst roch,
dem kroch's aus dem Loch.

Hat keiner gesehen.

Sieh mal einer an!

Wenn ich das schon höre!

Darf man alles nicht so eng sehen.

Suchen Sie was Bestimmtes?[1195]

Das Auge ißt mit.

Vier Augen sehen mehr als zwei.

Das guck ich mir nicht mehr lange an.

Werden wir sehen, hat der Blinde gesagt.[1196]

Jetzt, wo Sie's sagen, riech ich's auch.

So schnell kannste gar nicht gucken.

1195 Kann Drohung sein. Sonst gern benutzt gegenüber einem, der in der Nase bohrt.

1196 Kurzwitz: ☢ *Sagt der Einbeinige zum Blinden: Wenn du so weitermachst, tret ich dir in'n Arsch. Sagt der Blinde: Das will ich sehen.* Variante: *Blinder und Tauber duellieren sich. Fragt der Blinde: Ist der Taube schon da? Fragt der Taube: Hat der Blinde schon geschossen?*

Sich bewegen und verweilen

Wohin des Wegs?[1197]

Per pedes apostelorum.

Wo man schläft, da laß dich ruhig nieder,
böse Menschen haben keine Lider.[1198]

Da hat's aber jemand eilig![1199]

Gemach, gemach!

Wer kriecht, stolpert nicht.

Ein Weg entsteht,
wenn man ihn geht.

Spaziergang: Der Umweg ins Wirtshaus.[1200]

Du hast vielleicht 'n Zahn drauf …[1201]

Renn doch nicht so![1202]

[1197] = *Wohin so eilig?* = (vulg.) *Wo gehste?* Von der Ruhr aus den fünfziger Jahren: *Wo gehste? – Im Kino. – Wat kommt da? – Quo vadis.– Wat heißt dat? – Wo gehste. – Im Kino* usw. usf.

[1198] = *Wer schläft, sündigt nicht.*

[1199] Ähnlich: *Da hat aber mal einer Durst!*

[1200] (Vermutlich Arthur Schopenhauer) bzw. *Jagdpartie, ein bewaffneter Spaziergang.*

[1201] Hierbei *Zahn* = *Zacken.*

[1202] Max Goldt (*Für Nächte am offenen Fenster*, Reinbek bei Hamburg 2003, S. 339): *Begleitungen sind wie Lügen, sie haben kurze Beine und rufen immer: »Renn doch nicht so!«*

SPRACHE UND SPRECHABSICHTEN

Sprache, Sprechabsichten

Wem sagen Sie das.

Raus mit der Sprache!

Peinliche Gesprächspause! *(immer möglichst laut)*[1203]

Ein großes Wort, gelassen ausgesprochen.

Sprich dich ruhig aus.[1204]

Sag ich doch.[1205]

Sagt einem ja keiner was.

Hättst ja mal was sagen können.

Muß man einem doch sagen.

Hättste doch was gesagt!

Hört, ihr Leut![1206]

Aber mich fragt ja keiner.

1203 Alternative, ebenfalls möglichst laut auszusprechen: *Themenwechsel!* Samuel Beckett: *To be really wortkarg, one must know every Wort* (Roswitha Quadflieg: *Beckett was here*, Hamburg 2006, S. 70).

1204 Zum Auslösen dieser Phrase reichen kürzeste Stockungen im Redefluß.

1205 Langversion: *Sag ich doch schon die ganze Zeit.*

1206 Dabei die Hände schalltrichtergleich vor den Mund halten, oder Geste, als würde man eine Glocke läuten. Diese Mitbürger sagen auch: *Tue hiermit kund und zu wissen.*

Wie sagten Sie soeben so treffend?

Und jetzt mal was *ganz* anderes: –

Das kannste aber laut sagen.

Äh, stotter.[1207]

Du kannst einen vielleicht Sachen fragen.

Erzähl mal was. Muß auch nicht stimmen.

Jetzt reden wir mal Fraktur.[1208]

Gute Frage. Nächste Frage.

Ich frag ja nur.[1209]

Was will uns der Dichter damit sagen?[1210]

Wenn du das nicht glauben willst, lüg ich dich gern was andres an.

Das kannste deiner Oma erzählen. = Erzähl das deinem Friseur.[1211]

[1207] Einleitung: *Und ich so …* Überhaupt die Inflektivkonstruktionen Patent Erika Fuchs sel. (Micky Maus, Familie Duck etc.), die *Erikative*: *schlotter, frier (Thermoskanne)* usw. usf.

[1208] Hierbei *Fraktur = Deutsch.*

[1209] Auch: *Jetzt mal 'ne ganz dumme Frage:* – Das Gegenüber hat zu antworten: *Es gibt keine dummen Fragen.* Apropos: *Rhetorische Fragen – braucht man sie wirklich?*

[1210] = ט *Was mag der Sinn wohl / von diesen Worten sein?*

[1211] Hierbei *Friseur = Parkuhr.* Ausführliche Variante: *Du verwechselst mich mit jemand, den das interessiert.*

Darf man ja eigentlich gar nicht sagen.

Was Sie nicht sagen![1212]

Dir erzähl ich noch mal was ...[1213]

Die einen sagen so, die andern sagen so.[1214]

Hier spricht der Dichter.

Sprich mit mir![1215]

Nur laut gedacht.

Dann will ich nichts gesagt haben.

Kinder und Betrunkene sagen die Wahrheit.[1216]

Womit wir wieder beim Thema wären.

War ja nur 'ne Frage.

Wer flüstert, der lügt.[1217]

1212 Englisch: *You don't say!* oder *No kidding!*, bei uns in anglophilen Kreisen eingebürgert.

1213 Steigerung: *Dir darf man aber auch gar nichts erzählen.*

1214 Auch dies die spruchgewordene Pointe eines Witzes: *Du, der Manfred erzählt rum, deine Frau taugt nix im Bett* usf.

1215 Gebraucht allein von Frau gegen ihren Partner; ersetzt das ansonsten gebräuchliche *Kannst du nicht mal den Mund aufmachen!?* Etwas ziviler im Tonfall: *Sag doch was!*

1216 = (anteilig) *Kindermund tut Wahrheit kund.*

1217 Aus der Finanzwelt: *Geld redet, Vermögen flüstert.* Englische Variante: *That money talks / I won't deny. / I heard it once. / It said, »Goodbye«.*

Um die Wahrheit zu sagen: –[1218]

Fragen wird man ja wohl noch dürfen.

Deutsche Sprache – schwere Sprache.[1219]

Das spricht ja Bände.

Dreimal darfste raten.

Das haben jetzt *Sie* gesagt.[1220]

Wer ‚brauchen' ohne ‚zu' gebraucht …

Wird ja viel erzählt.

Rettet dem Dativ![1221]

Sie sprechen in Rätseln.

Fragen Sie mich was Leichteres.

Das sagst du so in deinem jugendlichen Leichtsinn.[1222]

Wer viel fragt, kriegt viel Antwort.[1223]

1218 Neudeutsch: *TTTT = to tell the truth.*

1219 Übliche Ergänzung: *schreiben Schwein, sagen Sau.* Englisch: *We have noses that run und feet that smell.*

1220 Fast das Gegenteil der Aussage im Präsens: *Sie sagen es.*

1221 *= Mir und mich / verwechsl' ich nich, / das kommt bei mich nich vor. / Mein Bruder, der steht hinter mich / und flüstert mich ins Ohr.*

1222 Auch, lang vergangen: *Liebe Oma, ich schreibe Dir diesen Brief besonders langsam, weil ich ja weiß, daß Du nicht so schnell lesen kannst.*

1223 Drastischer: *Wer Scheiß fragt, kriegt Scheiß zurück.* = (veraltet) *Wer lang fragt, geht lang irr.* = (neudeutsch) *GIGO – Garbage in, garbage out.*

Soll das ’ne Drohung sein?

Ein Bild sagt mehr als tausend Worte.

Grammatik: Die Lehre von den Gewichten.[1224]

Man redet, *weil* man sich versteht, und nicht, *damit* man sich versteht.

Mein Französisch ist etwas eingerostet.[1225]

Broken English spoken perfectly.[1226]

Wer ‚nämlich‘ mit h schreibt, ist dämlich.[1227]

Wer in Leipzig Gorgonzola bestellt, kriegt Gurkensalat.[1228]

Das eine merke dir genau:
Der Milchmann, doch *die* Eierfrau.[1229]

Schön, daß wir drüber gesprochen haben.

Lange Rede, kurzer Sinn: –[1230]

1224 Und *analog ist das Imperfekt von Anna lügt.* Apropos, etwas betagt: *Bestimmen Sie die grammatische Form des Satzes »Er hätte nicht geboren werden sollen«! – Präservativ défekt.*

1225 Gängige Ergänzung: *Bin leider über ein Schulfranzösisch nicht hinausgelangt;* z. B. *Le feu qui homme fait l’eau-coq sur* (bzw. *unus ignis quis vir multum ab audere*) und ähnliches mehr, wie etwa œ*uf-*œ*uf, que lac je là* oder (frauenfeindlich) ☢ *Bleu de Q* usw. usf.

1226 *Ice Deale* oder *peak fine* usw. usf.

1227 Variante des Besserwissers: *nämlic* bzw. *dämlic.*

1228 Und *»It doesn’t matter« versteht der Bayer als »in tausend Meter«.*

1229 Englisch: *Masculine will only be / things that you may touch or see.*

1230 Altherrenfassung: *Lange Rede, kurze Hose.*

Wo waren wir gleich noch mal stehengeblieben?

Was Sie schon immer wissen wollten, aber nie zu fragen wagten.

Wenn ich nicht gerade was gesagt hätte, würde ich sagen, ich bin sprachlos.

Du dich kaufen Tüte Deutsch, haben mich auch gehilft.

Wir spielen jetzt Halt die Fresse, und du fängst an.[1231]

Meinst du das als Kritik?[1232]

Erzähl doch mal ’n Schwank aus deiner Jugend.

Bleiben Sie ruhig bei Ihrer Meinung. Die ist bei Ihnen ja in besten Händen.[1233]

Sprechen Sie in dieses Mikrofon.

Ich fühle, was du denkst.[1234]

Auf der Oder schwimmt kein Graf.[1235]

Du hast gut reden.

1231 Analog: *Wir spielen Rauchen. Du gibst. = Haste mal ’ne Zigarette? Meine sind noch im Automaten.* Apropos die italienischen, holländischen, ägyptischen Zigarettenmarken *Schnorratti, van Anderen, Nagib.*

1232 Gängige Replik: *Nee, nur so als Feststellung* (notiert von Max Goldt).

1233 Ähnlich: *Wenn ich dir recht gebe, liegen wir beide falsch.*

1234 = *Ich sehe jetzt, was Sie meinen.*

1235 Aber: *Auf dem Wo / da sitzt ein Floh.* Apropos: *Der Kuli, den ich Au Corbusier vor einer Woche geliehen habe, den hat mir Le Corbusier immer noch nicht zurückgegeben. Das finde ich ein echt schwaches Bild Du Corbusier* (Harry Rowohlt: »Pooh’s Corner«, in: *Die Zeit* Nr. 28/1997).

Des Bieres kundig eingedenk,
trank er sich mächtig voll.[1236]

Un-, die Vorsilbe der Verneinung, wie bei Sinn und Unsinn, Garn und Ungarn.

Dein ‚scheinbar' hör' ich weinend,
du meinst gewiß ‚anscheinend'.[1237]

He has – der Hase, *she has* – ☢ [1238] Skihase.

Da bin ich jetzt überfragt.[1239]

Das bleibt jetzt aber unter uns.

Sag so was nicht.

Wie meinen?

Angeben, Großspurigkeit

Meine Rede.[1240]

Eine meiner leichtesten Übungen.[1241]

1236 Ursprung: *Begierig, kundig, eingedenk, / teilhaftig, mächtig, voll / regieren stets den Genitiv, / was man sich merken soll.*

1237 Ausführlich: *Scheinbar und anscheinend sind nur scheinbar dasselbe, anscheinend wissen das viele aber nicht.*

1238 Sexistisch.

1239 = *Da bin ich mit meinem Latein am Ende.*

1240 Altherrenergänzung: *… seit dreiunddreißig.*

1241 Und: *Eines kann ich gut: nicht verlieren.*

Das wüßt ich aber.

RIP Bittbriefe und Dankesschreiben aus allen Erdteilen.[1242]

Und jetzt kommst *du.*

Jeder andere hätte gekotzt.

Ich weiß das wohl zu würdigen.

Tja, Glück muß der Mensch haben.

Da soll noch mal einer was sagen.

Gelernt ist gelernt.[1243]

Das wäre doch gelacht.

Erst mal besser machen.

Aus dem Alter bin ich raus.

Da stehen wir drüber.[1244]

Was kostet die Welt.[1245]

Und ich weiß, wovon ich rede.

1242 Aus den achtziger Jahren: *Sex is my breakfast* bzw. kalauernd-sexistisch: ☢ *Ich bin gut drauf und du gut drunter.*

1243 Ähnlich: *Von Fußball hab ich mehr vergessen, als du je behalten kannst.* Auch: *So wahr ich Gott helfe.* Etwas bescheidener Margaret Thatcher: *As God once said, and I think rightly …* Und ebenfalls von ihr: *No one would remember the Good Samaritian if he'd only had good intentions; he had money as well.*

1244 Dieter Bohlen: *Wenn jemand mit mir ein Problem hat, kann er das gern behalten, es ist ja seins.*

1245 Gängige Ergänzung: *Und wann können Sie liefern?*

Ist ja nicht wie bei armen Leuten.

Darunter fangen wir gar nicht erst an.

Wir wollen mal nicht so sein.[1246]

RIP Wir verhandeln nicht mit Schmidtchen, wir verhandeln nur mit Schmidt.[1247]

Da macht uns niemand was vor.[1248]

RIP Was Krupp in Essen, sind wir in Trinken.

Was nicht direkt zum Tode führt, härtet nur ab.

So was wie den eß ich zum Frühstück.

Da war ich noch nackt.[1249]

Alles hört auf mein Kommando!

Kann mir mal eben jemand das Wasser reichen?

Mitleid gibt's umsonst, Neid muß man sich verdienen.

Noch so'n Spruch – Kieferbruch.[1250]

1246 = *Wir wollen nicht päpstlicher sein als der Papst.*

1247 Variante: *Wir gehen zu Hans, nicht zu Hanswurst.*

1248 = *Das schaffen wir locker.*

1249 Promovierter über die Zeit, da er den Doktorgrad noch nicht besaß.

1250 = *Noch so'n Ding – Augenring.* = Südwest: *Ruckzuck Zahnluck dumm guck.* Köln: *Uppjemuck – Zäng jespuck*; Nachklapp: *Noch ens mucke – wigger* (weiter) *spucke.* Von der Ruhr: *Hömma, et klatscht gleich, aber kein' Beifall.*

Ich kann auch anders.[1251]

Es sei dir gegönnt.[1252]

Da haben wir schon ganz andere Sachen durchgestanden.

Das macht uns so schnell keiner nach.[1253] = Das soll uns erst mal einer nachmachen.

Da müssen die schon früher aufstehen.[1254]

Die können warten.

Wir sind vom Bau.

Sollst auch nicht leben wie ein Hund.

Entweder man hat's oder man hat's nicht.[1255]

Wer ist hier Koch und wer ist Kellner?[1256]

Große Geister stört das nicht.

Gewußt wie![1257]

1251 = *Totschlago vos sofortissime nisi vos benehmitis bene* (☢ Börries von Münchhausen aus seiner Ballade *Die Wunderwirkung der Latinität,* 1907).

1252 = *Ich sage immer: Leben und leben lassen.*

1253 = scherzhaft: *This makes us so quick nobody after.*

1254 = *Was wollen die uns schon groß anhaben.* Auch: *Störe deinen Feind nicht, wenn er Fehler macht. = Soll uns ja recht sein.*

1255 Und: *Haben ist besser als brauchen.*

1256 = *Erst komm ich, dann kommt eine Weile gar nix, dann kommt ein großer Misthaufen, und dann kommst du noch lange nicht.*

1257 = *Reden muß man mit die Leut!*

Das ist meine soziale Ader.

Dem Manne kann geholfen werden.

Das ist der Neid der Besitzlosen.

Und hier ist der Beweis!

Da kenn ich nix.

Wenn's *mehr* nicht ist …

Das war die Rache des kleinen Mannes.[1258]

Und? Zuviel versprochen?

Wollt's doch meinen!

Stimmt's oder hab ich recht?

Denen haben wir's aber gezeigt.

Wo wir sind, ist vorn. Wenn wir hinten sind, ist hinten vorn.[1259]

Du spielst mit deinem Leben.[1260]

Bereit sein ist alles.[1261]

Hier spielt die Musik!

1258 Variante: … *des Kanalarbeiters.*

1259 = BLA BLA *§ 1 Der Chef hat immer recht. § 2 Wenn der Chef einmal nicht recht haben sollte, tritt § 1 in Kraft.*

1260 Auch: *Der zweite Schlag wär' Leichenschändung.*

1261 = *Ich bin bereit geboren worden.*

Ein Griff und die Neese sitzt hinten.

Wenn der Kuchen spricht, haben die Krümel Pause.[1262]

Was glauben Sie eigentlich, wen Sie vor sich haben![1263]

Ich kenne doch meine Pappenheimer.

Ein Mann, ein Wort.[1264]

Da müssen die sich schon jemand anders suchen.

Das Leben ist zu kurz, um schlechten Wein zu trinken.[1265]

Das alles, auf Ehr,
das kann ich und noch mehr.

Bei *mir* brauchst *du* dich *nicht* zu beschweren.

Das ist weit unter meinem Niveau.

Ich bin Mitglied des Vereins für deutliche Aussprache.[1266]

Fahren Sie mich irgendwohin, ich werde überall gebraucht.

[1262] = *Da müssen schon Maschinen kommen und keine Ersatzteile.*

[1263] Scherzhaft: *Glauben Sie ja nicht, wen Sie vor sich haben!*

[1264] Chauvinistische Ergänzung: ☢ *Eine Frau, ein Wörterbuch.* Aus Texas, eingebürgert: *One riot, one ranger.*

[1265] Mit weltmännischem Ernst auszusprechen. Die Untergrenze neuerer Zeit ist fünf Euro für Pinot Grigio.

[1266] = *Raubvögel singen nicht* bzw. *Lieber ein eckiges Etwas als ein rundes Nichts* (als Wappenspruch derer vom und zum: *Vierecken Stein / Wie er auch fällt, / Sich immer auf ein Seiten stellt*). Verschärfte Fassung: *Mein zweiter Vorname ist Arschloch* bzw. *Ich bin die Stradivari unter den Arschgeigen.*

Viel Feind, viel Ehr.

Früher begann der Tag mit einer Schußwunde.[1267]

Gelobt sei, was hart macht.

Was nichts kostet, ist auch nichts wert.

Solche sechs wie uns fünf gibt's keine vier, weil wir drei die zwei einzigen sind.

Hauen Sie mich ruhig, ich bin krankenversichert.[1268]

Das ist des Schweißes der Edlen nicht wert.

So bin ich zu dir.

Da sind Sie bei mir an den Falschen geraten.[1269]

Hinter denen brauchen wir uns nicht zu verstecken.

Das kostet mich ein müdes Arschrunzeln.[1270]

Der kluge Mann baut vor.

Nur damit das klar ist.

Es lebe der kleine Unterschied.

1267 Titel eines Buches von Wolf Wondratschek mit gesammelten Prosatexten (München 1969).

1268 Ähnlich die sächsische Drohung aus Vorkriegszeiten: *Sie, wennse mir nóchema uff de Beene treten und nóchema aus mein Glase trinken, da – setzsch mich weck!*

1269 Nachbereitung: *Da war der bei mir an den Richtigen geraten.*

1270 Hierbei *Arschrunzeln* = *Lächeln.*

Das kann doch einen Seemann nicht erschüttern.

Für dich ist mir nichts zu teuer.

Da lach ich drüber.

STIMMUNGEN UND GEMÜTSZUSTÄNDE

Hochgefühl, Überschwang

So läßt sich's aushalten.

Jubel, Trubel, Heiterkeit.

Nicht schlecht, Herr Specht![1271]

Herz, was willst du mehr.

Wie *isses* nur schön![1272]

Zu allen Schandtaten bereit.

Daß ich das noch erleben darf!

Immer wieder einmalig![1273] = Das gibt's nur einmal, das kommt nie wieder …

Zu schön, um wahr zu sein.

Himmlisch, diese Ruhe!

[1271] = *Herrgott, Margot!* bzw. *Ach Gottche, Charlottche!*

[1272] Nur noch in Gebrauch, um die Uroma nachzuäffen. Auch: *Es gibt Schlimmeres.*

[1273] Unvergeßlich Jürgen Becker.

Ein Geschenk des Himmels!

Womit haben wir uns das verdient![1274]

Jetzt bin ich wunschlos glücklich.

Das laß ich mir nicht zweimal sagen!

Da könnt' ich mich dran gewöhnen.

Ein Tag zum Heldenzeugen.

Ein Bild für die Götter.

Da könnt' ich mich reinlegen.

Das ist ja spitze! = Vom Feinsten![1275]

Alles klar auf der Andrea Doria.

Wie geil ist *das* denn!

Freude, Zufriedenheit, Sentimentalität

Das hebt die Stimmung.[1276]

Friede, Freude, Eierkuchen.

1274 Evangelischer Kommentar: *Da sei Gott vor, daß wir kriegen, was wir verdient haben.* Dieses wiederum ist erlernt aus Gesangbüchern: *Wir haben nichts verdienet / als schwere Straf und großen Zorn, / weil stets noch bei uns grünet / der freche schnöde Sündendorn.*

1275 Spezialfall: *Alle Wohlgerüche Arabiens!*

1276 Nachkriegszeit: *Coca-Cola vor dem Tanz / hebt die Stimmung und den Schwung.*

Da sieht die Welt doch gleich ganz anders aus.[1277]

Schön war die Zeit, schön war die Zeit.[1278]

Das kommt so schnell nicht wieder.

Eine Sorge weniger.[1279]

Ich kann nicht klagen.

Und der Mensch freut sich doch.

Das waren noch Zeiten.[1280]

Gut dem Dinge!

Was man hat, das hat man.

Das ist doch mal ein Wort!

Wie herrlich ist es, nichts zu tun,
und dann vom Nichtstun auszuruhn![1281]

Da weiß man, was man hat.

Das Beste zum Schluß.

1277 = *Jetzt hat alle Not ein Ende.*

1278 Im Akademikermilieu, weihevoll: *Those were the days, my friend, / we thought they'd never end.*

1279 Auch: *Ist das schön, wenn der Schmerz nachläßt!*

1280 = *Ach, früher war ja alles noch wie damals.* Details: *Als die Gummistiefel noch aus Holz waren und die Regenbögen schwarzweiß, da haben wir Völkerball noch mit Steinen gespielt.*

1281 Rheinland: *Wer sing Arbet hätt jedonn, / daf sich ene drenke jonn.*

Genug ist besser als viel.

Da geht's uns ja noch gold.

Man lebt nur einmal.
= *(neudeutsch)* Yolo.

Da strahlt ja einer über alle vier Backen!

Was soll das schlechte Leben nützen.

Was will der Mensch mehr.

Ganz entspannt im Jetzt und Hier.[1282]

Ein gutes Gewissen
ist ein sanftes Ruhekissen.

Es gibt doch noch eine Gerechtigkeit.[1283]

Na, wer sagt's denn.

Da lacht das Herz.[1284]

Das laß ich mir gefallen.

Mit Humor geht alles besser.

1282 Titel des Bestsellers von Jörg Andrees Elten: *Ganz entspannt im Hier und Jetzt! Tagebuch über mein Leben mit Bhagwan in Poona,* Reinbek bei Hamburg 1979.

1283 = RIP *Der alte Gott lebet noch.*

1284 Gern auch: *Da fällt mir ja ein Stein vom Herzen* (= *Hast du es gerade plumpsen gehört?*).

So könnt' es jeden Tag sein.

Ende gut, alles gut.[1285]

Zustimmung

Stimmt auffallend.

Bin ja ganz hin und weg.

Erraten! = Bingo! = Haargenau!
= Der Kandidat hat hundert Punkte!

Auf jeden Fall![1286] = Aber immer.[1287]

Sauber abgeferkelt!

Große Hilfe!

Das glaub ich dir aufs Wort.

Dem haben wir nichts hinzuzufügen.[1288]

Gar nicht mal so schlecht.[1289]

1285 Langfassung: *Das Ende ist immer gut, und wenn es nicht gut ist, ist es noch nicht das Ende.*

1286 Nicht zu verwechseln mit *Für alle Fälle!* bzw. *Für den Fall der Fälle!* – wobei der Gegenstand – Regenschirm, Flachmann, Taschenmesser usw. usf. – betätschelt werden muß. Variante: *In weiser Voraussicht …*

1287 = *Doch, doch* = *Selbstverfreilich* = *Aber hallo!* Neueren Datums: *Aber so was von!*

1288 = *Du sagst es.* = *Hömma, du sprichst wahr* (Ruhrgebiet).

1289 Auch: *Das trifft sich gut.*

Das läßt sich hören![1290]

Sehr gekonnt!

Das ist doch mal ein Wort.[1291]

Besser als in die hohle Hand geschissen.[1292]

Edel, edel, muß ich schon sagen.

Na also.[1293]

Null Problemo.[1294]

Machbar, Herr Nachbar.

Da kannste nun wirklich nicht meckern.

Kein Thema. = Keine Frage.

Aba jewiß doch.[1295]

1290 = *Das kann sich sehen lassen!*

1291 = *Kann man wohl sagen!*

1292 = *Immerhin etwas.*

1293 Die Variante *Na also, sprach Zarathustra!* ist gebräuchlicher, als man meinen sollte.

1294 Alf (*alien life form*). Im Original, enttäuschenderweise, nur: *No problem.* Aus der deutschen Synchronisation der US-amerikanischen Fernsehserie *Alf* (102 Folgen von 1988 bis 1991 im ZDF).

1295 Nur echt mit imitiertem Berliner Zungenschlag.

Erstaunen

Sieh da![1296]

Mein lieber Herr Gesangsverein![1297]

Da staunt der Fachmann und der Laie wundert sich.

Ja isses denn die Möglichkeit![1298]

Das war nicht ohne.

Jetzt bin ich aber baff.

Was es nicht alles gibt!

Geschichten, die das Leben schrieb.[1299]

Was ist denn jetzt kaputt?

Ei der Daus!

Man höre und staune.

Faßt man sich ja an'n Kopf.

Was ist denn in *den* gefahren?

Mir fehlen die Worte.

1296 = *Da schau mal einer an,* wobei *schau* = *gucke*. Der Scherzkeks: *Da sieh mal einer schau!*

1297 = … *Scholli, Schieber, Schwan*. Der Scherzkeks: *My lovely mister singing club*.

1298 Neudeutsch: *Holy shit*. Südwest: *Ja leckomio*.

1299 Zuvor: *Und jetzt halt dich fest*.

Ach du dickes Ei![1300]

Mich laust der Affe.

Ich glaub, mich tritt ein Pferd.[1301]

Sachen gibt's, die gibt's gar nicht.[1302]

Zwick mich mal bitte![1303]

Holla, die Waldfee!

Gleichgültigkeit

Besser so als andersrum.

Willst du's wirklich wissen?

Mir doch egal. = Was weiß ich. = Schieß mich tot.[1304]

Das tut mir ganz entsetzlich traurig.

So gern mir das auch leid täte.

Nolens Koblenz.

1300 = … *grüne Neune.*

1301 = … *ich spinne.* Der Scherzkeks: *I believe I spider.*

1302 Apropos der beliebte Kürzestwitz: ☢ *Kommt 'ne Schwangere zum Metzger und sagt, ich krieg 'n Pfund Gehacktes. Sagt der Metzger: Sachen gibt's!* Weiter apropos: *Kommt einer zum Metzger und sagt: Hundert Gramm Leberwurst, aber von der fetten, groben. Sagt der Metzger:* ☢ *Die fette Grobe ist heute in der Berufsschule.*

1303 = *Ich glaub, ich träume.*

1304 Substantiv: *Das Dingsbums, der Dingens* bzw. *Dingenskirchen.*

So hat halt jeder sein Teil zu tragen.

Eine Runde Mitleid! = Mein Mitleid hält sich in Grenzen.[1305]

Mir kommen gleich die Tränen.[1306]

Egal ist achtundachtzig.

Was soll schon groß sein.[1307]

Davon gehen zwölf aufs Dutzend.

Was ich nicht weiß,
macht mich nicht heiß.

Ein schwacher Trost.

Ach nee.

Wen's juckt, der kratze sich.

Ja, scheiß doch der Hund drauf!

Kommt er heut nicht, kommt er morgen.

Da kann ich mir was für kaufen.

Wie schön für Sie.[1308]

1305 Variante, feststellend: *Du erwartest jetzt kein Mitleid von mir.*

1306 Gewollt blasiert: *Das tangiert mich nur peripher.* Ganz anders: *Mir ist zum Heulen.*

1307 = *Alles schon mal dagewesen.*

1308 Redundante Ergänzung: *Wie uninteressant für mich!*

Das ist mir so kurz wie lang.

Schweigen wir uns halt was anderes an.

Ach, wie gut, daß niemand weiß,
auf wen und was ich alles scheiß.

RIP Uns sind die alten Mären wunders wie egal.

Sei dem, wie dem sei.[1309]

Ungeduld, Enttäuschung

Das fällt Ihnen ja früh ein.

Haben wir's jetzt bald? = Stunden später ...

Lieber Gott, laß Abend werden,
denn der Tag hat sich geneigt.

Ja bin ich denn der Larry hier?

Jetzt aber Schluß mit lustig![1310]

Das artet ja in Arbeit aus.

Man hat ja sonst nichts zu tun.

Kann sich nur noch um Stunden handeln.

1309 = *So what?* Ebenso neudeutsch: *If you've seen one, you've seen them all.*

1310 Variante: ... *fertig lustig.*

Da kann ich ja lange suchen.

Ich dachte, wir wären Freunde.

Jetzt reicht's aber langsam.[1311]

Du stellst mich hier hin …

Das hast du keinem Toten getan.[1312]

Das kann dein Ernst nicht sein.[1313]

Die sollten sich was schämen.[1314]

Du bist *so* blöd.

Ausgerechnet Bananen.

Immer muß man bitten und betteln.

Ihr wißt ja gar nicht, was gut ist.

Das trifft mich jetzt tief.

Kann man nix machen.

Die Hand, die füttert, wird zuerst gebissen.

Es ist einfach keine Liebe mehr unter den Menschen.

[1311] = *Bei aller Liebe.*

[1312] Auch: *Am Arsch ist's finster, aber nicht windstill.*

[1313] = *Dicker Hund!*

[1314] Oder: *Wenn der das noch erlebt hätte, der würde sich im Grab rumdrehen.*

Und ärgern, ärgern, ärgern.

Ein Griff ins Klo.

Distanz, Ablehnung

Nicht geschenkt.[1315]

Grün anstreichen und den Hasen geben.

Ohne mich! = Da hab ich nix mit am Hut.

Haben ja unsere Zeit nicht gestohlen.[1316]

Was kennst *du* denn für Leute?

Sehr witzig.

Das wird ja immer schöner.

Auch nicht das Gelbe vom Ei.

Die schenken sich nicht viel.

Alles maßlos übertrieben.

Die Zeiten sind vorbei.

Mitnichten und Neffen!

Das geht mir so was von am Arsch vorbei.

[1315] Auch: *Beim besten Willen nicht.* Formeller: *Danke für Ihre Zeit.*

[1316] *= Sind ja nicht zu unserem Vergnügen hier. = Kraut efficiency.*

Haben Sie keine anderen Sorgen?[1317]

Nicht für Geld und gute Worte.

Daß ich nicht lache.[1318]

Schön ist was anderes.

Die sollen sich mal nicht so haben.[1319]

Hänschen, piep einmal![1320]

Sonst noch Wünsche?

Die Antwort ist juchhu.

Das kann ich auf den Tod nicht ab.

Alles böswillige Unterstellungen interessierter Kreise.[1321]

Du kriegst die Tür nicht zu!

Kann man so nicht sagen.

Kommt gar nicht in die Tüte.

Das beruht auf Gegenseitigkeit.

[1317] = *Ach, gehnse mir doch weg.* Kurzform: *Kommse, gehnse weg.* Bayern: *Geh weida.*

[1318] = *Ja, Pustekuchen.*

[1319] Oder: *Die wissen auch nicht, was sie wollen.*

[1320] Dazu die Drehbewegung mit dem Zeigefinger im Schläfenbereich.

[1321] Gekünstelt scherzhaft: *Ehrschädigend und geschäftsabschneidend.*

Das gibt's doch auf keinem Schiff.

Wenn's denn[1322] sein muß.

Wer's mag ...

Es gibt Wichtigeres.[1323]

Danke, wir kaufen nichts.

Und dann will's wieder keiner gewesen sein.

Da krieg ich Krätze von.[1324]

Können vor Lachen.[1325]

Im Leben nicht.

Das ist ja ein Unding.

Die haben's gerade nötig.[1326]

Mancher lernt's nie.

Netter Versuch.[1327]

Muß ich das jetzt verstehen?[1328]

1322 Ergänze: *unbedingt.*

1323 Ähnlich: *Da haste auch nix verpaßt.*

1324 = *Rollen sich einem ja die Zehennägel auf.*

1325 = *Hat sich was.*

1326 = *Auf die haben wir gewartet.* Oder: *Das sieht dem ähnlich.*

1327 = *Klassischer Fall von Denkste.*

1328 = *Aber ich muß ja auch nicht alles verstehen.*

Dann bin *ich* der Kaiser von China.[1329]

Da haben die sich auch nicht grade mit Ruhm bekleckert.

Das geht dich deiner gar nichts an, kümmere dir um du.

Ich glaub, ich steh im Wald.

Das wäre mir neu.[1330]

Ist nicht meine Welt.

Das mögen andere entscheiden.[1331]

Das ist ja ein starkes Stück.

Unterste Schublade.

Sorge und Zweifel

Allen Unkenrufen zum Trotz

Auch nicht vergnügungssteuerpflichtig.

Das kann ja heiter werden. = Da geht's schon los.

Wenn das mal gutgeht.

Als da wären?

1329 = *Dann will ich Karl-Otto heißen.*

1330 Ähnlich: *Sagt wer?*

1331 In direkter Ansprache: *Du, es ist letztlich deine Entscheidung.*

Na, ich weiß ja nicht.[1332]

Da mehren sich bei mir ja die Zweifel.

Da freu ich mich auf Pfingsten
nicht im geringsten.

Frag nicht nach Sonnenschein.

Mir schwant Fürchterliches.[1333]

Da kommt Freude auf.

Das ist doch jetzt ’n Witz, oder?

Dann doch lieber nichts zu Weihnachten.[1334]

Da hatte die Freude ein Loch.

Du ahnst es nicht.

Was tun?, sprach Zeus.

Sonst stehen morgen *zwei* da.

Mal den Teufel nicht an die Wand.

Wer weiß, wann’s wieder was gibt.

[1332] = *Das glaubst aber auch nur du.*

[1333] = *Ich hab da ein ganz komisches Gefühl.* Gängiger Kommentar: *Wenn du ein komisches Gefühl hast, dann schreib doch ein Gedicht.*

[1334] = *Gönnt man ja seinem ärgsten Feind nicht.*

Du holst dir ja den Tod![1335]

Das gibt böses Blut.

Das wird nicht ausbleiben.

Dann ist Holland in Not.[1336]

Ich ahne Schreckliches.

Nämlich?[1337]

Schwer ist *leicht* was.[1338]

Die Worte hör' ich wohl.[1339]

Da kann ich mir ja gleich 'n Strick nehmen.[1340]

Das halt ich für 'n Gerücht.

Nicht auszudenken!

Das dicke Ende kommt noch.[1341]

Das kann ja unmöglich gesund sein.

1335 Hierbei *der Tod = die Seuche.*

1336 Variante: ... *Polen offen.*

1337 Stets mit dem Unterton gesunden Mißtrauens auszusprechen.

1338 Variante: *Schwach anfangen und dann stark nachlassen.* Saarland: *Nix geschafft han mir schnell.*

1339 Variante von *Die Botschaft hör' ich wohl, / Allein mir fehlt der Glaube* (Goethe: *Faust I*, Vers 765).

1340 Scherzhafte Ergänzung: ... *und mich totschießen*. Beliebte Erweiterung: ... *wo das Wasser am tiefsten ist.*

1341 = *Nach schlimm kommt immer schlimmer.*

Da weißte ja ungefähr, was die Stunde geschlagen hat.

Hoffen und Harren
macht manchen zum Narren.

Auch nicht Sinn der Übung.

Die werden sich bedanken.[1342]

Berauschend ist das ja nicht.

Der Kopf ist rund, damit die Gedanken darin im Kreis fahren können.

Die Zeichen stehen auf Sturm.

Na dann Prost Mahlzeit!

So gefällst du mir *gar* nicht.

Ein Unglück kommt selten allein.

Da weiß man auch nicht, was man davon halten soll.

Wo soll das alles enden?[1343]

Schön wär's.[1344]

[1342] Bzw. *dir was husten.*

[1343] = *Jetzt hilft nur noch Beten.*

[1344] = *Leichter gesagt als getan.*

Aversion, Entrüstung, Verachtung

Keine zehn Pferde.

Sauer ist gar kein Ausdruck.

Sagen Sie mal, haben Sie Fieber?[1345] = Ist Vollmond?[1346]

Fällt mir doch im Traum nicht ein.[1347]

So siehst du aus![1348]

So weit kommt das noch.

Wehe, wenn sie losgelassen.

Wer sich auf den verläßt, der ist verlassen.

Aber sonst geht's dir danke.[1349]

Trau schau wem …

Hör mir bloß auf.

Muß man den kennen?[1350]

[1345] Etwas theatralischer: *Bist du des Wahnsinns fette Beute?*

[1346] Im Voralpenland: *Föhn.*

[1347] = *Von wegen.*

[1348] Steigerung: *Genau so siehst du aus*; Superlativ: *Ganz genau so siehst du aus.* Auch: *Und die Erde ist eine Scheibe* (Amerika: *Next the blind will see / and the lame will walk …*).

[1349] Ähnlich: *Und dann auch noch frech werden.*

[1350] = *Der hat mir noch kein Bier spendiert.*

Haben wir schon mal zusammen Schweine gehütet?

Das sind mir ja die Richtigen.

Heul doch!

Das paßt ins Bild.

Wo gibt's denn so was?

Jetzt halt mal die Luft an!

Ja wo sind wir denn hier?[1351]

Doch nicht mit mir.

Bei aller Liebe.

Sie müssen's ja wissen.

Narrenhände beschmieren Tisch und Wände.

Das ist ja ganz was Neues.

Mach nur weiter so.[1352]

Immer auf die Kleinen.[1353]

Das hättste wohl gerne.[1354]

1351 Langfassung: *Und jetzt frage ich Sie: Wo sind wir denn hier eigentlich?*

1352 = *Na warte!*

1353 Ähnlich: *Da habt ihr ja mal wieder einen Dummen gefunden.*

1354 = *So weit kommt das noch.*

Jetzt dreh'n wir den Spieß mal um.

Versuchen kann man's ja mal.[1355]

Nur über meine Leiche.

Ach, jetzt plötzlich!

Wenn Blicke töten könnten …

Das schlägt doch dem Faß die Krone ins Gesicht.[1356]

Das ist doch schon nicht mehr feierlich.[1357]

Fick dich doch ins Knie.

Ach, *so* nennt man das jetzt.

Haben Sie keine Augen im Kopf?

Keine Bange, ich nehm' dir nix weg.

Das hat ein Nachspiel![1358]

Eher friert die Hölle zu.

1355 Warnhinweis: Die Phrase kann, mit genügend ernstem Unterton ausgesprochen, Tätlichkeiten auslösen.

1356 Ebenso beliebt: *Das hieße offene Türen nach Athen tragen.* Solche Mitbürger sagen auch *Musoim, Jubiloim, eventüll, manüll, aktüll, sexüll, intellektüll, Bagütte* usw. usf.

1357 = *Da fällt einem ja gar nichts mehr ein.*

1358 = *Sie hören von mir!* = *Wir sprechen uns noch!* = † *Das Nähere schreibt mein Rechtsanwalt!*

Wie du mir, Sodomie.[1359]

Da hört sich doch alles auf.

Die sollen sich mal nicht so wichtig nehmen.[1360]

Was lange gärt, wird endlich Wut.

Und das ist nun der Dank.

Damit kannste mich jagen.[1361]

Der steht ganz oben auf meiner Aids-Wunschkandidatenliste.[1362]

Alle in einen Sack stecken und draufhauen – trifft immer den richtigen.

Denn sie wissen nicht, was sie tun.

Ich mein', hallo?[1363]

Für Sie immer noch Herr *Doktor* Müller.

Irgendwie tut er mir aber auch fast schon wieder leid.

Das muß man sich mal auf der Zunge zergehen lassen.

1359 = *Glasauge um Glasauge, Gebiß um Gebiß*. (Apropos Sodomie: Jassir Arafats Kommentar zur Lewinsky-Affäre: ☢ *Bill Clinton should remember that goats don't talk.*)

1360 Variante: ... *haben.*

1361 Ausführlich: *Da war ich zweimal – das erste und das letzte Mal.*

1362 Variante: ... *Liste für einen Spenderblinddarm.*

1363 Andrea Nahles (siehe etwa Peter Dausend: »Das hilft, Genossin!«, in: *Die Zeit* Nr. 47/2009). 2013 sang sie im Bundestag – *widde-widde* – aus *Pippi Langstrumpf* vor.

Ich glaub, ich bin im falschen Film.

Das ist ja wohl der Hammer!

No fucking way. = Never ever.

Da sind die auch noch stolz drauf.[1364]

Weiße, watte bis? Lügen tuste. Dat bisse.

Hat man so was schon mal gesehen.[1365]

Die können's auch kaum erwarten.

Guck nicht so!

Ich krieg das kalte Kotzen.

Das hat auch etwas mit *Anstand* zu tun.

Die sind doch nicht ganz sauber.[1366]

Mir schenkt auch keiner was.[1367]

Das haben wir gerne.

Für nix und wieder nix.

Geht's nicht 'ne Nummer kleiner?

[1364] Ähnlich: *Man merkt die Absicht und ist verstimmt.*

[1365] = *Man macht sich kein Bild.*

[1366] = *Die haben doch nicht alle Tassen im Schrank* (= *'n Rad ab*). = *Denen fehlt doch was* (= *haben sie doch ins Hirn geschissen*) usw. usf.

[1367] Auch: *Du bist ja nur neidisch.*

Das ist ja wohl der Gipfel.[1368]

Ohne Worte.[1369]

Fatalismus

Kunststück.[1370]

Ach, woher denn.

Da kann ich ja nur lachen.

Traurig, aber wahr.[1371]

Ganz große Hilfe.

Öfter mal was Neues.

Alles Scheiße.
Deine Elli.

Wie man's macht, macht man's verkehrt.

Man soll ja die Hoffnung nie aufgeben.

Einfach nicht drauf achten.

1368 Hierbei *der Gipfel = eine bodenlose Frechheit.*

1369 = *Kein Kommentar.*

1370 Nicht zu verwechseln mit ☢ *Vielleicht kann die Kunststücke* über eine häßliche Frau an der Seite eines regelmäßigen Mannes.

1371 Pubertäre Variante: ... *aber Warzenschwein.*

Armes Deutschland.[1372]

Satz mit x:
War wohl nix.

Humor ist, wenn man trotzdem lacht.

Beschissen wäre geprahlt.

Dasselbe in Grün.

Am besten hat man nix.

Alles schon mal dagewesen.[1373]

Da machste was mit, biste Rente krichst.

O Schitt, Frau Schmitt!

Künstlerpech.

Man kann sich das ja nicht aussuchen.

Seit ich die Menschen kenne, liebe ich die Tiere.

Mach was dagegen. = Da stehste machtlos vis-à-vis.

Sollnse doch machen, wasse wollen.[1374]

Haben ein Gewehr.

[1372] Im Einzelfall: *Wenn der noch leben würde, der würde sich im Grab umdrehen.*

[1373] Akademisch abgeklärt: *Die ewige Wiederkehr des Gleichen = iterum iterumque.*

[1374] Noch eine Stufe tiefer: *Die machen ja doch, wasse wollen.*

Tun Sie, was Sie nicht lassen können.

Der Prophet gilt nichts im eigenen Lande.[1375]

Die Menschen machen Pläne, damit Gott was zu lachen hat.

Hab ich's nicht gleich gesagt?[1376]

Danke fürs Gespräch.

Auch nur ein Rädchen im Getriebe.

Das zahlen die doch aus der Portokasse.

Der Mohr hat seine Schuldigkeit getan, der Mohr kann geh'n.[1377]

Gutschein für einmal in den Wald scheißen.[1378]

Da bin ich ja mal gespannt.[1379]

Auch das noch.

[1375] Apropos: *Wenn der Berg nicht zum Propheten kommt, muß der Prophet zum Berg kommen.* Gern parodiert: *Flug-Laotse sagt: Wenn der Berg nicht zum Flugzeug kommt, muß das Flugzeug zum Berg kommen.* Ähnlich herzensroh aus Amerika: *Confucius say: When rape is inevitable, lie back and enjoy it.* Aus Albion zu analoger Situation in der Ehe: *Close your eyes and think of England.*

[1376] = *Wußt' ich's doch.*

[1377] Altherrenvariante: ... *kann kaum noch geh'n.*

[1378] = *Herzlichen Glückwunsch, Sie haben eine Baggerfahrt durch die Eifel mit Beleuchtung gewonnen.*

[1379] = *Man darf gespannt sein.*

Ick wundere mir üba jar nüscht mehr.[1380]

Nostalgie ist auch nicht mehr das, was sie mal war.

Für nichts und wieder nichts.

Der reinste Hohn.

Das war jetzt mit Ansage.

Des Menschen Wille ist sein Himmelreich.

Gehe *nicht* über Los. Ziehe *keine* viertausend Mark ein.

Da geht die Zahnpasta nicht in die Tube zurück.[1381]

Was tut man nicht alles.

Tja dann.

Träum weiter.

Aber was soll's.[1382]

Geschenkt.[1383]

Na toll.

1380 Nur echt mit falschem Berliner Zungenschlag. Ähnlich: *Es gibt nichts, was es nicht gibt.*

1381 Eingebürgert: *You can't unscramble scrambled eggs.* Auch: *Wenn du denkst, du hast'n, / springt er ausm Kasten.*

1382 Neudeutsch: *What shalls.*

1383 = *Dann halt nicht.*

ANHANG I
NUR NOCH DEN ÄLTEREN BEKANNT

Von *Anno Tobak* über *Leipzig, einundleipzig* bis *Im Felde unbesiegt*

Achtung, der Elefant beginnt gleich mit dem Wasserlassen! Damen und Herren, die nicht schwimmen können, wollen sich bitte auf die Kisten stellen!

O Gott, bleib unserm Deutschland treu,
daß sich die Menschheit weiter freu'
an seiner Stärke, Macht und Kraft,
Kunst, Technik, Handel, Wissenschaft … [1384]

Unser Wissen und Verstand
ist von Finsternis umhüllet,
wo nicht deines Geistes Brand
uns mit hellem Licht erfüllet.[1385]

Nehmse reichlich Platz.[1386]

Aus diesem Stoff ein Anzug.[1387]

Soll ich noch mal drüberwischen oder sind die Damen verwandt?[1388]

1384 Christian Morgenstern: *Ausgewählte Werke*, Leipzig 1975, S. 472.

1385 Beliebt als Trinkspruch zu einem Schnaps; aus dem Choral *Liebster Jesu, wir sind hier*. Diese Mitbürger deklamieren auch gern zu einem Steak: *O schmölze doch dies allzu feste Fleisch, / Zerging und löst' in einen Tau sich auf* (*Hamlet*, I. Aufzug, 2. Szene), oder vor einem dubiosen Nahrungsmittel, mit Friedrich Schiller: *Und setzet ihr nicht das Leben ein, / nie wird euch das Leben gewonnen sein* (*Wallenstein*, Wallensteins Lager, 11. Auftritt).

1386 Ergänzung: *Alles, was Sie hier nehmen können, ist Platz und Anteil.*

1387 Zu deklamieren nach dem ersten Schluck guten Weines, Cognacs usf.

1388 Klein-Erna-Klassiker I. Dito II: *Frau Lehrerin! Meine Tochter ist keine Rose! Sie sollen ihr nicht riechen, Sie sollen ihr lernen!*

Jetzt ist Schluß mit die Pi-e-tät, jetzt wird ges-treut.[1389]

Könnse Eintritt für nehmen.

Rostige Dächer haben feuchte Keller.

Da hamse Kind weggeschmissen und die Nachgeburt aufgezogen.

Nehmse gefälligst das Ding aus der Dame, das ist immerhin meine Braut.

Willst du Schwangerschaft verhüten,
nimm Melitta-Filtertüten.

Wenn's vorne juckt und hinten beißt
nimm Klosterfrau Melissengeist.

☢ Wie geht es eigentlich Ihrem Fräulein Mutter?

Bommfochzionös![1390]

Schick, elegant, pompös; dauerhaft und billig.

☢ *Er* war häßlich, *sie* war häßlich, erste Kind hamse weggeschmissen.[1391]

Begräbnis dritter Klasse Nichtraucher.[1392]

1389 Klein-Erna-Klassiker III.

1390 Im Falle von Textilien: *Kolossales Stöffchen, edler Zwirn!*

1391 Sowie: *Ach, tunse doch das häßliche Kind weg, gnädige Frau, ich mache Ihnen ein neues, viel, viel schöneres.*

1392 Gängiger Zusatz: *Die Leiche trägt die Kerze selbst.*

Den kalten Fußschweiß auf der Stirn.

Wir versaufen unser Oma sein klein Häuschen.

Das schmeckt nicht nach Bergen, das schmeckt nach mehr![1393]

Es trinkt der Mensch, es säuft das Ferd,
in Insterburch is umjekehrt.

Auf meiner Pisse Kahn fahren, das könnse.

Zeigense erst mal Ihre Reisegewerbekarte.

Wann geht Ihr werter Zug?

Von Beileidsbezeugungen am offenen Grabe bitten wir Abstand zu nehmen.[1394]

Hätt' Allah mich bestimmt zum Wurm,
So hätt' er mich als Wurm erschaffen.[1395]

Da waren Sie noch in Abrahams Wurstkasten.

Nimm den Daumen, kriste mehr Rente.[1396]

1393 = *Da wird der Gaumen zur Kathedrale!*

1394 Eingangs: *Statt Karten!*

1395 Goethe: *West-östlicher Divan*. Aus seiner Geburtsstadt in diesem Zusammenhang: ☢ *Allah is groß, Allah is mäschtisch, / drei Meedä un vieä Zendnä seschzisch.*

1396 Zu einem, der in der Nase bohrt. Vollständig lautet die Phrase: *Nimm den Daumen – wenn der abbricht, krichste mehr Rente.* Denn nach der Gliedertaxe ist der Daumen höher bewertet.

Kinder, lernt nüscht, sonst müßt ihr arbeiten.[1397]

Solche und ähnliche Geschichten erzählt man sich von Theoderich.

Nur ungern nimmt der Handelsmann
statt baren Geldes Scheiße an.[1398]

Juppheidi, juppheida,
Schnaps ist gut für Cholera.

Nicht immer hält das rote Licht,
was es dem Wandersmann verspricht.[1399]

Mehr Angst als Vaterlandsliebe.[1400]

Pardon wird nicht gegeben. Gefangene werden nicht gemacht.

Die Welt soll erzittern in höllischem Klang
bei der Germanen Untergang.[1401]

1397 Heinrich Zille. Von ihm auch: *Vattern wird sich freuen, wie ville wir geworden sind, wenn er aus't Zuchthaus kommt.*

1398 Von Bonifatius Kiesewetter (seine Kollegen sind die Wirtin an der Lahn und der Sanitätsgefreite Neumann). Diese Mitbürger sagten auch: *Bin am Hintern verkommen – äh, am Kommen verhindert* oder *Hochverpuptes Ehrlikum – äh, hochverehrtes Publikum.*

1399 Danach: *Die Gonokokke sitzt und lauscht, / wie der Urin vorüberrauscht. / Zwei Wochen noch, denkt sie lakonisch, / zwei Wochen noch, dann bin ich chronisch.* Abteilung Krafft-Ebing: *Die sexuelle Psychopathie, / ich hab sie längst überwunden, / und dennoch, ich vergeß es nie: / es waren schöne Stunden* (Frank Wedekind: *Gedichte. Prosa. Frühlings Erwachen*, München 1924, S. 66).

1400 Klassiker: *Tünnes und Schäl im Schützengraben. T: Schäl, bisse dood? S: Nä, wieso? T: Weil, du stinks esu.*

1401 Aus dem ersten Krieg. Später dann: *Wer hat uns verraten? Sozialdemokraten!*

Heil dir im Siegerkranz,
nimm, wasse kriegen kannz.

Und schon wieder beide Beine ab.

Der Geistesmensch hat Ernst zu üben.[1402]

Soll kein Chinese wagen, einen Deutschen auch nur scheel anzusehen.

Kommse rin, kommse ran,
hier wernse genauso beschissen wie nebenan.

Wer Wurst und Brot und Schinken hat,
der wird noch alle Tage[1403] satt.

In meinem Zimmer rußt der Ofen,
in meinem Herzen ruhst nur du.

… bis *Hurra, wir leben noch!* (Stunde Null)

Kein Haar am Sack, aber La Paloma pfeifen.[1404]

Die Wandervögel haben sich getrennt. Die einen wandern nur noch.

[1402] Von Kaiser Wilhelm II. dekretiert. Allerdings gab es damals eine Hierarchie der Geistestätigkeit: *Sprachkenntnisse, wie auch Oberkellner sie besitzen, bildeten bei uns leicht die Unterlage des eignen Glaubens an den Beruf zur Diplomatie* (Bismarck, *Gedanken und Erinnerungen,* Band I, Stuttgart 1898, Seite 4).

[1403] Apropos: *Zwei und zwei ist Donnerstag, Freitag kriegen die Maurer Geld, und heute ist Sonnabend.*

[1404] = *Drei Haare am Sack und eins davon brunzt.*

Wird man ans Gästebuch gezerrt
und dichtet mit Verdruß,
fühlt man sich wie aufs Klo gesperrt,
obwohl man gar nicht muß.[1405]

☢ Gegen später ist auch für das unterleibliche Wohl gesorgt![1406]

Und da zogense mit Gesang
in das nächste Restorang.[1407]

Wie alt ist so was wie Sie?[1408]

Ich bin der Maharadscha von Whiskypur.[1409]

Was nun den Hals betrifft, so ist es das Wetter, das uns aus demselben heraushängt.

Ein deutscher Mann mißtraut allem Fremden, es sei denn, es läßt sich trinken.

Da kannste dich auf den Kopf stellen
und mit den Zehen wackeln.[1410]

☢ In Ermanglung di klosetto
kackalino in die betto.

1405 = *Der Mensch sieht kummervoll und stier / auf ein leeres Blatt Papier.*

1406 Auch: BLA BLA *Als Moses an den Felsen klopfte, / geschah es, daß das Wasser tropfte. / Ein größres Wunder erlebst du hier: / Wenn du hier klopfst, erhältst du Bier.*

1407 Ebenso französisch: *Kässke-ßä, was ist denn das? / Lonkli-eh das Tintenfass, / lö Böff der Ochs, la Wasch die Kuh, / ferme la Port, die Tür mach zu.*

1408 Auf die Antwort *Vierundfünfzig* ist zu erwidern: *Sehen keinen Tag älter aus als dreiundfünfzig.*

1409 Hans Albers im Film *Wasser für Canitoga* (1939).

1410 Unausrottbare Variante: … *das Horst-Wessel-Lied singen.*

Scheiße in der Lampenschale
gibt gedämpftes Licht im Saale.

Meine Frau ist endlich schwanger geworden, dem Herrn über uns sei Dank.

Die gan-ze Welt ist wie verhext,
Ve-ronika, der Spargel wächst.

Wennde denkst, du hasten drinne,
klemmter inne Sofarinne.

Es erscheint, im Glanze seiner Hose: –

Drückt Sie Ihre Hose nicht unter den Achselhöhlen?

Bevorse weiter mit mir reden, ziehnse sich erst mal Hose übers Gesicht.

Früher mußte man sich plagen,
seine Hosen selber tragen.[1411]

Empfehle mich zu Einkaufspreisen!

Das Ungewisse bei Kleist.[1412]

1411 Fortsetzung: *Heute wendet jedermann / Neumanns Hosenträger an.*

1412 Kam üblicherweise als Chiffre zur Verwendung: *Man will sich ja mit diesen Leuten nicht über das Ungewisse bei Kleist unterhalten.* Über ihn wiederum Clemens Brentano an Achim von Arnim: *Was den Kleist besonders kurios macht, ist sein Recept zum Dialog. Er denkt sich alle Figuren halb taub, und dämelich, so kömmt dann durch Fragen und Repetiren der Dialog heraus* (3.2.1816).

'n Onkel, der was mitbringt, ist besser als 'ne Tante, die Klavier spielt.

Der größte Lump im ganzen Land,
das ist und bleibt der Denunziant.[1413]

Räder müssen rollen für den Sieg.[1414]

Loch in Erde,
Bronze rin,
Glocke fertig,
bimbimbim.[1415]

* * *

Der Kommunist hat zum Nazi gesagt: Tun Sie doch den Revolver weg, sonst passiert noch was – Bedrohung!
Der Nazi hat sofort geschossen – Notwehr![1416]

Mein Führer! Melde achttausend Mann SA *in* dem Sportpalast angetreten, achttausend Mann SA *vor* dem Sportpalast – zusammen *achtundachtzigtausend* Mann!

1413 Hoffmann von Fallersleben zugeschrieben; unverwüstlich – z. B. Jürgen Trittin im Wahlkampf 2013, angesprochen auf seine weiland Pädophilie-Thesen.

1414 Aus dem Arbeitsdienst: *Wir traben in die Kneipe, / der Spaten steht im Spind, / mit Kumpels uns zur Seite, / die ooch besoffen sind.*

1415 Ähnlich komprimiert: *Es wächst der Mensch mit seinen größern Zwecken, / Eng ist die Welt, und das Gehirn ist weit; / Spät kommt ihr, doch ihr kommt, den Leu zu wecken, / Ernst ist der Anblick der Notwendigkeit* (Edwin Bormann, aus: *Schiller Quintessenz*). Auch: *Wer wagt es, Knappersmann oder Ritt, / zu schlunden in diesen Tauch?* (Heinz Erhardt).

1416 Max Liebermann nach der Machtergreifung: *Ick kann janich so viel fressen, wie ick kotzen möchte* (nach Katharina Laessig: *Mit den Augen der Freundin. Zum 80. Geburtstag von Käthe Kollwitz*. Bd. 3, Berlin 1947).

Die Preise hoch, die Läden fest geschlossen,
die Not[1417] marschiert mit unbewegtem Schritt.
Und Adolf, Hermann, Joseph und Genossen
sie hungern – aber nur im Geiste – mit.[1418]

* * *

Dreimal umziehen, einmal ausgebombt.[1419]

Die Engländer kämpfen bis zum letzten amerikanischen Soldaten.

Lieber Gott, mach mich stumm,
daß ich nicht nach Dachau kumm.

Bedburg, mach die Tore auf,
das Klärchen kommt im Dauerlauf.

Keiner soll hungern, ohne zu frieren.

… bis *Wir sind wieder wer*

Die zahlt Miete, wie sie Besuch kriegt.

Wer Gott vertraut und Kappes klaut,
der hat im Winter Sauerkraut.

1417 Inserat hierzu: † // *Schmerzerfüllt teilen wir mit, daß heute früh 7 Uhr unser letztes Brot im jugendlichen Alter von zwei Tagen verschieden ist. Es folgte ihm gleichzeitig unser letztes Achtel Butter in die Ewigkeit.*

1418 Auch: *Es ist ein Heß entsprungen / aus einer Messerschmitt. / Wie schon die Alten sungen: / Ich mache nicht mehr mit.*

1419 Variante: … *abgebrannt.* Auch: *Wenn det hier so weitajeht, müssen sich die Engländer ihre Häuser selba mitbringen*; Erich Kästner nach dem Luftangriff auf Dresden 1945: *Die Engländer haben mir die Wohnung gekündigt* (nach Sven Hanuschek: *Erich Kästner*, Reinbek bei Hamburg 2016).

N.S.U. verreckt im Nu,
gibt die Firma selber zu.[1420]

Vorm Krieg gab's ja noch richtige Schnitzel. Und dann war ja alles kaputt, könnse sich gar nicht vorstellen, *alles* kaputt.[1421] Und als es dann wieder Schnitzel gab, war das Geld nichts mehr wert.

Geh bei der Oppa, der kauft dich 'n Eis.[1422]

☢ Bis zur kalten Vergasung.[1423]

Wer den Tod[1424] nicht scheut, fährt Lloyd.[1425]

Die Kirchen von außen, die Berge von unten, die Wirtshäuser von innen.[1426]

1420 = *D.K.W. / steig ab und geh.* Ähnlich bei englischen Autos mit der legendären Elektrik von Joseph Lucas Ltd., Birmingham (*Prince of Darkness,* Firmenmotto: *Get home before dark*), etwa die Zündschlüsselstellungen *Smoke / Smolder / Ignite* oder die Lichtschalterstellungen *Dim / Flicker / Off.* Bei uns zu jener Zeit: *Hat's geraucht und auch gestunken, / war's bestimmt von Telefunken.*

1421 In solchen Zusammenhängen gern: *Meijnes hat alles der Rrrusse.* Auch: *Ich und du und noch so'n Sack / wir waren bei der Heimatflak.*

1422 Ähnlich: *Wer gehört der Farratt auf das Hoff? – Ich.* Variante: *Wer ist der Moped?* Es wirken mit: Heinz Brinkenpiepenkötter und Marlies Kerstenschulte-Inhoff Kleine Becking.

1423 Gängige Replik bzw. Ergänzung: *Darf man ja heute auch nicht mehr sagen.* Zu Zeiten des Wirtschaftswunders, scherzhaft: *Wenn das der Führer wüßte!* Apropos liest man in Italien das Vatikan-Kennzeichen *SCV* traditionell als *se Cristo vedesse.* Weiter apropos, die E-Mail-Adresse laute *urbi@orbi.va.*

1424 Apropos: *Am Sterbebett die letzte Bitte: / zum Totenhemd nur Burda-Schnitte.* Variante: *Selbst im Urwald ist es Sitte: / zum Lendenschurz nur Burda-Schnitte.*

1425 Aus jener Zeit auch: ☢ *Frau mit Hut / fährt selten gut.*

1426 Bayern. Spezialfall I: *I ging so gern af'd Kampnwand, / wann i mit meiner Wampn kannt.* Spezialfall II (auf Giebelwand neben einem Parkplatz): *Drückend ist des Tages Schwüle, / rauh und dornig seine Bahn, / suche darum sanfte Kühle / in dem Bräuhaus nebenan.*

Sage mir Herr Erich Mende,
wo er stünde, wenn er stände.[1427]

Man hat sich schon seinen Teil gedacht dabei.

Und dazu eisgekühlter Bommerlunder,
Bommerlunder eisgekühlt.

Suppe, da gucken Augen rein, aber keine raus.[1428]

Nitrit[1429] der Tod den Menschen an,
ißt er die Wurst von Pökelmann.

Wem Gott will rechte Gunst erweisen,
den schickt er in die Wurstfabrik,
den läßt er in die Knackwurst beißen
und wünscht ihm einen guten Appetit.[1430]

Ei, ei, ei Korea, der Krieg kommt immer näha.[1431]

1427 Apropos: *F. D. P. – Friede den Palästen.*

1428 = französisch *Consommé atlantique.*

1429 Während Rosemarie Nitribitt eine Frankfurter Hure war mit einem 190 SL: *Dreimal täglich Nitribitt / hält sogar den Opa fit.*

1430 Nach Joseph von Eichendorff, *Der frohe Wandersmann* (verwendet 1822/23 im Taugenichts. Zweite Strophe: *Die Trägen, die zu Hause liegen, / Erquicket nicht das Morgenrot; / Sie wissen nur von Kinderwiegen, / Von Sorgen, Last und Not um Brot.* Die Melodie ist von Friedrich Theodor Fröhlich, der sich 1836 im Alter von 33 Jahren hochverschuldet in der Aare ertränkte). Alfred Kerr 1933, emigriert nach London: *Wem Mob will rechte Gunst erweisen, / den schickt er in die weite Welt.* Denn: *Ich selbst wäre Schriftsteller in Berlin geblieben bis zum neunzigsten Geburtstag und hätte dann auf einem Bankett scheu die Ehrungen abgewehrt* (aus: Ich kam nach England, Bonn 1984, S. 26).

1431 1950; zu singen nach der Melodie von Ay ay ay Maria, Maria aus Bahia (mit der Verpoorten später für seinen Eierlikör warb). Variante in Bayern: … *der Russ' kimmt allweil näha.* Berliner Ergänzung: … *und hamse keene Amis mehr / denn nehmse Europäer.*

Skandal! Nach '45 mit Gas gekocht![1432]

Mein Vater war ein Wandersmann,
er war zu faul zum gehn,
da schafft er sich 'n Goggo an[1433]
und fährt mit hundertzehn.
Faleri, falera ...[1434]

Die Wienanz han 'nen Has em Pott
– miau, miau, miau.[1435]

Der hat Falten in der Stirn, der kann sich den Hut aufschrauben.

Graf Luckner konnte Telefonrechnungen zerreißen, als ob sie aus Papier wären.

Früher arbeitete einer zehn Jahre als Oberkellner und machte sich dann selbständig, und dann wurden die Registrierkassen erfunden.

1432 Zusammenfassend: *Alles war nur Blut und Wahn, / gut war nur die Autobahn. / Alles war Verrat und Blut, / nur das Konkordat war gut.* Mitte der achtziger Jahre: *Der Waldheim war nicht in der Reiter-SA. Sein Pferd war in der Reiter-SA.*

1433 Genügsamer motorisiert in der Parodie zu *Auf du junger Wandersmann,* wie es in den 20er Jahren von der Wandervogelbewegung aus dem Fundus der fahrenden Gesellen wiederentdeckt wurde: *Auf du junger Wandersmann, / schaff dir schnell ein Moped an, / denn Mopedfahren ist gesund. / Einmal um die Ecke flitzen / und dann auf der Fresse sitzen, / dann spendiert der Weihnachtsmann / dir 'nen neuen Gipsverband.*

1434 Nach Florenz Friedrich Sigismund, erstmals veröffentlicht 1847 in der Anthologie *Weihnachtsbaum für arme Kinder*. In den 50er Jahren ungemein populär geworden, in England als *The Happy Wanderer*.

1435 Kölner Karneval (heutiges Motto: *... alles andere ist Fasching!*) Sogenannter *Dachhase*; weitere Beispiele aus jener Zeit: *Katz – Kopf ab, Schwanz ab – Has* (Südwest) oder: *Wie, unser Hasenbraten ist nicht frisch? Dieser Hase hat heute morgen noch unseren Kanarienvogel gefressen* usw. usf. Im Gasthaus: *Dies ist ein alter Hase, was man von Ihrem Koch nicht behaupten kann.*

Paul pimpert Pauline.
Pimmel paßt prima.
Plötzlich platzt Pariser – peng!
Darauf einen Dujardin.[1436]

Wer einmal nur die Woche kann
und möchte gerne täglich,
der wende sich an Neckermann,
denn Neckermann macht's möglich.
Und wer es nur noch langsam kann,
und nicht mehr auf die Schnelle,
der schreibe nicht an Neckermann,
der wende sich an Quelle.[1437]

Persil bleibt doch Persil.[1438]

Fallnse langsam, hamse mehr davon.[1439]

[1436] Apropos ein damaliger Kurzwitz: ♂ : *Wenn ich gewußt hätte, daß Sie noch Jungfrau sind, hätte ich mir mehr Zeit gelassen.* ♀ : *Und wenn ich gewußt hätte, daß wir mehr Zeit haben, hätte ich vorher meine Strumpfhose ausgezogen.* Weiter apropos das verarmte Adelsehepaar beim Abendessen: ♂ : *Wenn du besser kochen würdest, könnten wir den Koch entlassen.* ♀ : *Und wenn du besser ficken würdest, könnten wir den Chauffeur entlassen.* Aus Zeiten, da ein VW Käfer noch *Fußschlaufen* hatte: ☢ *Ach, Fräulein, wenn Ihnen das Gras zu naß ist, dann ziehen Sie doch Ihren Schlüpfer wieder hoch und geben mir meine Schokolade wieder.*

[1437] Gefunden bei Jürgen von der Lippe, *Sex ist wie Mehl*, München ^{3}2022, S. 209.

[1438] Apropos: *Harry Piel / sitzt am Nil, / wäscht sein' Stiel / mit Persil.* Piels eigene Filmgesellschaft hieß *Ariel.*

[1439] Solche Mitbürger sagen auch *seit Generatoren, Pinkulatorium, Damenkloschwert, Syphilisarbeit* (bzw. *Syphilistratos aus Trippolis* bzw. *Arschilochos Kackapopolos*), *rein hepatitisch, Vomitivkapelle*; ferner sagen sie *Schildkrötenüberfunktion, Artillerieverkalkung*; statt Frauenarzt sagen sie *Damenschneider* bzw. *Höhlenforscher*, und im Restaurant sagen sie *Herr Oberammergau!* bzw. *Schwester Oberin!* Sie sagen *Funkenschuster* statt Elektriker, *Flitzkacke* statt Durchfall, *Schachtkontrolle* statt Toilettengang usw. usf.

Mein Bruder ist intellent. Hat zwei Köpfe. Ist auf der Unität. In Spiritus.

Bezugnehmend auf Ihr allerwertestes Gestriges teile mit, daß.[1440]

☢ Mein letzter Wille: Frau mit Brille.

Jetzt haben wir so lange von mir geredet, jetzt reden wir mal von Ihnen: Wie gefällt Ihnen denn mein neuer Hut?

Meine Schwester war Sängerin. Sie sank von Stufe zu Stufe. Zuletzt wurde sie im Hafen gesehen.[1441]

Das war mir ein innerer Reichsparteitag.

Greifense heute zu, hamse morgen das angenehme Gefühl, gestern zugegriffen zu haben.

1440 Eingangs: *Hoch bzw. zutiefst verehrter Herr Müller!* Zum Schluß: *Mit furzüglicher Hochachtung* bzw. *Mit der Ihnen gebührenden Hochachtung* bzw. *Hochachtungsrandvoll* (aktuell: *gendersternhagelvoll*). Variante: *Ich sitze hier im kleinsten Raum meiner Firma. Ihr Schreiben habe ich vor mir. Gleich werde ich es hinter mir haben.*

1441 Ebenso: *Wir waren acht Kinder in einem Zimmer. Das Handtuch stand in der Ecke. / Mein Onkel war Verwandlungskünstler. Ging mit altem Mantel ins Lokal und kam mit neuem wieder raus. / Mein Vater hat wegen seines Glaubens im Gefängnis gesessen. Er glaubte, keine Miete bezahlen zu müssen. / Meine Mutter hatte drei Tage lang ihr Hochzeitskleid an, so war sie mit der Wäsche hinterher* usw. usf.; deutlich rauher aus Amerika: *I am an expert on electricity. My father occupied the chair of applied electricity at the state prison* (W. C. Fields). Ganz ähnlich die Szene, in der Chico Marx versucht, seinem Arzt eine Lebensversicherung anzudrehen: *CHICO: Hey, wait a minoot. I sell you a better policy – my father's. He won't need it no more. Dey only give him tree days to live. DOCTOR PERRIN: Is he that sick? CHICO: No, he feels fine. DOCTOR PERRIN: Then what makes you think he'll die in three days? CHICO: Well, dat's what da judge said* (aus: Die Marx Brothers Radio Show, Hamburg 1999, S. 461).

Mit Herrn Direktor kann ich Sie nicht verbinden, der sitzt aufm Klo.[1442]

Mein Hüfthalter bringt mich um.[1443]

1442 Beliebte Ergänzung: *Rufense inner halben Stunde nochmal an, er hat die Zeitung mitgenommen.*

1443 Aus jener Zeit auch: *Max Inzinger kocht Hundekuchen* (»Ich habe da schon mal was vorbereitet ...«).

ANHANG II
WIE UND ALS OB

NAHRUNGSMITTEL

Klar wie Kloßbrühe.

Geht mir runter wie Öl.

Grinst wie ein Honigkuchenpferd.[1444]

Wie Milch und Blut.

Wie ein rohes Ei.

Wie ein Ei dem andern.

Wie eine heiße Kartoffel.

Wie Pilze aus dem Boden.

Angeboten wie sauer Bier.[1445]

Gerührt wie Apfelmus.[1446]

Wie Kraut und Rüben.

Gesteckt wie die Ölsardinen.

Wie 'n Schluck Wasser in der Kurve.[1447]

Zieht wie Hechtsuppe.

1444 Apropos: *Auseinandergegangen wie Hefeteig.*

1445 Jedoch: *Süß wie Honigseim* bzw. *leicht wie Zuckerwatte.*

1446 Beispiel: *Mit unserem tiefen Schmerz ist es wie mit einem nassen Schwamm – man kann ihn mit Worten nicht ausdrücken.*

1447 = *Wie Pik sieben.*

Wie aus dem Ei gepellt.[1448]

Wie eine beleidigte Leberwurst.

Verkauft sich wie geschnitten Brot.[1449]

Wie wenn in China ein Sack Reis umfällt.

Text wie nicht abgebundene Wurst.[1450]

Wie eine ausgequetschte Zitrone.[1451]

KÖRPERAUSSCHEIDUNGEN

Frech wie Rotz am Ärmel.[1452]

Dumm wie Schifferscheiße.[1453]

Da fiel es ihm wie Schuppen von den Augen.[1454]

Wie hingeschissen und angefroren.

Wie schon mal gegessen.

[1448] Aber: *Wie aus dem Nest gefallen.*

[1449] = *Geht weg wie warme Semmeln.*

[1450] Oder: *Löchrig wie ein Schweizer Käse.*

[1451] Apropos Südfrüchte aus der Wirtschaft: *Produkt wie eine Banane – reift beim Kunden.* Andere Ware: *Wie Blei in den Regalen.* Wieder anderes *liegt wie Mehltau.*

[1452] Hierbei *Rotz am Ärmel = Oskar.*

[1453] Hierbei *Schifferscheiße = 's Brot* (Südwest). Komparativ: *Dümmer als die Polizei erlaubt.*

[1454] Von Otto Waalkes, sprichwörtlich geworden: … *aus den Haaren.*

Riecht wie alter Mann unterm Arm.[1455]

Wie Scheiße nach Geschmack sortiert.

Wie eine Träne im Ozean.

KÖRPERTEILE

Wie Arsch und Friedrich.

Schmeckt wie eingeschlafene Füße.

Das kann ich brauchen wie's Bauchweh.

Wie auf den Leib geschnitten.

Wie die Faust aufs Auge.[1456]

Hände wie Klodeckel.

Werd's hüten wie meinen Augapfel.

Überflüssig wie ein drittes Bein.[1457]

Als wär's ein Stück von mir.

Füße wie Blei.

1455 = *wie Laternenpfahl ganz unten.* Apropos Bill Clinton: *Sometimes I feel like the fire hydrant looking at a pack of dogs* (*Weekly Compilation of Presidential Documents*, Bd. 35, Washington D.C. 1999, S. 360). Über ihn von David Letterman: *When they swore Clinton in, they used his familiy bible. You know, the one with seven commandments.*

1456 *Wie Arsch auf Eimer.* Altherrenvariante: *Wie Faust auf Gretchen.*

1457 Variante: … *wie ein Kropf.*

Wie auf Samtpfoten.

Wie ein Schlag ins Gesicht.

Wie ein Herz und eine Seele.

Wie vor den Kopf gestoßen.

Glatt wie ein Kinderpopo.[1458]

TÄTIGKEITEN UND EINZELNE CHARAKTERE

Wie gemalt.

Paßt wie angegossen.

Wie bestellt und nicht abgeholt.

Kommt ja wie gerufen.

Wie geleckt.

Wie gerädert.

Lügt wie gedruckt.[1459]

1458 Diese Phrase wird absehbar demnächst inkriminiert wegen Pädophilieverdachts und durch *arschglatt* nur unvollkommen ersetzt werden.

1459 Amerika, Benjamin Franklin: *And lie, like ten epitaphs* (siehe J. A. Leo Lemay: *The Life of Benjamin Franklin*, Bd. 2, Philadelphia 2006, S. 195). Gegenbeispiel: *Here lies a man with sundry flaws / and numerous sins upon his head, / we buried him today because / as far as we can tell he's dead.*

Als ob man's gerochen hätte.[1460]

Wie ausgewechselt.

Läuft ja wie geschmiert.[1461]

☢ Wie zehn nackte Neger.

Wie das heulende Elend.

☢ Besoffen wie zehn Russen.

Gehupft wie gesprungen.

Wie die kleinen Kinder.[1462]

☢ Wie bei den Hottentotten.

Gehaust wie die Vandalen.

Ein Stück wie aus dem Tollhaus.

Getobt wie ein Berserker.

Wie Pfeifen im Walde.

Wie ein Pascha.[1463]

Wie ein Aussätziger.

[1460] Hierbei *gerochen = geahnt.*

[1461] *= wie's Messer.*

[1462] Variante: *Wie im Kindergarten.* Anders aber: *Wie ein altes Ehepaar.*

[1463] Apropos: ☢ *Wie auf dem Basar.*

Als ob sie nicht dazugehören.

Wie die Weltmeister.

Wie du und ich.

BERUFE

Pünktlich wie die Maurer.[1464]

Wie ein Dieb in der Nacht.

Futtert wie ein Scheunendrescher.

Schaffen wie die Brunnenputzer.

Säuft wie ein Bürstenbinder.

Wie ein Rufer in der Wüste.

Geflucht wie ein Bierkutscher.

Aufgepaßt wie ein Heftelmacher.[1465]

Streiten wie die Kesselflicker.[1466]

Gefroren wie ein Schneider.

[1464] = *die Eisenbahn.*

[1465] Äußerst süddeutsch.

[1466] = *Marktweiber* = *Bettler.*

GEGENSTÄNDE

Nerven wie Drahtseile.

Gespannt wie ein Flitzebogen.[1467]

Als ob er 'n Besenstiel verschluckt hätte.

Gebrüllt wie am Spieß.

Gießt wie aus Kannen.[1468]

Geguckt wie 'n Auto.

Wie auf dem Präsentierteller.

☢ Figur wie ein vollgeschissener Strumpf.[1469]

Wie aus der Pistole geschossen.

Fit wie 'n Turnschuh.[1470]

Stumm wie das Grab.[1471]

Wie es im Buche steht.[1472]

1467 Auch: *Wie ein Pfeil schwebt man daher, / als ob man selber einer wär.*

1468 = *Eimern.*

1469 Gegensatz: *Wie ein Sack voll Hirschgeweih.* Über Arnold Schwarzenegger ist drüben in Gebrauch: *Like a condom full of walnuts.* Über denselben auf deutsch: *Der hat Muskeln an Stellen, da haben andere noch nicht mal Stellen.*

1470 ☢ Zynisch und menschenverachtend: *Gesicht wie Romika-Schuhe – reintreten und sich wohlfühlen.*

1471 Auch: *Weiß wie die Wand.*

1472 Anders aber: *Wie aus dem Bilderbuch.*

Hart wie Kruppstahl, zäh wie Leder, flink wie die Windhunde.[1473]

Voll wie eine Strandhaubitze.[1474]

Raucht wie ein Schlot.

Ist doch Jacke wie Hose.[1475]

Offen wie ein Scheunentor.

Klappt wie am Schnürchen.[1476]

Stimme wie ein Reibeisen.

Wie die Axt im Walde.[1477]

Säuft wie ein Loch.

Gedächtnis wie ein Sieb.

Wie die Nadel im Heuhaufen.

Flexibel wie ein Amboß.

Wie ein nasser Sack.

Geld wie Heu.

[1473] Etwas bemühte spätere Parodie: *Wir Ossis sind hart wie Riesa-Stahl, flink wie LPG-Kühe und zäh wie ein Mitropa-Schnitzel.*

[1474] Hierbei *Strandhaubitze = Eimer.*

[1475] Von ebensolcher Gleichgültigkeit beseelt: *Wechselt Partner wie andere das Hemd.* Anders aber: *Wie seine Westentasche.*

[1476] Auch: *Wie auf Knopfdruck.*

[1477] Auch: *Umgeknickt wie Streichhölzer.*

Wie auf einem Pulverfaß.

Halten zusammen wie Pech und Schwefel.

Wie auf glühenden Kohlen.

Wie ein rotes Tuch.

Dachstuhl plötzlich wie weggeblasen.

Wie eine Hühnerleiter.[1478]

Wie eine Leiche auf Urlaub.[1479]

Dünn wie eine Bohnenstange.

Wie ein Fähnchen im Wind.[1480]

Stur wie ein Panzer.

Redet wie ein Buch.[1481]

Wie mit angezogener Handbremse.

Rumgestanden[1482] wie Falschgeld.[1483]

1478 Nämlich das Leben; übliche Ergänzung: ... *kurz und beschissen.* Von Heinz Erhardt: *Des Menschen Leben gleicht der Brille: Man macht viel durch* (der Untertitel des Buches *Mein Leben*, Oldenburg 2022).

1479 Oder: *Blaß wie ein Leichentuch.*

1480 Gegenteil: *Aufgestanden wie ein Mann.*

1481 = *wie ein Maschinengewehr* = *quasselt wie ein Wasserfall.*

1482 Variante: *Rumgelaufen ...*

1483 Apropos: *Wie die Lizenz zum Gelddrucken.*

Wie ein Häufchen Elend.

Wie ein Faß ohne Boden.

Geplatzt wie eine Seifenblase.

Wie ein Strich in der Landschaft.

Eingeschlagen wie eine Bombe.

Wie Perlen auf der Schnur.[1484]

Wie die Orgelpfeifen.[1485]

Wie ein falsch geknöpftes Hemd.

Zusammengefallen wie ein Kartenhaus.

Wie ein Mühlrad im Kopf herum.[1486]

Wie in Watte gepackt.

BEKANNTE PERSÖNLICHKEITEN

Amüsiert sich wie Bolle.

Essen wie Gott in Frankreich.

Wie Phönix aus der Asche.

1484 = *wie am Fließband*. Apropos Schmuck: *Wie im goldenen Käfig*.

1485 Weiteres Liturgiegerät: *Gleich einer tibetanischen Gebetsmühle*. Beliebte Ergänzung: *Om mani padme hum*.

1486 Auch: *Wie ein Mühlstein um den Hals*.

Wie Graf Koks von der Gasanstalt.[1487]

Wie bei Hempels in der Laube.[1488]

Wie bei Mutti.[1489]

Geht ran wie Blücher.[1490]

Wie Dr. Kimble auf der Flucht.[1491]

RIP Und schnell wie Simson seine Kraft
verliert der Mensch die Kennerschaft.

Wie das Leiden Christi.

Wie ein Schneekönig.

RIP Wie das HB-Männchen.[1492]

Wie Dr. Jekyll und Mr. Hyde.[1493]

Wie einst Lili Marleen.

Wie der große Zampano.[1494]

1487 Gegensatz: *Wie der Ritter von der traurigen Gestalt.*

1488 = *unterm Sofa.* Variante: *Wie in einer Räuberhöhle.*

1489 Von Emo Philips: *My mother was like a sister to me, only we didn't have sex quite so often.*

1490 Auch: RIP *Wie Zieten aus dem Busch.*

1491 Gegenpol: *Wie Warten auf Godot.*

1492 *Bruno* hieß es.

1493 Harmlose Variante: *Wie Dick und Doof* bzw. *Pat und Patachon.*

1494 Apropos: *Verlegt wie bei Suhrkamp. Unauffindbar* (Wolfgang Neuss).

UMWELT UND NATURERSCHEINUNGEN

Fauna

Canidae; Felidae

Wie Hund und Katze.

Hungrig wie ein Wolf.

Wie die Katze um den heißen Brei.

Bekannt wie ein bunter Hund.

Wie ein geprügelter Hund.[1495]

Geht ab wie Schmidts Katze.

Geheult wie ein Schloßhund.

Gemüt wie ein Metzgershund.

Kalt wie eine Hundeschnauze.

Spitz wie Nachbars Lumpi.

Schnurrt wie eine Katze.

Paßt auf wie ’n Schießhund.

Blick wie ein Tierheimhund.[1496]

Wie ein begossener Pudel.

Wie der Mops im Paletot.

1495 Aus Amerika das Inserat: *LOST DOG, one eye missing, mangled ear, paralyzed hind leg, crooked tail. Answers to the name Lucky.*

1496 = *wie ein umgemähtes Rehkitz.*

Aves

Wie im Taubenschlag.

Aufgeplustert wie ein Pfau.[1497]

Wie einem der Schnabel gewachsen ist.

Geschimpft wie ein Rohrspatz.

Bunt wie ein Papagei.

Geklaut wie ein Rabe.[1498]

Gegessen wie ein Spatz.

Herumstolziert wie ein Gockel.[1499]

Wie Hühner auf der Stange.[1500]

Augen wie ein Habicht.

Pisces[1501]

Kalt wie ein Fisch.

Platt wie eine Flunder.[1502]

1497 Aber: *Ausgenommen wie eine Weihnachtsgans.*

1498 Variante: ... *eine Elster.*

1499 Ähnlich: *Wie ein Storch im Salat.*

1500 Auch: *Wie die Glucke auf dem Ei.*

1501 Klassiker: *Besuch fängt wie Fisch nach drei Tagen an zu stinken.* Gegenmittel, für das innere Gleichgewicht: *Aus der Schokolade die Nüsse herauslutschen und dem Besuch als Knabberei vorsetzen* (aus der Reihe *Stelle dich an den Zaun und richte einen Föhn auf herannahende Autos).*

1502 Norddeutsch: *Das Haus ist so niedrig, die können da bloß Scholle essen und Platt sprechen.*

Munter wie ein Fisch im Wasser.[1503]

Wie ein Hecht im Karpfenteich.

Glatt[1504] wie ein Aal.

Großtiere

Stark wie ein Bär.

Scheu wie ein Reh.[1505]

Wie 'n Affe aufm Schleifstein.

Gedächtnis wie ein Elefant.[1506]

Wie der Ochs vorm Berg.[1507]

Schwitzt wie ein Schwein.

Gekotzt wie ein Reiher.

Störrisch wie ein Esel.

Geschmückt wie ein Pfingstochse.

Wie der Elefant im Porzellanladen.

1503 Jedoch: *Wie im Haifischbecken.*

1504 Auch: *Gewunden …*

1505 Variante: *Schlank,* hierzu gängige Ergänzung: *oder wie heißt das Tier mit dem Rüssel?*

1506 Und das Gegenteil von Elefant ist *Sieb.*

1507 Hierbei *Berg* = *Scheunentor.*

Geduldig wie ein Lamm.

Wie eine gesengte Sau.

Figur wie ein Preisbulle.

Geschnarcht wie ein Walroß.

Zugeredet wie einem lahmen Gaul.

Gekämpft wie ein Löwe.

Augen wie ein Luchs.

Falsch wie eine Hyäne.[1508]

Wie eine ausgemolkene Ziege.

Gewackelt wie ein Lämmerschwanz.

Klapprig wie ein Droschkengaul.[1509]

Wie eine Kuh vom Seiltanzen.[1510]

Kleingetier und Kroppzeug

Falsch wie eine Schlange.[1511]

Arm wie eine Kirchenmaus.

1508 Auch: … *wie ein Chamäleon.*

1509 Im direkten Gegensatz zu: *Hintern wie ein Brauereigaul.*

1510 Bzw. *Eislaufen = Wie ein Nashorn vom Bergsteigen* usw. usf.

1511 Auch: *Wie das Kaninchen vor der Schlange.*

Vermehren sich wie die Karnickel.[1512]

Wie die Motten das Licht.

Wie die Made im Speck.[1513]

Gestunken wie ein Iltis.[1514]

Wie von der Tarantel gestochen.

Gefressen wie ein Marder im Blutrausch.

Schläft wie ein Murmeltier.

Gestorben wie die Fliegen.

Wie die Lemminge.

Wie ein Hamster im Rad.

Wie ein frisch gefegtes[1515] Eichhörnchen.

Lästig[1516] wie eine Zecke.[1517]

Wie im Flohzirkus.

[1512] Dann aber: *Abgeknallt wie die Hasen.*

[1513] Ähnlich: *Wie die Heuschrecken.*

[1514] Variante: ... *aus allen Knopflöchern.*

[1515] Apropos: *Wie leergefegt = wie kahlgefressen.*

[1516] Oder *vollgesogen.*

[1517] Variante: ... *Scheißhausfliege.*

Flora

Wie ein Rohr im Wind.

Wie auf Rosen gebettet.

Eingegangen wie 'ne Primel.

Anhänglich wie 'ne Klette.

Zittert wie Espenlaub.

Duftet wie eine Rose.

Dumm wie Bohnenstroh.

Stehengeblieben wie angewurzelt.

Empfindlich wie 'ne Mimose.[1518]

Wächst wie Unkraut.

Unbelebte Natur; Witterungserscheinungen

Behandelt wie Luft.[1519]

Wie sieben Tage Regenwetter.[1520]

1518 Gereimte Variante ☢ (homophob): *Hach, ein Mimöschen / im warmen Höschen!*

1519 Hierbei *Luft = ein Stück Dreck*. Anders: *Wie in Luft aufgelöst.*

1520 Anders aber: *Wie ein warmer Regenguß.*

Wie Schnee auf der Herdplatte.[1521]

Heiß wie ein Vulkan.[1522]

Wie ein geölter Blitz.

Häßlich wie die Nacht.[1523]

Wie ein Fels in der Brandung.

Ein Unterschied wie Tag und Nacht.

Wie ein Blitz aus heiterem Himmel.

Wie vom Donner gerührt.

Wie Feuer und Wasser.

Ins Bett gefallen wie ein Stein.[1524]

Verbreitet sich wie ein Lauffeuer.

So dumm wie die Nacht dunkel.[1525]

Ein Ruf wie Donnerhall.

Wie Sand am Meer.

1521 = *wie Butter an der Sonne.*

1522 Auch: *Wie ein Tanz auf dem Vulkan.*

1523 Variante mit Zusatz: ... *dunkel.* Italienisch: *Brutto come la fame,* der Hunger. (Raffael über Michelangelo wegen dessen Unansehnlichkeit: *solitario come il carnefice,* einsam wie der Henker, als wie ein welcher man bei uns nur *fahren* kann). Jedoch: *Klar wie der Tag.*

1524 Hierbei *Stein = Toter.* Auch: *Umgefallen wie Dominosteine.*

1525 Ganz anders: *Wie aus tausendundeiner Nacht.*

Dynamisch wie eine Wanderdüne.

Nero come la notte.
Dolce come l'amore.
Caldo come l'inferno.[1526]

Wie vom Erdboden verschluckt.[1527]

Frisch wie der junge Morgen.

RELIGION UND KIRCHENJAHR; ÜBERNATÜRLICHES

Als ob Engel schieben.[1528]

Wie in Abrahams Schoß.

Dagestanden wie die Ölgötzen.

Wie die Jungfrau zum Kind.

Angebetet wie Baal.

Wie von Gott gemacht.[1529]

Als ob der Teufel hinter ihm her wäre.

[1526] Phrase der Toskana-Fraktion, wie Espresso zu sein habe. (Ein Spruch aus der Lutherzeit: *Tedesco italizzato è diavolo incarnato.*) Von Robert Gernhardt: *Italiener sein, verflucht! / Ich hab es oft und oft versucht / – es geht nicht* (aus dem Gedicht *Weheklag*, in: Robert Gernhardt: *Gesammelte Gedichte 1954–2006*, Frankfurt am Main 2008.).

[1527] Anders: *Verglüht wie eine Sternschnuppe.*

[1528] Im Fall von Kraftfahrzeugen. Börsenkurse hingegen: *Wie eine Rakete.*

[1529] Spezialfall: *Wie ein junger Gott.*

Wie Ostern und Weihnachten gleichzeitig.

Wie der Teufel hinter der armen Seele.

Wie zur Salzsäule erstarrt.

Faul wie die Sünde.

Es ist doch wie verhext.

Wie von Geisterhand bewegt.

Wie Sodom und Gomorrha.[1530]

Wie von Furien gejagt.

Wie besessen.[1531]

Wie im siebten Himmel.[1532]

Wie der Teufel das Weihwasser.[1533]

Wie mit Engelszungen.[1534]

Wie es der Zufall will.

1530 Scherzhaft: ... *Gomera.* Solche Mitbürger sagen auch *Malle* (und Münz-Malle statt Sonnenstudio) bzw. *Tante Riffa* oder *Kotz d'Azur,* dann auch *Kotz da Cordalis* und *Lakotzhemden.*

1531 Apropos, geschüttelreimt: *Du meinst, daß ich das essen solle, / ja, bist du denn besessen, Olle?*

1532 = *auf Wolke sieben.*

1533 Auch: *Wie das Bad in Drachenblut.*

1534 Wolf Biermann: *Mit Marx- und Engelszungen* (gleichnamiger Band *Gedichte, Balladen, Lieder,* Berlin 1968).

Wie ein Alp auf der Seele.

Wie die Echternacher Springprozession.[1535]

Das kommt ja wie vom Himmel gefallen.

Wie das Amen in der Kirche.

Wie Gott in seinem Zorn.

VERSCHIEDENES

Wie ein dummer Junge.[1536]

Wie das blühende Leben.

Da fühlt man sich doch gleich wie ein neuer Mensch.

Wie mit einem Paukenschlag.

Wie im Kino.[1537]

Wie kein zweiter.

Als ob nie was gewesen wäre.

Wie die Wahl zwischen Pest[1538] und Cholera.

[1535] Im Bedarfsfall zu erläutern: *Einen Schritt vor, zwei zurück.* Ebenso rätselhaft: *Ausgegangen wie das Hornberger Schießen.*

[1536] = *wie ein Schuljunge* = † *Pennäler.*

[1537] = *Comme au cinéma …*

[1538] Apropos: *Gehaßt wie die Pest.*

Wie wenn es um das Leben ginge.

Wie ein Blinder von der Farbe.

Wie ein Idiot.

Ganz wie im richtigen Leben.

Wie wenn er kein Wässerchen trüben könnte.

Wie im finstersten Mittelalter.

Ein Tag wie der andere.

Wie das Leben so spielt.

Zustände wie im alten Rom.

Wie das Tüpfelchen auf dem i.

Als ob es kein Morgen gäbe.[1539]

Wie von selbst.

[1539] Ganz anders: *Als ob es ab morgen nie wieder was zu kaufen gäbe.*

ANHANG III
UNTERSCHEIDUNGSZEICHEN

GESETZESTEXT

§ 8 Abs. 1 Sätze 1 und 2 der Verordnung über die Zulassung von Fahrzeugen zum Straßenverkehr – FZV:
[1]Die Zulassungsbehörde teilt dem Fahrzeug ein Kennzeichen zu, um eine Identifizierung des Halters zu ermöglichen. [2]Das Kennzeichen besteht aus einem Unterscheidungszeichen (ein bis drei Buchstaben) für den Verwaltungsbezirk, in dem das Fahrzeug zugelassen ist, und einer auf das einzelne Fahrzeug bezogenen Erkennungsnummer[1540].

UNTERSCHIEDE EINZELNER VERWALTUNGSBEZIRKE, NACH SACHGRUPPEN

Fahrkünste, Alkoholeinfluß

BI, Bielefeld	Biertrinkende Idioten
BLK, Burgenlandkreis	Blinker links kaputt
FD, Fulda	Fahrer döst
FF, Frankfurt/Oder	Fahre freihändig
FFB, Fürstenfeldbruck	Fahrer fährt besoffen
	Fünf Flaschen Bier
FN, Friedrichshafen	Fahrende Niete
FRG, Freiung-Grafenau	Fahren - reine Glückssache
FS, Freising	Flatrate-Säufer
FÜ, Fürth	Fahrer übt
GF, Gifhorn	Geisterfahrer
GS, Goslar	Gefährlicher Sonntagsfahrer
HEF, Bad Hersfeld	Heute erste Fahrstunde
HEI, Heide	Hilfe, ein Irrer
HRO, Rostock	Hier rasen Ossis
HS, Heinsberg	Heute Sonntag

1540 Sittenwidrige Kombinationen sind verboten, neben SA, SS, HJ usw. usf. amtlich beispielsweise die folgenden: *Heide-L, Siegburg-FF, Moers-RD, Aachen-AB, Saalekreis-IN, Nürnberg-PD* bzw. *-SU, Warendorf-FE, Itzehoe-AN* (wegen der Möglichkeit, das rückwärts zu lesen).

HSK, Hochsauerlandkreis	Hilfe, sie kommen
	Hör nichts, seh nichts, kann nichts
KG, Bad Kissingen	Karambolage gefällig?
KS, Kassel	Komasäufer
KÜN, Künzelsau	Kraftfahrer übt noch
LER, Leer	Lauter ehemalige Radfahrer
LL, Landsberg am Lech	Lange Leitung
LN, Lübben	Lachnummer
ME, Mettmann	Motorisierter Esel
MOL, Märkisch Oderland	Meine Oma lenkt
MSP, Main-Spessart-Kreis	Mama sucht Papa
NMS, Neumünster	Nur müde Schleicher
NU, Neu-Ulm	Niete unterwegs
OF, Offenbach	Ohne Führerschein
OG, Offenburg	O Grauen
OHA, Osterrode/Harz	Oma hat Angst
OHV, Oberhavel	Ossis haben Vorfahrt
PB, Paderborn	Pausenlos besoffen
RE, Recklinghausen	Rettet euch
RW, Rottweil	Rasende Wildsau
SAD, Schwandorf	Sieht alles doppelt
SE, Bad Segeberg	Schläft ewig
SFA, Soltau-Fallingbostel	Säufer, Fixer, Asoziale
	So fahren Arschlöcher
SHL, Suhl	Sonntagsfahrer hält Lenkrad
SON, Sondershausen	Saufende Ossis nahen
SU, Siegburg	Sonntagsfahrer unterwegs
SÜW, Südliche Weinstraße	Säufer übers Wochenende
TIR, Tirschenreuth	Tod im Rücken
VIE, Viersen	Vollidiot in Eile / im Einsatz
WAF, Warendorf	Wech aussa Fahrbahn
	Westfälischer Amokfahrer
WHV, Wilhelmshaven	Wir haben Vorfahrt
WST, Westerstede	Wir saufen trotzdem

KÖRPERLICHE VERFASSUNG, CHARAKTER, GEISTESGABEN

AB, Aschaffenburg	Alles Blinde
BGD, Berchtesgaden	Bayerische Gebirgsdeppen
BM, Bergheim	Bereifte Mörder
BOR, Borken	Blöder ohne Rückspiegel
BTF, Bitterfeld	Blind, taub, fahruntauglich
CHA, Cham	Chaoten haben Ausgang
CLP, Cloppenburg	Christliches Lumpenpack
DAH, Dachau	Depp auf'm Heimweg
DAN, Lüchow- Dannenberg	Dümmster Autofahrer Norddeutschlands
DU, Duisburg	Deppen unterwegs
DÜW, Bad Dürkheim / Weinstraße	Doofe üben wieder
ED, Erding	Entsprungene Deppen
EI, Eichstätt	Eingetragener Idiot
FTL, Freital	Faul, träge, langsam
GAP, Garmisch-Partenkirchen	Größter anzunehmender Penner
HB, Hansestadt Bremen	Hein Blöd
IZ, Itzehohe	Idiotenzone
JEV, Jever	Jeder ein Verrückter
MIL, Miltenberg	Mit Idioten leben
NEW, Neustadt an der Waldnaab	Noch ein Wahnsinniger
NES, Bad Neustadt an der Saale	Nahezu erloschenes Sehvermögen
OAL, Ostallgäu	Oberarschloch
PE, Peine	Personifiziertes Elend
PI, Pinneberg	Provinzidiot
RD, Rendsburg	Rundum dämlich
SB, Saarbrücken	Sale boche = dreckiger Deutscher

ST, Steinfurt	Straßentrottel
	Stocktaub
UN, Unna	Unsere Narren
VS, Villingen-Schwenningen	Verirrter Schwachkopf
WOB, Wolfsburg	Werksangehörige ohne Bares
	Weg oder 's bumst

LÄNDLICHER RAUM

ALS, Alsfeld	Achtung, Landwirt steuert
BAR, Barnim	Bauer auf Rädern
BIT, Bitburg	Bauer im Tretmobil
BIR, Birkenfeld	Bauer im Reisefieber
BM, Bergheim	Bauernmetropole
BOR, Borken	Bauer ohne Rücksicht
BRA, Brake	Bauer rechts ab
BU, Burgdorf	Bauer unterwegs
FO, Forchheim	Fahrender Ochse
GZ, Günzburg	Gurkenzüchter
HAS, Haßfurt	Hammel aus dem Steigerwald
HVL, Havelland	Hirni vom Lande
LIP, Lippe	Landwirt in Panik
MK, Märkischer Kreis	Mistkutscher
NF, Nordfriesland	Nicht füttern
OHZ, Osterholz-Scharmbeck	Ochsen hinterm Zaun
OVL, Obervogtland	Ochs vom Land
RS, Remscheid	Rasende Sau
RÜD, Rüdesheim	Rechts überholender Dorftrottel
RZ, Ratzeburg	Rübenzüchter
SAD, Schwandorf	Sau auf Durchfahrt
SHG, Schaumburg	Schweine hinter Gittern
SOK, Saale-Orla-Kreis	Schweine, Ochsen, Kühe

SÜW, Südliche Weinstraße	Saudummer üwwerzwercher Winzer
TBB, Tauberbischofsheim	Tausend blinde Bauern
WAF, Warendorf	Wildschwein auf Futtersuche
WEM, Wesermünde	Wieder ein Mistbauer
WL, Winsen an der Luhe	Wilder Landwirt
WST, Westerstede	Wir stechen Torf

ENTLEGENE GEGENDEN

AÖ, Altötting	Ausgewanderter Österreicher
ARN, Arnstadt	Außer Ruinen nichts
DBR, Doberan	Dorf bei Rostock
DD, Dresden	Dunkel-Deutschland
DLG, Dillingen	Deutschlands letzte Gegend
DW, Dippoldiswalde	Dumme Waldbewohner
EL, Emsland	Entwicklungsland
HO, Hof	Halber Ossi
HU, Hanau	Hessisch Uganda
HR, Homberg	Hessens Rest
JL, Jerichower Land	Jesus lebt
KB, Korbach	Kriegerisches Bergvolk
KN, Konstanz	Kreuzlingen[1541]-Nord
LOS, Landkreis Oder-Spree	Land ohne Sonne
LIF, Lichtenfels	Letzter Idiot Frankens
MK, Märkischer Kreis	Märkisch Kongo
MTL, Muldentalkreis	Mutantenland
NVP, Nordvorpommern	Noch vor Polen
OVP, Ostvorpommern	Ohne vernünftige Perspektive
PS, Pirmasens	Pfälzisch Sibirien
STL, Stollberg	Sachsens trotteligster Landkreis

[1541] Die südlich gelegene schweizer Schwesterstadt, nur durch die Staatsgrenze getrennt. Wie die Schweizer ja ohnehin von Deutschland gern sprechen als dem *großen Kanton im Norden*.

SRB, Straußberg	Scheiß Randberliner
WT, Waldshut-Tiengen	Wäldertrottel
WUN, Wunsiedel	Waldmensch unter Naturschutz
ZR, Zeulenroda	Zuchtrussen

SCHWEIZ

AG, Aargau	Achtung Gefahr!
AI, Appenzell-Innerrhoden	Alles Idioten
AR, Appenzell-Außerrhoden	Alpenrowdys
BS, Basel-Stadt	Bsunders stuur
BE, Bern	Bruucht ewig[1542]
FR, Fribourg	Fertigi Rinder
GR, Graubünden	Gebirgsraser
LU, Luzern	Löli[1543] unterwegs
SH, Schaffhausen	Schafshirni
TG, Thurgau	Tatsächli chauft?[1544]
TI, Ticino (Tessin)	Truurige Italiener
UR, Uri	Urschwyzer Rechthaber
ZG, Zug	Zviel Gäld
ZH, Zürich	Zwenig Hirn

1542 Hierzu der Kürzestwitz: *Wirtshaus in Bern, sagt der eine zum andern, Sie sitzet uf mim Huet, sagt der andere: Jo went Sie scho gô?* Den Cartoon vom *Berner Selbstmord* suche man im Netz auf.

1543 Sinngemäß: Trottel, abgeleitet von mundartlich lollen = lallen.

1544 Nämlich das Auto.

Personenregister

HEINRICH STADER

Der Autor möchte unerkannt bleiben. Er ist praktizierender Jurist mit den Spezialgebieten *erloschene Leben* und *havarierte Ehen,* hochgradig ernsten Angelegenheiten, die es verbieten, daneben mit Büchern wie dem vorliegenden identifizierbar hervorzutreten. Was sollen die Leute denken! Er macht daher aus Gründen des Geheimhaltungsinteresses von einem Aussageverweigerungsrecht betreffend persönliche Verhältnisse Gebrauch.

Lüdinghausen
Zweite, verbesserte Auflage.

ISBN 978-3-948075-50-7

www.manuscriptum.de